Su 29.80 0589

D1929173

Hartmut Radebold
Franz Gruber

Psychosoziale Gerontologie

Hartmut Radebold
Franz Gruber

Psychosoziale Gerontologie

Bericht über einen Modellversuch
zur Curriculumentwicklung
für die Altenarbeit/Altenhilfe
unter Mitarbeit von Sozialarbeitern
als Praxisexperten

Hans-Lutz von Plocki, Hildegard Bechtler
und Anneliese Diery

Das Kuratorium Deutsche Altershilfe
stellte die finanziellen Mittel für das Projekt
zur Verfügung

Lambertus-Verlag

Radebold Lb 493

Rundfunk
öffentlichen Rechts
Bibliothek

1979-79

Alle Rechte beim Verlag
© 1979, Lambertus-Verlag, Freiburg im Breisgau
Gestaltung: Werner Bleyer, Freiburg im Breisgau
Herstellung im Druckhaus Rombach+Co GmbH,
Freiburg im Breisgau
ISBN: 3-7841-0168-2

Inhalt

1 Vorwort

An der Universität Ulm war seit 1971 die Einrichtung von "Psychosozialen Studiengängen" vorgesehen unter Prioritätensetzung von Aufbau- und Kontaktstudiengängen für Soziale Berufe, u.a. auch in "Geriatrischer Sozialarbeit" (d.h. erstmals Weiterbildungsangebote im Hochschulbereich auf postgradualem Niveau in enger Nachbarschaft zu den psychosozialen Disziplinen). Diese Planungsabsichten konnten nicht realisiert werden.
Der Start des zweijährigen Modellversuchs "Kontaktstudium in psychosozialer Gerontologie für Sozialarbeiter/Sozialpädagogen (KSG)" im Frühjahr 1975 an der Universität Ulm war unter bereits erschwerten Bedingungen erfolgt. Nach einer vorläufigen Fortführung in Ulm bei gleichzeitiger Einstellung aller Planungs- und Vorbereitungsarbeiten an den psychosozialen Studiengängen von seiten der Universität im Sommer und Herbst 1975 (und damit Beendigung der Hoffnung auf eine dauernde Institutionalisierung) wurde der Modellversuch an die Gesamthochschule Kassel verlagert.
An der Gesamthochschule Kassel laufen seit Sommer 1976 Bemühungen um eine Verankerung des Bereichs "Soziale Gerontologie". Die Studienordnung der Organisationseinheit Sozialwesen sieht nach einer entsprechenden Änderung im WS 1977/1978 ausdrücklich die Einbeziehung der Bereiche Altern/Alter für den grundständigen Studiengang vor, dazu arbeiten im Projekt "Arbeit mit Älteren" zwischen 10 und 15 Studenten mit. Die angestrebte Einrichtung eines postgradualen Studiengangs "Soziale Gerontologie" für Sozialarbeiter/Sozialpädagogen konnte dagegen noch

nicht realisiert werden. Die 2./3. Lesung der Studien- und Prüfungsordnung ist demnächst vorgesehen.
Dieser Bericht dokumentiert u.a. auch die Schwierigkeiten der Institutionalisierung dieses neuen Fachgebietes in Lehre und Forschung an den Hochschulen der Bundesrepublik. Auch heute - fünf Jahre nach der Beantragung unseres Forschungsprojektes beim Kuratorium Deutsche Altershilfe - besteht in der Bundesrepublik keine Möglichkeit einer wissenschaftlichen Ausbildung oder Weiterqualifikation im Bereich der Gerontologie und Geriatrie.
Diese Defizitsituation führte dazu, daß nunmehr die Mitarbeiter des Forschungsprojektes und teilweise auch die Dozenten des durchgeführten Kontaktstudiums außerhalb des Lehr- und Forschungsgebietes "Soziale Gerontologie" tätig sind.

Unser besonderer Dank gilt dem Kuratorium Deutsche Altershilfe, welches die umfangreichen Forschungsmittel für dieses Projekt zur Verfügung stellte und damit erstmals in der Bundesrepublik die Realisierung eines derartigen curricularen Forschungsprojektes im Altersbereich ermöglichte.
Herzlich danken wir Frau Dr. Lohmann, Geschäftsführerin des KDA, die uns bei vielen Schwierigkeiten und Problemen, insbesondere im Zusammenhang mit der Verlagerung des Projektes von Ulm nach Kassel, schnell und umsichtig half.
Ebenso danken wir Prof.Dr.Dr. Baitsch, dem damaligen Rektor der Universität Ulm, der die Einrichtung der Psychosozialen Studiengänge und besonders dieses Forschungsprojektes intensiv förderte, ebenso allen Kollegen des Psychosozialen Zentrums der Universität Ulm, die unsere Pläne tatkräftig unterstützten.

Weiterhin danken wir ganz besonders den Teilnehmern am Kontaktstudium Psychosoziale Gerontologie (KSG), Frau Boche, Herrn Egelhofer, Herrn Fröhlich, Frau Heinrich, Herrn Kundt, Frau Mendel, Frau Prinzing, Frau Przywara, Frau Reyle, Frau Schröder, Frau Siedhoff, Frau Steigerwald und Herrn Troost.
Sie haben allen z.T. erheblichen Belastungen zum Trotz durch ihre Mitarbeit die Durchführung dieses Curriculum-Projektes ermöglicht.

Ebenso möchten wir uns bei allen Kollegen herzlich bedanken, die zusätzlich zu den Mitarbeitern des Projektes als Dozenten im Rahmen des KSG mitgewirkt haben, insbesondere Prof.Dr. Breloer (Pädagogische Hochschule Münster),Prof. Dr. Kanowski (Abteilung für Gerontopsychiatrie, FU Berlin), Dr. Rustemeyer (Klinik für Rehabilitation und Geriatrie, Hannover), Frau Pina (Senator für Arbeit und Soziales, Berlin) und Frau Wagner (Pressereferentin KDA), ebenso Frau Durner und Frau Dr. Kühn (Abteilung für Psychotherapie, Universität Ulm) für die Leitung der Selbsterfahrungsgruppe.
Weiterhin gilt unser Dank Frau Lehmann und insbesondere Frau Molitor, die unser Sekretariat führten und damit die organisatorische Durchführung des Forschungsprojektes und die Fertigstellung des Forschungsberichtes auch unter erschwerten Arbeitsbedingungen ermöglichten.
Schließlich danken wir auch der Gesamthochschule Kassel für die Übernahme dieses Forschungsprojektes, das dadurch einen befriedigenden Abschluß fand.

Hartmut Radebold

Franz Gruber

2 Einleitung

Das Forschungsprojekt zur Entwicklung eines Curriculums für ein Aufbau-/Kontaktstudium in Psychosozialer Gerontologie für Sozialarbeiter/ Sozialpädagogen wurde 1972/73 geplant aufgrund der bestehenden Defizitsituation in der Aus-, Weiter- und Fortbildung (63) bei gleichzeitigem Mangel praxisrelevanter gerontologischer Forschung im Gegensatz zu den Erfordernissen der veränderten Zielkonzeptionen der Altenarbeit/ Altenhilfe (s.3.1-3.4).

Bereits 1973/74 umfaßte die Zielsetzung des Forschungsprojektes

- curriculare Entwicklungsarbeit für den Aus- und Weiterbildungsbereich;
- Verbesserung der Professionalisierung von Sozialarbeitern und Sozialpädagogen in der Altenarbeit/Altenhilfe und
- Erkundung von Möglichkeiten praxisorientierter Forschung innerhalb der Altenarbeit/Altenhilfe (Angewandte Soziale Gerontologie).

Das Projekt wurde am 7.5.1973 beim Kuratorium Deutsche Altershilfe beantragt, am 1.4.1974 bewilligt und am 1.9.1974 an der Universität Ulm begonnen.
Der Modellversuch in Form eines Kontaktstudiums mit 13 Studienwochen dauerte vom April 1975 bis März 1977. Das an die Gesamthochschule Kassel verlagerte Projekt wurde am 31.8.1977 beendet und der Forschungsbericht im Juli/August 1978 fertiggestellt.
Die Universität Ulm bot sich aufgrund der gün-

stigen Voraussetzungen zum Zeitpunkt der Beantragung (s.4.1.4) als hervorragend geeigneter Träger für dieses Forschungsprojekt an.

Der Begriff "Psychosoziale Gerontologie" kennzeichnet eine Schwerpunktsetzung innerhalb des Fachgebietes "Soziale Gerontologie", die hier folgendermaßen definiert wird: "Komplex des Wissens, der sich auf Gegebenheiten, Situationen und Veränderungen menschlichen Erlebens und Verhaltens bezieht und ihre Verursachung sowohl in sozialen, seelischen und gesellschaftlichen Einflüssen als auch in biologischen, medizinischen Veränderungen im Alter und Altern - besonders nach dem mittleren Lebensalter - sucht." (modifiziert nach LANSING, 45).

Die Verwendung des Adjektivs "psychosozial" zur Kennzeichnung des geplanten Kontaktstudiums sollte auf bestimmte damals an der Universität Ulm wichtige Zielsetzungen hinweisen:

- Es wurde damit die enge Kooperation mit dem "Psychosozialen Zentrum" der Universität Ulm in seiner damaligen wissenschaftlichen Ausrichtung[1] (s.4.1.4) betont.

- Gleichzeitig wurde die Hinwendung zu den psychosozialen Arbeitsfeldern der Sozialarbeit/Sozialpädagogik im Altersbereich angezeigt.

- Schließlich wurde damit der Studiengang

---

1) Anmerk.: Ausrichtung auf einen therapeutischen Schwerpunkt in deutlicher Abgrenzung gegen den naturwissenschaftlich-medizinischen Bereich der Universität und mit der Zielperspektive der Einbeziehung sozialwissenschaftlicher Disziplinen (Hinweis auf einen mehr therapeutisch orientierten Ansatz der Sozialarbeit/Sozialpädagogik).

als einer von mehreren der vorgesehenen "Psychosozialen Studiengänge" der Universität Ulm charakterisiert.

Die Fortschreibung des Forschungsprojektes zeigte zunehmend - ausgehend vom psychosozialen und damit mehr therapeutischen Bereich - die Notwendigkeit der verstärkten Einbeziehung weiterer Wissenschaftsdisziplinen, besonders der Sozialwissenschaften und der Pädagogik/Erwachsenenbildung unter besonderer Betonung der gesellschaftlichen und sozialpolitischen Rahmenbedingungen des Alterns und Alters.

Für die Durchführung des Modellversuches mußte (aufgrund kaum vorhandenen Lehr- und Unterrichtsmaterials für die curriculare Umsetzung) erst eine Auswahl und Aufarbeitung weit verstreuter Forschungsergebnisse aus den Bereichen Gerontologie/Geriatrie erfolgen. Zusätzlich mußten besonders im Bereich der Arbeits- und Interventionsformen einige derselben (z.B. therapeutisch orientierte Gruppenarbeit) für den deutschen Sprachraum übertragen und erstmalig erprobt werden.

Der vorgelegte Forschungsbericht umfaßt:
Bestandsaufnahme zur Berufs- und Ausbildungssituation in der Altenarbeit/Altenhilfe (3.1,3.3-4) sowie zur Aufgabenstellung praxisorientierter sozialgerontologischer Forschung (3.2);
Darstellung der Konzeption, Durchführung und Begleitforschung des curricularen Forschungsprojektes (4, 5);
Entwicklung innovatorischer Praxisansätze (6.1);
Vorschlag für ein abgestuftes berufsqualifizierendes Curriculum "Soziale Gerontologie", dargestellt für den Bereich SA/SP (6.2);
Dokumentation eines exemplarischen berufsbegleitenden Kontaktstudiums im Hochschulbereich.

3 Zur Berufs-, Forschungs- und Ausbildungssituation in der Altenarbeit/Altenhilfe

3.1 Altenarbeit/-hilfe als Handlungs- und Berufsfeld Sozialer Arbeit

Zum Zeitpunkt der Konzeption für den Antrag zu unserem Forschungsprojekt zeichnete sich die geänderte Zielsetzung der Altenhilfe von der Wahrnehmung betreuender/pflegerischer und u.U. bewahrender Aufgaben zur umfassenderen Hilfestellung i.S. von "Hilfe zur Selbsthilfe" mit eigenverantwortlicher Einbeziehung des älteren und alten Menschen bereits ab (14,30,31,39,40). Damit wurde gleichzeitig die Verlagerung vom weitgehend stationären/geschlossenen zum ambulanten/offenen Bereich der Altenhilfe erforderlich.
So gingen Vorplanung, Durchführung und Auswertung des Forschungsprojektes parallel mit den tiefgreifenden Veränderungen der konzeptionellen Zielvorstellungen der Altenarbeit/-hilfe (30,39) mit umfangreicheren und genaueren Beschreibungen und Analysen dieses Aufgabenbereiches (46,56,73,00) und mit deutlicher Benennung der quantitativen und qualitativen Anforderungen (35,36,39). Im gleichen Zeitraum war ein zunehmendes Interesse von Öffentlichkeit, Publizistik und Politik an Altersfragen zu beobachten.
Heutige Altenarbeit/-hilfe/Erwachsenenbildung mit älteren und alten Menschen orientiert sich an folgenden konzeptionellen Zielvorstellungen (30,39):

- ältere Menschen gestalten den Lebensabschnitt des Alterns und des Alters gemäß ihren individuellen Wünschen möglichst selbständig und eigenverantwortlich;

- gegebene Hilfestellungen müssen die soziale Teilhabe an der Gesellschaft im Rahmen ihrer Möglichkeiten und Bedürfnisse sichern;

- alle älteren Menschen haben einen Rechtsanspruch auf Hilfestellung unter verstärkter Einbeziehung von Information und Beratung;

- zur Erhaltung bzw. Rückgewinnung einer eigenständigen Lebensführung muß die Abhängigkeit von organisierter Hilfe möglichst gering gehalten werden. Dabei soll eine Hilfestellung möglichst in Form offener Hilfe, d.h. außerhalb einer stationären Betreuung als "Hilfe zur Selbsthilfe", und auch nicht als "totale" Versorgung angeboten werden;

- unter Berücksichtigung von Problemkumulationen im Alter (individuelle Entwicklung; soziale, physische und psychische Belastungen und Defizite; Leben in bestimmten Gruppen und Institutionen) muß Hilfe entsprechend differenziert und flexibel organisiert sein.

Diese Zielvorstellungen bedürfen einer noch nicht genug berücksichtigten Ergänzung (30), insbesondere durch:

- Einbeziehung vorhergehender Lebensphasen, besonders des Zeitabschnittes vor und beim Ausscheiden aus dem Arbeitsprozess;

- umfassende Prävention zur Verringerung von den den Alternsprozess und die soziale und psychische Isolation fördernden Risikofaktoren einschl. einer ausreichenden Nachsorge;

- Mitwirkung bei der Gestaltung des gesellschaftlichen Lebens durch Förderung der Eigeninitiative der Älteren (Selbstorganisation/ Selbstverwaltung).

Außerdem müssen soziale Dienste für drei unterschiedliche Zielgruppen von älteren Menschen entwickelt und zur Verfügung gestellt werden (30):

(1) Als Angebote für alle älteren Menschen im Sinne einer sozialen Verpflichtung, die nicht auf soziale Notlagen zielt, sondern der Verwirklichung von Rechten dient;

(2) als komplementäre Hilfen für spezielle Problemsituationen, die mit dem Alter verbunden und vorübergehender Art sind und

(3) als ständige Hilfen für diejenigen, deren Lebensverhältnisse so sind, daß sie nicht aus eigener Kraft Behinderungen überwinden können.

Dieser veränderten Zielsetzung hat auch der Gesetzgeber mit der Erweiterung des § 75 BSHG im Jahre 1974 Rechnung getragen.

Gleichzeitig wurden in diesem Zeitraum 1970/72 bis 1976/77 umfangreiche Untersuchungen i.S. einer Deskription und Analyse zu Lebenssituation und Lebensgewohnheiten älterer und alter Menschen durchgeführt (46,73,80), die die früheren Untersuchungsergebnisse(besonders Erhebungen für die Erstellung von Altenplänen) differenzierten und fortschrieben.

Zu dem Standardkatalog bestehender Probleme älterer und alter Menschen gehören eine teilweise unzureichende finanzielle und soziale Sicherung; ungenügende Wohnverhältnisse; Schwierigkeiten insbesondere bei der Erhaltung bzw. Verschlechterung des Gesundheitszustandes (Multimorbidität), beim Ausscheiden aus dem Arbeitsprozess, bei zunehmender Vereinsamung und Isolierung und bei Hilfs- und Pflegebedürftigkeit (35,36,46, 80).

Für den Bereich der Altenarbeit/-hilfe wird in der Bundesrepublik von folgenden Schätzungen ausgegangen (35,36,56):

- Bei 15-30 % aller über 65-jährigen wird eine allgemeine Hilfsbedürftigkeit angenommen.

- Im Rahmen dieser allgemeinen Hilfsbedürftigkeit benötigen ca. 15 % gewisse ambulante Haushaltshilfen (Reinigungsdienst, waschen, kochen, heizen, einkaufen etc.) und sind ca. 10 % pflegebedürftig.

- Z.Zt. leben ca. 3,8 % aller Älteren in Institutionen der Altenhilfe (Heime verschiedener Differenzierung).

- Die Zahl der akut Bedürftigen ohne jegliche Hilfestellung wird auf ca. 10 % der Gesamtzahl aller bedürftigen alten Menschen geschätzt bei der gleichzeitigen Annahme, daß ca. 80 % aller Hilfsbedürftigen entweder ausreichend sozial integriert sind oder zumindestens teilweise organisiert versorgt werden.

- Ca. 25-30 % der über 65-jährigen leiden an psychischen Störungen und psychiatrischen Erkrankungen im weitesten Sinne. Von ihnen benötigen ca. 14 % eine ambulante und höchstens ca. 1 % eine stationäre Behandlung (12).

Dazu wurden Fragen der Segregation der Älteren durch die Zersplitterung der angebotenen Hilfsmaßnahmen (35,36), der Auswirkung der institutionellen Versorgung, der Notwendigkeiten der Kooperation und der Koordination sozialer Dienste in zahlreichen Altenplänen diskutiert. Noch wenig wurde dabei untersucht, in welchem Umfang beschriebene Probleme kumulativ auftreten, und welche Qualitätsveränderungen sich in der Lebenslage älterer Menschen durch diese Problemsyndrome ergeben (35,36).

Diese Umformulierung und Erweiterung der konzeptionellen Zielvorstellungen für die Altenarbeit/-hilfe und die sich daraus ergebende differenziertere Sicht der Problemgröße haben bei der Realisierung mehrere Defizite - außer den z.T. ungeklärten Finanzierungsfragen - deutlich gemacht:

(1) Zur Umsetzung der konzeptionellen Zielvorstellungen mangelt es in großem Umfang an wissenschaftlich fundierten und langfristig erprobten Konzepten und Modellen (die teilw. im Ausland vorliegen) und gleichzeitig an Modelleinrichtungen als Lernfelder. Für gewisse Bereiche (z.B. Vorbereitung auf das Ausscheiden aus dem Arbeitsprozess und auf den Ruhestand, Bildungsarbeit mit älteren und alten Menschen, Beratung/Information/Therapie) wurden Konzepte bisher nur teilweise entwickelt und in Ansätzen erprobt.

(2) Mitarbeiter (haupt- und ehrenamtlich) stehen sowohl von der Anzahl als auch von der Qualifikation her in unzureichendem Maße zur Verfügung. Es fehlen Aus-, Weiter- und Fortbildungsmöglichkeiten auf verschiedenen Ebenen und für verschiedene Aufgabenbereiche und Arbeitsfelder. Ebenso fehlen Dozenten und weiterhin geeignetes Unterrichts-/Lehrmaterial. Die Hochschulen haben sich der Aufgabe der Praxisorientierung und Praxisrelevanz in Forschung und Lehre (wohl entsprechend dem relativ geringen Stand gerontologisch/geriatrischer Forschung in der Bundesrepublik) weitgehend entzogen.

3.2 Praxisorientierte Aufgabenstellung sozialgerontologischer Forschung

Bei der Darstellung von Mängeln, Erfordernissen und Zielsetzungen von Forschung (47,48,71,79, 83) und einer Bestandsaufnahme des Forschungsstandes (13) im Bereich der sozialen Gerontologie zum Zeitpunkt der Vorbereitung unseres Forschungsprojektes wurden hauptsächlich folgende Schwierigkeiten bzw. Widerstände gegenüber einer "problemgerechten koordinierten und systematisierten Forschung und Entwicklung für Probleme im Bereich der Gerontologie" (83) deutlich:

- mangelnde Institutionalisierung im Hochschulbereich mit fehlender Grundausstattung und fehlenden Mitteln (Sach- und Personalbereich) für langfristige Forschungsprojekte;
- geringe inter- und multidisziplinäre Forschungsansätze;
- fehlende Möglichkeiten für wissenschaftliche Aus- und Weiterbildung u.a. für Ärzte, Psychologen, Soziologen, Sozialarbeiter;
- Desinteresse der Öffentlichkeit und der staatlichen, sozial- und parteipolitischen Institutionen gegenüber Altersfragen.

Bei einer ausführlichen Expertendiskussion (Bergedorfer Gespräche 1972) wurden noch weitere Probleme aufgezeigt, die auch an anderen Stellen - dort aber eher versteckt bzw. als unwichtiger eingestuft - erwähnt werden:

- mangelnde Kooperation mit Praxiseinrichtungen bei fehlender Motivierung und fehlendem Interesse an Forschungsfragen; Erschwerung bzw. Widerstand bei der Umsetzung bereits gewonnener wissenschaftlicher Einsichten und Erkenntnisse in die Praxis sowie unzureichende Rückkoppelung zur Korrektur von Forschungsansätzen;

- fehlende Kontrolle von gegebenen wissenschaftlichen Empfehlungen bei Planungen, z.B. in den Bundesländern, Städten und Kommunen;
- mangelnde Aufklärung und Information der Öffentlichkeit, insbesondere bei der Vermittlung wissenschaftlicher Erkenntnisse, z.B. über Entstehung von Krankheiten und deren Behandlungsverfahren, Erfordernissen der Vorbereitung auf das Altern;
- mangelhafte Vermittlung zwischen Entscheidungsträgern und dem Wissenschaftsbereich;
- fehlende Wahrnehmung von "Advocacy-Funktionen"für die Gruppe der Älteren;
- fehlende Sammlung von Informationen nebst Bewertung und Vermittlung derselben für die und in der Praxis;
- nicht ausreichende Rekrutierung und Ausbildung des Personals einschl. einer wissenschaftlich ausgerichteten Fort- und Weiterbildung;
- fehlende Auswahl des zu vermittelnden Wisensstoffes und seiner didaktischen Aufbereitung (Motivationsförderung, Zielfelder, pädagogische Umsetzung einschl. Lehr- und Lernformen).

EISDORFER (1970) unterscheidet drei Bereiche sozialgerontologischer Forschung, nämlich Grundlagenforschung, zusätzliche angewandte Forschung (etwa im Bereich der Interaktion, Intervention) und Forschung über die Umsetzung in die Praxis (etwa Übertragung von Modellversuchen mit entsprechender Rückmeldung zur Korrektur und Verbesserung von Forschungsansätzen und -strategien).

Vergleicht man diese Forschungsdreiteilung aus den USA mit den Forschungsansätzen in der Bundesrepublik, so wird unsere relativ einseitige Ausrichtung auf die weitgehend monodisziplinär durchgeführte Grundlagenforschung sichtbar.

Zukünftige sozialgerontologische Forschungsansätze bedürfen offenbar hierzulande eines - wie durch EISDORFER dargestellt - erweiterten Forschungsansatzes (u.a. verstärkter Einbeziehung des Theorie-Praxis-Bezuges) und einer Schwerpunktsetzung innerhalb der angewandten Forschung und in der Forschung zur Umsetzung in die Praxis.

Diese Forschungsansätze sollen u.E. auf folgende Aufgabenstellungen ausgerichtet sein:

- Sichtung und Aufbereitung wissenschaftlicher Erkenntnisse einerseits und Analyse von Praxisbedürfnissen und -defiziten andererseits;
- systematische Sammlung und kontrollierte Auswertung von Praxiserfahrung und -vollzügen (z. B. Klientenstruktur-Analyse, Analyse von Institution und Arbeitsvollzügen, Auswertung sozialpädagogischer, therapeutischer und rehabilitativer Maßnahmen);
- systematische Überprüfung durchgeführter und laufender Maßnahmen i.S. einer Bewertung bereits getroffener Maßnahmen mit der Möglichkeit einer entsprechenden Korrektur;
- Motivierung der Praxis für innovatorische Veränderungen und für eine kontrollierte Umsetzung von Modellversuchen mit Rückkoppelung von Ergebnissen und Fragestellungen in den wissenschaftlichen Bereich;
- Qualifizierung für Aufgaben im Rahmen der Planung, Organisation und Auswertung von Maßnahmen der Altenarbeit/Altenhilfe/Bildungsarbeit mit älteren und alten Erwachsenen;
- Qualifizierung zur Wahrnehmung von Funktionen des "third man" als Vermittler zwischen Wissenschaft und Praxis auf mittlerer und unterer Ebene (kommunale Träger, Städte, Wohlfahrtsverbände, Institutionen u.a.m.);
- Qualifizierung zur Wahrnehmung von Advocacy-Funktionen für die Gruppe der älteren und alten

Menschen;
- Motivierung, Rekrutierung und Aus-, Weiter-, Fortbildung von haupt- und ehrenamtlichem Personal;
- Wahrnehmung von Aufklärungsaufgaben in der Öffentlichkeit (Informationen der Berufsgruppen und der Anspruchsberechtigten).

Auf der Grundlage dieser praxisorientierten Aufgabenstellungen der Sozialen Gerontologie ergeben sich für die Aus- und Weiterbildung folgende Konsequenzen:

- Verankerung im Hochschulbereich mit einem zusätzlichen postgradualen Weiterführungsangebot (mit entsprechendem Hochschulabschluß);
- Einbeziehung der Praktiker als "Praxisexperten" in die curriculare Planung und Durchführung, sowie praxisorientierte und praxisrelevante Forschungsprojekte;
- Zusammenarbeit mit qualifizierten Praxiseinrichtungen in verschiedenen Schwerpunktbereichen und gemeinsam getragenen Forschungsprojekten.

3.3 Aus- und Weiterbildung im Bereich der Altenarbeit/-hilfe

Eine Bestandaufnahme ergab zum Zeitpunkt der Antragstellung (63) folgendes Bild:

- Wissen über Altern/Alter/Geriatrie/Gerontologie/Altenhilfe/Altenarbeit war in keinem Curriculum für pflegerische, soziale und rehabilitative Berufe verankert.

- Innerhalb der Altenhilfe bildeten zahlreiche Schulen (mit z.T. geringer Anzahl von Auszubildenden) als einzigen Beruf Altenpflegerinnen/-pfleger aus. Lehrpläne und Prüfungsordnungen differierten zwischen einzelnen Schulen und den einzelnen Bundesländern deutlich. Dazu orientierte sich das Unterrichtsangebot weitgehend noch an den früheren Zielvorstellungen von Pflege/Betreuung und u.U. Bewahrung. Lehrmaterial und Dozenten entsprachen nicht den gewünschten Anforderungen. Dazu wurden als Hilfskräfte für Pflegemaßnahmen Altenpflegehelferinnen/-helfer i.S. eines Anlernberufes ausgebildet.

- Eine systematische Weiterbildung i.S. des Erwerbs einer Zusatzqualifikation bestand lediglich für Heimleiter (z.B. entsprechende Kurse der Wohlfahrtsverbände und Kommunen) und für Krankenschwestern/-pfleger im Henrietten-Stift Hannover in Form der Weiterbildung zur(m) geriatrischen Schwester/Pfleger.

- Im Bereich der Fachhochschulen und Hochschulen bestanden keine systematischen Lehrangebote für Gerontologie/Geriatrie und keine Möglichkeiten für Kontakt- und Aufbaustudiengänge.

- Fortbildungsmaßnahmen wurden z.T. im großen Umfang lokal, regional, überregional (zentrale Ausbildungseinrichtungen der Wohlfahrtsverbände, des DPWV und des Deutschen Vereins) durchgeführt. Bei ungenügend vorhandenem Unterrichtsmaterial und Fehlen entsprechend qualifizierter Dozenten wurden sie z.T. quantitativ und qualitativ als nicht ausreichend angesehen.

- Dazu bestand keine wissenschaftlich orientierte Fortbildung i.S. aktueller Information über neue Forschungsergebnisse und der entsprechenden Hilfestellung für ihre Umsetzung in die Praxis.

Diese Defizitbeschreibung stand und steht auch heute noch in deutlichem Kontrast zu Bemühungen und Entwicklungen in anderen Ländern auf dem Gebiet der Aus-, Weiter- und Fortbildung. Schon 1963 begann in den USA die Entwicklungsarbeit für ein "Curriculum project in applied gerontology" (68,69,70) unter der Federführung des Council of the Gerontological Society in Zusammenarbeit mit dem U.S.Public Health Service. Unter Berücksichtigung multi- und interdisziplinärer wissenschaftlicher Aspekte wurde die Entwicklung von "teaching and training plans in the field of applied gerontology for practitioners of the various health professions" i.S. eines integrierten Curriculums in Angewandter Gerontologie für alle Gesundheitsberufe mit Differenzierungen für verschiedene Berufsgruppen (u.a. auch Sozialarbeit) angestrebt.
Dieser Anstoß führte offensichtlich mit entsprechender staatlicher Unterstützung zur Einrichtung zahlreicher Weiter- und Fortbildungsangebote auf verschiedenen Ebenen bis hin zum Hochschulbereich, häufig in Anlehnung oder Kooperation mit entsprechenden gerontologisch/geriatrischen Forschungseinrichtungen (s.Publikationen in "Gerontologist" seit 1965).

Eine Übersicht über "Education and training in Gerontology" (22) umfaßte 1970 48 Langzeit-. Weiterbildungsprogramme im Hochschulbereich mit staatlicher Unterstützung und entsprechende Forschungsförderungsprogramme an 26 Universitäten. Auffallend war dabei der hohe Anteil des Bereichs "Sozialwesen". Dazu bestanden zahlreiche kurzfristige Fort- und Weiterbildungsangebote für Sozialarbeiter, Pflegepersonal und Ärzte.

Der IV. Kongreß des ICSG in Oslo 1973 beschäftigte sich mit Fragen der Anwerbung und des Trainings von Personal im Bereich der Gerontologie/Geriatrie. Bei einer internationalen Vergleichsuntersuchung (20) wurde sichtbar, daß in den USA und Kanada im Untersuchungszeitraum von 1972 von 1.075 Kursen gegenüber 145 in Europa berichtet wurde, wobei in den USA der Schwerpunkt im sozialwissenschaftlichen und akademischen Bereich, in Europa hingegen vorwiegend im medizinisch-pflegerischen und nichtakademischen Bereich lag (USA 38.344 Studenten, in Kanada 2.268 Studenten und in Europa 7.179 Studenten). Eine Arbeitsgruppe auf dem Kongreß widmete sich speziell der Ausbildung im Bereich der Sozialarbeit/Sozialpädagogik (62).
PFEIFFER (61) schätzte 1975 die Zahl der ausgebildeten Gerontologen in den USA auf ca. 3.000, wobei er auf zwei mögliche Ausbildungswege hinwies, den einen zu einem Grundstudium in Gerontologie und den anderen über eine gerontologische Spezialisierung nach einer Allgemeinausbildung im jeweiligen Beruf.

Schon 1958 hatte man sich in den USA auf einem Workshop mit der Notwendigkeit von "Social work education and the aging" befaßt. Trotz umfassender Aus- und Weiterbildungsangebote wies LOWY (51) in einem Rückblick auf die Notwendigkeit der stärkeren Berücksichtigung von Fragen der Einstellung (z.B. gegenüber älteren Menschen, der älteren Generation, dem Alternsprozeß und gegenüber sich selbst) und des Trainings von Fähigkeiten (Arbeit mit Einzelnen, in Gruppen und im Gemeinwesen) innerhalb der Curricula gegenüber der bisherigen Wissensvermittlung bei gleichzeitigem Hinweis auf die Notwendigkeit entsprechender Evaluation. Dabei hat die Curriculumentwicklung von den Aufgaben und den Funktionen des in der Praxis Tätigen auszugehen (10). Besonderer Wert wird auf die Veränderung der Einstellungen und Haltungen gegenüber älteren und alten Menschen und der Auseinandersetzung mit Verlusten, Sterben und Tod (51) und dem affektiven Lernen durch Erleben und Umgang mit "normalen" und "kranken" Älteren (11) gelegt. Dazu gehören auch Vermitteln und Aufarbeiten von Praxiserfahrungen (18).

Die schon frühzeitig geforderten multi- und interdisziplinären Ansätze bei der Wissensvermittlung (1) werden sowohl für die Curriculum-Planung und -Ausfüllung wie auch für den Forschungsbereich als erforderlich angesehen (11). Ebenso wie die Beteiligung von Studenten an angewandter sozialgerontologischer Forschung (1) wird die Mitarbeit in offenen und geschlossenen Institutionen der Altenarbeit/Altenhilfe während des Studiums (11) gefordert. Dabei wird zunehmend mehr die Berücksichtigung zukünftiger neuer gesellschaftlicher Entwicklungen und neuer sozialer Rollen (82) verlangt sowie die Vermittlung "generalistischer" Fähigkeiten ("Vermittlerrolle") mit Kenntnissen in Forschung, Lehre und Praxiserfahrungen (82) für Planungs- und Beratungsaufgaben im sozialpolitischen Bereich.

Die Arbeitsgruppe "Sozialarbeit" auf dem Kongreß der ICSG 1973 (62) empfiehlt eine Spezialisierung in Sozialer Gerontologie erst nach langjähriger Praxistätigkeit und ausreichender eigener Lebenserfahrung und betont die Notwendigkeit eines eher interprofessionellen Arbeitsansatzes. Damit wird das Training in Sozialer Gerontologie eindeutig als postgraduale Aufgabe eingestuft. Die zu vermittelnden Handlungsstrategien sollen sich einerseits auf die Klienten- und Zielgruppen und andererseits auf Verwaltung und Sozialpolitik erstrecken. Damit kommt dem so Weitergebildeten eine entscheidende Vermittlerrolle für praxisrelevante Forschungsfragen zu.

Derzeit sind folgende Veränderungen zu verzeichnen, die aber insgesamt nicht als grundlegende Verbesserungen dieser Defizitsituation anzusehen sind (66):

- Die Altenpflege-Ausbildung orientiert sich verstärkt an den neuen konzeptionellen Zielvorstellungen (s. Ausbildungspläne und Lernzielkataloge, z.B. Bayern, Berlin).

- Zivildienstleistende werden systematisch für ihre Aufgaben innerhalb der Altenarbeit/Altenhilfe vorbereitet und ausgebildet.

- Für pflegerische, rehabilitative und soziale Berufe besteht bis auf vereinzelte Ausnahmen (z.B. Schule für Beschäftigungstherapie in Lippoldsberge) weiterhin kaum eine curriculare Einbindung der Bereiche Altern/Alter/Gerontologie/Geriatrie/Altenarbeit/Altenhilfe.

- Im Bereich der Hochschulen ergab sich im Grunde keine Veränderung gegenüber 1973, lediglich die Zahl der angebotenen Vorlesungen/Seminare hat zugenommen. Dabei ist unbekannt, in welchem Umfang diese wahrgenommen werden.

- Im Bereich der Weiterbildung ist jetzt eine Zusatzqualifikation für Heimleiter durch das Heimgesetz gefordert und wird im verstärkten Umfange angeboten. Dazu wird eine Weiterbildung zur geriatrischen Schwester/Pfleger im Henriettenstift Hannover u.a.O. regelmäßig angeboten.

- Die Fortbildungsangebote scheinen insgesamt umfangreicher geworden zu sein bei längerer Zeitdauer und differenzierterer Themenstellung unter Einbeziehung der Bereiche Bildung/Therapie/Gesprächführung usw., wobei bestimmte Fachgebiete, wie z.B. die "Arbeit in der Geronto-Psychiatrie" noch weitgehend ausgespart sind. Erstmals wird ein Fernlehrgang mit entsprechenden Arbeitsmaterialien angeboten. Dazu liegen mehr Unterrichtsmaterialien und Lehrbücher vor.

- Der Kongreß der Deutschen Gesellschaft für Gerontologie in Berlin 1976 umfaßte erstmals ein wissenschaftliches Fortbildungsprogramm. Dieses Angebot dürfte im Rahmen der geplanten Sektion Altenarbeit/Altenhilfe dieser Fachgesellschaft wahrscheinlich in Zukunft jährlich erfolgen. (32)

3.4 Sozialarbeit/Sozialpädagogik im Rahmen der Altenarbeit/-hilfe

Altenarbeit/-hilfe fand in der Sozialarbeit/Sozialpädagogik bisher relativ wenig Aufmerksamkeit und Interesse. Dieser Sachverhalt dokumentiert sich in der geringen Anzahl vorliegender Publikationen und Forschungsergebnisse, der wenigen in diesem Arbeitsfeld tätigen Sozialarbeiter/Sozialpädagogen und der unzulänglichen Aus-, Weiter-und Fortbildungssituation (22,40, 43,63,67).

Bei fehlenden Arbeitsfeldanalysen liegen nur vereinzelte Angaben über Tätigkeitsbereiche von Sozialarbeitern/Sozialpädagogen (24,40,43,77, 78) vor. Danach sind diese tätig in Einrichtungen der geschlossenen Altenhilfe, geriatrischen/geronto-psychiatrischen Abteilungen und Abteilungen für chronisch/langfristig Kranke der Allgemeinkrankenhäuser; in Referaten der Altenarbeit/-hilfe und bei Sozialbehörden; in offenen Alteneinrichtungen (Altenclubs, Altentagesstätten, Altenzentren) und im Bildungsbereich (Vorbereitung auf den Ruhestand, Bildungsangebot von Volkshochschulen und anderen Institutionen der Bildungsarbeit). Die dabei wahrgenommenen Funktionen sind sehr vielfältig und teilw. sogar widersprüchlich. Sie reichen z.B. im Heimbereich von der Beratung für und der Vermittlung von Heimplätzen, der Durchführung traditioneller sozialarbeiterischer Maßnahmen im Heim, von Planungsfunktionen und Leitung bis hin zur Heimaufsicht, von Aktivierungsmaßnahmen und Gruppenarbeit bis hin zur Institutionalisierung von Heimbeiräten und Anregung von Selbstverwaltung/Selbstorganisation bis schließlich zur Aus- und Weiterbildung des Personals.

In der Regel erfolgt die Arbeit für und mit älteren und alten Menschen zu einem großen Teil in den mehr traditionellen Arbeitsfeldern der Sozialarbeit (Familienfürsorge; Sozialarbeit im Krankenhaus, Gesundheitsamt oder im sozialpsychiatrischen Bereich; im Betrieb; bei der Versorgung von Straffälligen, Obdachlosen und weiteren "Randgruppen"). Dabei sind die Aufgaben der Altenarbeit/-hilfe häufig über zahlreiche Referate innerhalb der Verwaltung verteilt (35,36), wodurch eine entsprechende Segregation der Älteren erfolgt.

Untersuchungen bezügl. der in der Altenhilfe tätigen Sozialarbeiter/Sozialpädagogen liegen für die Bundesrepublik nicht vor, doch muß die Gesamtzahl mit Ausnahme einiger Großstädte wie z.B. Berlin oder Hamburg als relativ gering angenommen werden. Schätzungen aus dem europäischen Raum schwanken zwischen 1 % (Frankreich/Griechenland) und 15 % (Niederlande/Schweden) aller ausgebildeten Sozialarbeiter (65,75).

Unter der veränderten Zielperspektive heutiger Altenarbeit/-hilfe/Erwachsenenbildung (s.3.1) ergeben sich insbesondere für den Bereich Sozialarbeit/Sozialpädagogik folgende grundsätzliche Erfordernisse und praktische Konsequenzen (67):

- Erkennen der Auswirkungen und Defizite lebenslanger Sozialisiationprozesse auf das Alter und die Alterssituation;
gegenüber anderen Berufsgruppen (z.B. medizinische, pflegerische oder Rehabilitationsberufe) ist diesbezügl. eine umfassendere Kenntnis und damit die Notwendigkeit des Begreifens erforderlich, daß "soziale Schwächen, bzw. Unvermögen das Resultat von Behinderungen sind, die dem älteren Menschen systematisch zugefügt

werden. Solche Behinderungen sind teilw. durch das Alter bedingt, teilw. werden sie im Alter auch subjektiv stärker wahrgenommen und objektiv vergrößert, teilw. haben sie mit dem Alternsprozeß selbst kaum noch etwas zu tun, sondern liegen der besonderen historisch/gesellschaftlichen Lage der heute älteren Menschen zugrunde." (30)

- Aufzeigen von Ursachen sozialer Ungerechtigkeiten auch bei älteren Menschen; Ungerechtigkeiten einschränken und nach Möglichkeit beseitigen; Ableitung der Bedürfnisse aus der Situation des/der Klienten (individuelle, institutionelle und gesellschaftliche Einflußgrößen berücksichtigen).

- Einleiten einer gezielt langfristigen Arbeit aufgrund des Erkennens des spezifischen Bedürfnismusters (Problemkumulation und individuelles Schicksal); Bedürfnis-Analyse unter Einbeziehung der Biographie (äußerer Verlauf und innere Verarbeitung) und der umgebenden und bedingenden sozialen Felder - selbst wenn diese Arbeit häufig aufgrund akuter Notsituationen zunächst symptomorientiert verläuft.

- Übernehmen von Vermittlungs- und Arbeitsfunktionen; Vermittlung von Kontakten und Hilfsmöglichkeiten zwischen älteren Menschen und Institutionen/Behörden/anderen Berufsgruppen, zu ambulanten Diensten und zur Umwelt; aktive soziale Hilfestellung und Öffentlichkeitsarbeit/Information/Beratung.

- Wahrnehmung dieser Funktionen
(1) unter Einbeziehung eines breiten Spektrums von therapeutisch orientierten Interventionsmöglichkeiten für Prävention, Krisenhilfe, kurz- und langfristige Arbeit (Arbeit mit einzelnen, in Gruppen, Hilfestellung bei Partner-

problemen und zwischen den Generationen) und (2) unter Ausschöpfung der Möglichkeiten einer gezielten Erwachsenenbildung im Rahmen einer allgemeinen Prävention oder als Maßnahmenbündel einer gezielten Vorbereitung auf das und der Hilfestellung beim Ausscheiden aus dem Arbeitsprozeß, der Vorbereitung auf den Ruhestand einschließlich der Aktivierung bisheriger Interessen und des Ausgleichs von Bildungsdefiziten.

- Leisten von Hilfestellung bei der Entwicklung und Verwirklichung aller Formen der politischen Selbstvertretung/Selbstorganisation/Selbstverwaltung von älteren Menschen (z.B. Seniorenräte, Heimräte, Bürgerinitiativen in Altenzentren, Altenclubs usw.).

- Mitarbeiten bei der Entwicklung integrierter Hilfsangebote im Team (Krankenhaus, Rehabilitationseinrichtungen, geronto-psychiatrische Abteilungen, Tageskliniken, Beratungsstellen, Altenzentren, Einrichtungen der Erwachsenenbildung u.a.m.) mit der Aufgabe der Vertretung und Vermittlung sozialarbeiterischer/sozialpädagogischer Sichtweisen und Arbeitsformen unter Einbeziehung der sozialen/institutionellen und gesellschaftlichen Dimension.

- Planen, Organisieren und Durchführen von Maßnahmen und Hilfsangeboten für Ältere; besondere Berücksichtigung der Funktionalität und Orientierung auf den Klienten bei Abstimmung der Träger und Koordination der sozialen Dienstleistungen vor Ort zur Vermeidung entsprechender Selektionsprozesse.

- Durchführen von Training/Fortbildung bei entsprechender Anleitung von haupt- und ehrenamtlichem Personal (Einstellungsveränderungen, Wissensvermittlung, Praxisanleitung, Hilfestellung bei psychischen Belastungen usw.).

Wie bei der Altenarbeit/-hilfe insgesamt stehen auch diese konzeptionellen Zielvorstellungen einer Sozialen Arbeit mit älteren und alten Menschen im erschreckenden Kontrast zur derzeitig gegebenen Aus- und Weiterbildungssituation an den Fachhochschulen/Hochschulen.
Eine Bestandsaufnahme zum Zeitpunkt der Konzeption und Beantragung des vorliegenden Forschungsprojektes (63) ergab, daß

1. der Bereich Altern/Alter/Gerontologie/Geriatrie/Altenarbeit/Altenhilfe an keiner FHS curricular verankert war, und daß nirgendwo eine Vertiefung oder gar ein Projektstudium im Bereich "Arbeit mit älteren und alten Menschen" angeboten wurde. Dazu fehlte es an interessierten und/oder geeigneten Dozenten sowie entsprechendem Lehrmaterial;

2. Fortbildungsmaßnahmen nur zu einem geringen Umfange für Sozialarbeiter/Sozialpädagogen angeboten wurden (die dazu teilw. noch von den Antragstellern und Mitarbeitern des Forschungsprojektes in vergangenen Jahren durchgeführt wurden, z.B. in Berlin, Ulm, Augsburg und Kassel);

3. eine qualifizierte Weiterbildung in "Sozialer Gerontologie" i.S. des Erwerbs einer Fachkompetenz/Spezialisierung in der Bundesrepublik an keiner Hochschule möglich war.

In der Zwischenzeit hat an der FHS das Interesse an der Altenarbeit/-hilfe/Gerontologie deutlich zugenommen, wie es sich durch die Einrichtung entsprechender Projekte der "Arbeit mit älteren Menschen" an verschiedenen FHS mit einer Teilnehmerzahl von jeweils 15/25 Studenten dokumentiert. Dazu wurde mit Unterstützung der Stiftung Volkswagenwerk (Schwerpunkt: Alternsforschung) vom Deutschen Zentrum für

Altersfragen in Berlin eine Arbeitsgruppe von interessierten Fachhochschul- und Hochschullehrern gegründet, die seit 1975 (24,77,78) an einem entsprechenden Curriculum arbeitet. Fortbildungsmaßnahmen werden in vergrößertem Umfang und mehr arbeitsfeld- und methodenzentriert angeboten.

Weiterhin hat die CAG (Curriculumarbeitsgruppe) für den Modellversuch "Entwicklung eines Systems differenzierter abgestufter Studiengänge für sozialpädagogische Berufe" im Bereich der Organisationseinheit Sozialwesen der Gesamthochschule Kassel die Einführung eines postgradualen Studienganges "Soziale Gerontologie" aufgrund der Ergebnisse dieses Forschungsprojektes vorgeschlagen. Die zweite und dritte Lesung der Studien- und Prüfungsordnung ist für das WS 1978/79 vorgesehen.

4 Prozessorientierte Projektplanung

4.1 Leitideen und Planungskonzeption

4.1.1 Projektziele (Zielentwicklung bis zum Beginn des KSG)

Bereits bei der Antragstellung an das KDA (10.5.1973) wurde ausgeführt, daß sich das Projekt auf die bisherigen Forschungsarbeiten über therapeutisch orientierte Arbeit von Sozialarbeitern mit älteren und alten Menschen stützte. Außerdem lagen seit 1970 didaktische und inhaltliche Erfahrungen aus mehreren Modellseminaren in "Geriatrischer Sozialarbeit" vor, die in Berlin zusammen mit dem Senator für Arbeit und Soziales und an der Universität Ulm durchgeführt wurden.

Aufgrund dieser Vorerfahrungen wurden zunächst drei Grundbestandteile für ein diesbezügl. Curriculum als besonders wesentlich angesehen:

1. eine wissenschaftlich fundierte - soweit möglich interdisziplinäre - Wissensvermittlung aus den Bereichen Gerontologie/Geriatrie,

2. Methodentraining unter Supervision,

3. Teilnahme an einer Selbsterfahrungsgruppe.

Zusammengefaßt lassen sich zum Zeitpunkt des Beginns des KSG (Antrag vom 10.5.1973 an das KDA und vorläufiges Programm (2)) folgende Leitvorstellungen für das Projekt nennen:

- Verarbeitung, Systematisierung und Vertiefung bestehenden Erfahrenswissens der Sozialarbeiter/ Sozialpädagogen vor allem aus dem Altersbereich;

- Vermittlung praxisrelevanter gerontologisch/ geriatrischer Kenntnisse aus verschiedenen Wissenschaftsbereichen;

- Transfer des vermittelten Wissens in die Praxis i.S. einer Nutzbarmachung für die Soziale Arbeit mit Älteren (Theorie-Praxis-Bezug);

- Erkundung von Handlungsvollzügen und Arbeitsfeldern in der Altenarbeit/Altenhilfe (unter Berücksichtigung ausländischer Erfahrungen) und Erarbeitung sozialarbeiterischer/sozialpädagogischer Zielperspektiven;

- Training in Methoden der Sozialarbeit/Sozialpädagogik (Arbeit mit einzelnen und Gruppen, Gemeinwesenarbeit) möglichst unter Supervision;

- Vermittlung von Möglichkeiten und Erfordernissen der Planung und Organisation in der Altenarbeit/Altenhilfe;

- Qualifizierung zur Übernahme leitender und anleitender Aufgaben im Rahmen der Altenarbeit/Altenhilfe, insbesondere: Aufbau, Leitung und Beratung von Institutionen, Praxisanleitung, Aus- und Fortbildung;

- Erkundung der Möglichkeiten praxisorientierter Forschung für Sozialarbeiter/Sozialpädagogen auch i.S. einer Fortentwicklung bisheriger Forschungsergebnisse.

4.1.2 Aktionsforschung
(Ein konzeptioneller Orientierungsrahmen)

Lehren und Lernen als komplexes soziales Geschehen verlangt nach einer sorgfältigen Planung. In den letzten Jahren sind eine Fülle verschiedenster Modelle und Materialien entwickelt worden, in denen didaktische, fachwissenschaftliche und sozialwissenschaftliche Erkenntnisse für Unterrichtszwecke verarbeitet wurden. Solche ausgearbeiteten und erprobten Hilfen, die Lehrende und Lernende entlasten, und die dadurch neue Möglichkeiten schaffen, eigene Absichten und Einfälle zu erproben - auf Vorgaben dieser Art zielt das Wort "Curriculum". In der Empfehlung der Bildungskommission des Bildungsrates wird der Begriff des Curriculum weit gefaßt. Man versteht hier unter Curricula

> "didaktische Handlungsentwürfe für die jeweilige Lernsituation ..., (die) zu durchaus unterschiedlichen Produkten ausgearbeitet werden (können). Gemeinsam ist ihnen der Versuch, Unterricht als soziales System i.S. bestimmter Kriterien zu beschreiben."
> (19, S.121)

Die Tatsache, daß auch eine gründliche Planung immer nur begrenzt gültig ist, daß die Wechselwirkungen von Unterrichtsfaktoren nie voll erfaßbar sein werden, daß jede Lernsituation anders ist und deshalb Lernen immer nur in Grenzen planbar sein wird: diese Einsichten führten in der Curriculumdiskussion zur Konzeption "offener Curricula". In der Empfehlung der Bildungskommission heißt es dazu:

> "Das offene Curriculum ist ... ein idealtypisches Konzept. Es sucht Vorzüge des herkömmlichen Unterrichts (Beweglichkeit, Situationsbezogenheit) und Ansprüche der

Curriculum-Entwicklung (systematische Vorbereitung und Überprüfung) miteinander zu verbinden und ihren jeweiligen Gefahren (Beliebigkeit einerseits, Starrheit andererseits) zu entgehen." (19, S. A21)

Nach MESSNER liegt der zentrale Gedanke der Theorie "offener Curricula" darin, "die Planung und Durchführung des Unterrichts selbst zu einem zentralen Ort und die an ihm Beteiligten zu Hauptträgern der Curriculum-Entwicklung zu machen." (54, S.26)

In der Absicht, ein in diesem Sinne o f f e n e s Curriculum zu entwickeln, begann im Frühjahr 1975 das KSG. Konzeptionell vorbereitet waren damals

1. Orientierungsziele für Entscheidungen bezügl. der Auswahl von Lernbereichen und Studienschwerpunkten (s.4.1.1); bei dem vorläufigen Programm (2) handelte es sich nicht um einen bereits detailliert festgeschriebenen Unterrichtsplan;

2. Vorstellungen über die beabsichtigte Vermittlung praxisorientierter Qualifikationen (s.3.4 u.4.1.1);

3. Vorstellungen über einzusetzende Lehr-, Lernmethoden und Arbeitsformen (s.4.3.1);

4. erste Ansätze für ein Instrumentarium zur Begleitforschung bzw. Prozeßevaluation (s.4.2.4);

5. Entwürfe zur Strategiebildung und erste Ansätze zur Konzeption der Curriculumentwicklung bzw. Curriculumkonstruktion (3,4,5).

Eine praxis- und qualifikationsorientierte Curriculumentwicklung bedarf einer entsprechenden Prozeß-Evaluation, auch formative Evaluation genannt. Aufgabe der Prozeß-Evaluation ist es, "Unzulänglichkeiten des Curriculums zu entdekken, während es noch in der Entwicklung ist, und diese zu korrigieren. Formative Evaluation wird also als ein integraler Bestandteil der Entwicklungsarbeit angesehen ... Wichtig ist, daß der Kommunikationsfluß zwischen denen, die primär an der Entwicklung der Curricula beteiligt sind, und denen, die mehr mit der Evaluation befaßt sind, gut ist." (84, S.231,232)

Diese Konzeption von Begleitforschung, die handelndes Eingreifen mit einbezieht in den Entwicklungsprozeß (58), verweist auf forschungsstrategische Überlegungen der Aktionsforschung (38,44). Das Forschungsdesign wurde deshalb i.S. der Aktionsforschung so angelegt,

- daß es sich aus Handlungszusammenhängen heraus entwickelt und damit an "arbeitende Gruppen" und nicht an Sachstrukturen bindet;

- daß das Begleitforschungsteam (BFT) zusammen mit der Projektleitung (PL) in den Arbeitsprozeß der Gesamtgruppe eingebunden ist, um Probleme aus dem Prozessverlauf heraus formulieren und strukturierend angehen zu können;

- daß Entscheidungssituationen, Perspektivplanungen oder andere zentrale Problemstellungen für alle Gruppenmitglieder erfaßt, unterstützt und aufgearbeitet werden;

- daß alle an der Auseinandersetzung um die Ziele der initiierten Prozesse und an der Datenerhebung beteiligt werden und die Ergebnisse für die Gruppe von Relevanz sind. (44, S.22)

Die Hauptschwierigkeit der Aktionsforschung fassen KRÜGER et al in der Frage zusammen: "Wie können die der Strategiebildung zugrundeliegenden Handlungsbedingungen systematisch erfaßt und verallgemeinert werden?" (44, S.23) Übertragen auf unser Curriculumprojekt bedeutet dies die Aufgabe: Prämissen, die unserer Handlungsstrategie zugrundeliegen, z.B.

- T r a n s p a r e n z der Zielentwicklung und der Legitimation von Vorentscheidungen,

- R e p r ä s e n t a n z der am Entscheidungsprozeß beteiligten Interessen,

- V e r a r b e i t u n g a b w e i c h e n d e r I n t e r e s s e n auf dem Hintergrund eines gemeinsamen gesamtcurricularen Problembewußtseins (3),

müssen wirksam werden. Nur dann können die jeweils anfallenden Entscheidungssituationen dem Kriterium der Unverzerrtheit standhalten.

4.1.3 Organisation und Arbeitsteilung (Proximale Rahmenbedingungen)

Aufgrund des Defizits an gesicherten gerontologisch/geriatrischen und berufsbezogenen Erkenntnissen als Grundlage für das Handlungs- und Berufsfeld von Sozialarbeitern ging die Planungsgruppe von der Prämisse aus, daß die curricularen Entwicklungsarbeiten für das KSG

> "nicht durch zeitraubende curriculare Planungen, sondern nur durch gemeinsame, an konkreten Fragen arbeitende, offene Forschungs- und Reflexionsarbeit von Berufstätigen und Hochschulangehörigen in gegenseitiger Ergänzung und In-Frage-Stellung voranzutreiben sind." (15)

Diese Vorentscheidung für ein Kontaktstudienmodell, das sich vorrangig an der Bewältigung theoretischer, praktischer und verhaltensmäßiger Problemsituationen in der konkreten Berufspraxis orientiert, hatte zur Konsequenz, daß bereits nach einem halben Jahr Vorbereitung und curricularer Entwicklungsarbeit der Studienbetrieb aufgenommen werden konnte. In dieser Vorbereitungsphase wurde ein grober Orientierungsrahmen für die Projektabwicklung (prozessorientierte Projektplanung und teilnehmerorientierte Projektdurchführung) erarbeitet.

Gemäß dem Hinweis von MAC KENZIE et al (52, S. 196), daß trotz zahlreicher Forschungsarbeiten über Lehren/Lernen eigentlich wenig gesicherte Erkenntnisse vorliegen, und daß deshalb Versuch und Irrtum die einzig verbleibende Methode für Verbesserungen im Rahmen von Curriculumentwicklungsprojekten ist, wurde das Forschungsprojekt aus einer zunächst pragmatischen Handlungsperspektive in Angriff genommen. Im Vordergrund standen organisatorische Aufbauarbeiten:

(1) Fragen der internen Kompetenzabklärung innerhalb der Arbeitsgruppe;

(2) Festlegung eines Grobzeitplanes für das Forschungsprojekt;

(3) Erarbeitung eines vorläufigen Programms (Prospekt);

(4) Ausschreibung des Kontaktstudiums in verschiedenen Fachzeitschriften;

(5) Abklärung der organisatorischen Rahmenbedingungen für die Durchführung des Kontaktstudiums (Unterkunft und finanzielle Förderung der Teilnehmer, Raum- und Grundausstattung des Projektes);

(6) Auswahl der Teilnehmer am Kontaktstudium (Bewerbungsunterlagen, Vorstellungsgespräche);

(7) Vorbereitung der ersten beiden Seminarwochen des Kontaktstudiums (Stundenpläne).

In der Vorbereitungsphase war die Abklärung der Zielvorstellungen innerhalb der Planungsgruppe von entscheidender Bedeutung. Zieldiskussionen wurden i.S. des Brainstormings geführt. (55)

Als Ergebnis dieses Entwicklungsprozesses stand gegen Ende der Vorbereitungsphase auf einer 2-tägigen Klausurtagung zur Diskussion:

- ein Arbeitspapier zur Curriculumentwicklung;

- eine umfangreiche Stoffsammlung zu den Arbeitsfeldern und Theoriebereichen der Geriatrie/Gerontologie;

- das Lebenszykluskonzept als ein theoretischer Bezugsrahmen für die Curriculumkonstruktion, und es wurden

- erste Ansätze zur Entwicklung eines angemessenen Instrumentariums der Begleitforschung erarbeitet.

Eine der dringlichen Aufgaben der neu konstituierten Arbeitsgruppe bestand darin, daß über eine allmähliche Abklärung der Kompetenzen, Qualifikationen und Erfahrungen, die die einzelnen Arbeitsgruppenmitglieder mit einbrachten, ein gemeinsames Problembewußtsein für das Forschungsvorhaben entwickelt werden mußte. So wurde als Grundlage für die anfallende Literaturarbeit ein umfassendes Kategorienschema entwickelt. Die Arbeit an diesem kategorialen Orientierungsrahmen hatte zweierlei Funktion:

- Es wurde innerhalb der Arbeitsgruppe eine gemeinsame Verständigungsplattform geschaffen (z.B. Klärung von Definitionsfragen, interdisziplinäre Diskussion bezügl. Problem- und Lehrstoffstrukturierung).
- Die Auseinandersetzung mit den besonderen Arbeitsschwerpunkten der Sozialarbeit auf dem Gebiet der Altenarbeit/Altenhilfe unter Einbeziehung neuerer Erkenntnisse der Alternswissenschaften und unter Berücksichtigung gesamtgesellschaftlicher Strukturzusammenhänge ermöglichte die allmähliche Eingrenzung und Präzisierung der Reichweite des Forschungsvorhabens.

Organisatorisch/projektspezifische Rahmenbedingungen, die im Zuge der Vorbereitungs- und im Verlauf der Einführungs- und Orientierungsphase entwickelt wurden[1], beziehen sich auf Fragen

---

1) Anmerk.: Es handelt sich hierbei um ähnliche Grundbedingungen, wie sie NEUL unter dem Begriff 'proximale Rahmenbedingungen' beschreibt:"Hierunter sollen Bedingungen verstanden werden, (Forts.S.47)

der Arbeitsteilung im Rahmen der Projektdurchführung. Wir unterscheiden in diesem Sinne 5 verschiedene Struktur- und Handlungskomponenten:

1. die institutionellen Gegebenheiten (Universität Ulm, Gesamthochschule Kassel, Kuratorium Deutsche Altershilfe, Arbeitsamt Ulm usw.);

2. die Theorie-Komponente (Dozententeam);

3. die Praxis-Komponente (KSG-Teilnehmer einschließlich deren beruflicher Situation);

4. Projektorganisation und Begleitforschung (Projektleiter (PL), Begleitforschungsteam (BFT), Halbtags-Sekretärin);

5. wissenschaftliche Hilfskräfte (Praktikanten der Dokumentationsschule).

Zusammenfassend kann gesagt werden, daß die konzeptionelle Ausrichtung des gesamten Projektes durch Verfahrensregelungen, die sich im Verlauf der Vorbereitungsphase herauskristallisierten, maßgeblich mit beeinflußt wurde. Insbesondere ist hier zu nennen: Gruppendiskussion und Dokumentation relevanter Prozeßdaten, Literaturarbeit und Erstellung von Arbeitspapieren, Entwicklung eines Kategorienschemas.

---

1) Forts.v.S.46: die einen direkten Einfluß auf den Arbeitsprozeß haben, und die bis zu einem gewissen Grade von den Mitgliedern der Entwicklungsgruppe und dem Evaluator beeinflußt werden können. Eine solche Bedingung besteht in der Organisation der Entwicklungsarbeit. Dies betrifft die Arbeitsteilung, die Arbeitsformen, die Regelungen, durch die Arbeitsleistungen kontrolliert werden." (57, S.677)

4.1.4 Institutionelle und bildungspolitische Einflußgrößen (Distale Rahmenbedingungen und ihre Veränderungen während der Projektdurchführung)

<u>UNIVERSITÄT ULM</u>

Die Gründungsdenkschrift der Universität Ulm und ihre Fortschreibungen sahen vor, im psychosozialen Bereich (Zusammenfassung verschiedener Subdisziplinen innerhalb der Medizin und im interdisziplinären Bereich zwischen Medizin und Sozialwissenschaften) einen Studien- und Forschungsschwerpunkt einzurichten.

Seit 1969/70 wurde die Planung und Erprobung von Modellen für die "Psychosozialen Studiengänge" aufgrund der Forderungen des Wissenschaftsrates (85) und der sozial-gesundheitspolitischen Zielkonzeption[1] nach einem breiteren und differenzierteren Spektrum von Ausbildungsgängen in enger Verflechtung mit dem psychosozialen Schwerpunkt als eine der vordringlichsten Aufgaben angesehen (53).
Als Konsequenz daraus gründete die Universität Ulm 1972 das Psychosoziale Zentrum (PSZ) als Zusammenschluß aller psychosozialen Fachgebiete (Abteilung und Sektion im Bereich der Psychotherapie, Psychiatrie, Medizinische Psychologie, Medizinische Soziologie in enger Verbindung zur Psychosomatik unter Einschluß der bestehenden poliklinischen und klinischen Einrichtungen).

Von Anfang an bestand in der Universitätsbibliothek Ulm ein psychosozialer Sammelschwerpunkt, der bald auch auf die Bereiche Sozialarbeit/Sozialpädagogik ausgedehnt wurde. Dazu arbeiteten innerhalb des PSZ - besonders im

---

1) Anmerk.: Votum des Bundesgesundheitsrates vom 11.3.71 zur Funktion der Sozialarbeit im öffentl. Gesundheitsdienst und im Krankenhaus

Bereich der Abteilung Psychotherapie - Sozialarbeiter hauptamtlich mit. Außerdem leistete das PSZ im Bereich der Städte Ulm, Neu-Ulm und des dazugehörigen regionalen Umfeldes Hilfestellung zur Weiterentwicklung bestehender sozialer Einrichtungen für Ausbildungszwecke, u.a. durch das Angebot entsprechender Fortbildungsveranstaltungen (27).

"PSYCHOSOZIALE STUDIENGÄNGE" der Universität Ulm

Aufgrund der Anträge der Universität Ulm wurde auf Ministerratsbeschluß vom 19.12.72 für den Ausbau der Universität ein Entwicklungsziel von 500 Studienplätzen im Bereich Sozialwissenschaften festgelegt.
Im Antrag vom 11.5.73 auf Einrichtung eines Modellstudienganges Sozialwesen im Rahmen eines Hochschulmodellversuches der Gesamthochschule Ulm/Ost-Württemberg war die Einrichtung eines durchgehenden, vertikal gegliederten Studienganges im Bereich Sozialwesen mit differenzierten konsekutiven Abschlüssen (Graduierung, Diplomierung und Schaffung eines qualifizierten wissenschaftlichen Nachwuchses durch Promotion) vorgesehen. Gleichzeitig wurde aufgrund der Ressourcen und Möglichkeiten der Ulmer Universität die Schaffung von folgenden Fachschwerpunkten vorgeschlagen: Resozialisierung/Soziale Gerontologie/Rehabilitation im ambulanten/stationären und medizinischen Bereich, Heilpädagogik, Supervision mit Entwicklung entsprechender Forschungsschwerpunkte.

Diesen psychosozialen Studiengängen sollten später 3-jährige Studiengänge im Gesundheitswesen für nichtärztliche medizinische Berufe gemäß den Empfehlungen des Wissenschaftsrates(85) folgen. Entsprechend den Planungsvorstellungen und Beschlüssen bezüglich der Psychosozialen Studiengänge wurde im Frühjahr 1973 eine Planungsgruppe mit 2 hauptamtlichen Planern für die Curriculumentwicklung und Detailplanung eingerichtet, in der die bisher am Planungsprozeß Beteiligten (speziell auch die Sozialarbeiterinnen) mitarbeiteten.

FACHSCHWERPUNKT: PSYCHOSOZIALE GERONTOLOGIE/ ALTENARBEIT/ALTENHILFE AN DER UNIVERSITÄT ULM UND IN ULM

Zum Zeitpunkt der Antragstellung verfügten Antragsteller und Mitarbeiter am geplanten Forschungsprojekt (Radebold, Bechtler) über mehrjährige Erfahrung der Fortbildung von Sozialarbeitern/Sozialpädagogen in psychosozialer Gerontologie (Senator für Arbeit und Soziales, Berlin; Universität Ulm; Kontaktstudium Universität Augsburg).

Dazu lagen mehrere Forschungsarbeiten zu Psychodynamik/Psychotherapie/Sozialarbeit im höheren und hohen Lebensalter vor. Die Publikation "Psychosoziale Arbeit mit älteren Menschen" (RADEBOLD, BECHTLER, PINA 1973(64)) war 1974 mit dem Max-Bürger-Preis der Deutschen Gesellschaft für Gerontologie ausgezeichnet worden. Zusätzlich war 1973/74 innerhalb der Universitätsbibliothek eine relativ umfangreiche Bücher- und Zeitschriftensammlung aufgebaut worden. Als Dozenten waren wissenschaftliche Mitarbeiter des PSZ und die Mitglieder der eingerichteten Planungsgruppe "Psychosoziale Studiengänge" vorgesehen.

Innerhalb der Stadt Ulm bestanden zahlreiche Alteneinrichtungen. Ein später vom BMJFG geförderter Modellversuch (Altentreff Ulm/Neu-Ulm "Dienstleistungszentrum für Ältere") war im Aufbau. Durch die Fortbildungsseminare standen mehrere qualifizierte Sozialarbeiter/Sozialpädagogen als Praxisanleiter zur Verfügung.

Nach Bewilligung des Forschungsprojektes durch das KDA wurde das bereits für Lehre/Forschung zur Verfügung stehende Team entscheidend durch die für das Forschungsprojekt eingestellten Mitarbeiter - Sozialwissenschaftler mit pädagogischer Ausbildung (Gruber) und Sozialarbeiter (v.Plocki) - verstärkt.

Dazu wurden von vornherein die zukünftigen Teilnehmer des KSG als Praxisexperten für den Bereich Altenarbeit/-hilfe angesehen und bei der Auswahl entsprechender Wert auf vielfältige Kenntnisse und verschiedenartige Arbeitsfelder gelegt (s.4.2).

GESAMTBEURTEILUNG DER DISTALEN RAHMENBEDINGUNGEN ZU PROJEKTBEGINN

Die hochschulpolitische Situation an der Universität Ulm mit ihren fortgeschriebenen Zielvorstellungen erschien zum Zeitpunkt der Konzeption und Beantragung des Forschungsprojektes als ein gesicherter und stabiler Rahmen für den Aufbau eines Fach- und Studienschwerpunktes "Soziale Gerontologie" innerhalb der Gesamtplanung. Dazu wurde das Forschungsprojekt voll durch den Sprecher und die Mitglieder des PSZ und den Rektor der Universität unterstützt, da es u.a. neben den laufenden Planungsaktivitäten die ersten Schritte zur Realisierung des Systems "Psychosozialer Studiengänge" verkörperte. (Die von Anfang an bestehenden Schwierigkeiten mit der Universitätsverwaltung, wie z.B. Unterbringung der Begleitforschungsgruppe, Bereitstellung und Ausstattung von Seminarräumen wurden demgegenüber als nicht so bedeutend eingeschätzt.) Durch die Kontakte zur Planungsgruppe "Psychosoziale Studiengänge" und zur Arbeitsgruppe "Hochschuldidaktik" an der Universität Ulm und durch die zeitweilige Mitarbeit von Praktikanten der Dokumentationsschule der Universität Ulm ergaben sich wichtige Impulse für den Aufbau unserer Organisations- und Evaluationskonzeption.

VERÄNDERUNGEN DER DISTALEN RAHMENBEDINGUNGEN WÄHREND DES KSG

Die Situation an der Universität Ulm veränderte sich im Frühjahr 1975, d.h. zum Zeitpunkt des Beginns des KSG, durch die Umschreibung der Zielvorstellungen für den weiteren Ausbau, die Abkehr von den bisherigen Planungen einer Gesamthochschule Ulm/Ost-Württemberg und durch den zunehmenden Widerstand innerhalb der Hochschule gegen die Einführung eines integrierten Studienganges Sozialwesen (d.h. mit Fachhochschulanteil) entscheidend. Dieses äußerte sich auch in der Entscheidung über die Rückstellung der Erstausstattung (Sach- und Personalmittel) für die "Psychosozialen Studiengänge" unter dem Hinweis auf die bedrängte finanzielle Situation des Landes Baden-Württemberg.

Der Rücktritt des Rektors im März 1975 kurz vor Beginn des KSG im April 1975 verdeutlichte auch nach außen hin die eingetretene Veränderung.
Im Zeitraum des Frühsommers 1975 zeigten sich zunehmende Divergenzen zwischen dem Kleinen Senat der Universität Ulm und dem Kultusministerium von Baden-Württemberg über die Einführung des beschlossenen Studienganges

Sozialwesen. Von seiten der Universität Ulm wurden Aufbaustudiengänge unter Vermeidung von grundständigen Studiengängen (Abschluß Graduierung) bevorzugt, während das Kultusministerium eindeutig für die Einrichtung eines grundständigen Studienganges mit Hinweis auf die Möglichkeit einer Ausnahmeregelung für die Universität plädierte.

Die weiterhin zunehmende und dann praktisch ausschließliche Zielorientierung der Universität Ulm auf ihren medizinisch-naturwissenschaftlichen Bereich führte dann im Frühherbst 1975 zum Abbruch aller Planungsarbeiten für die "Psychosozialen Studiengänge" mit Kündigung der hauptamtlichen Mitarbeiter und Auflösung der Planungsgruppe im Winter 1975. In der Folgezeit konzentrierte sich das Psychosoziale Zentrum primär auf die Ausbildung von Medizinstudenten und die Einrichtung eines Sonderforschungsbereiches bei der DFG.

Im Sommer 1975 hatte der Projektleiter einen Ruf auf eine Professur für klinische Psychologie an der Gesamthochschule Kassel erhalten, den er jetzt aufgrund der völligen Veränderung der hochschulpolitischen Situation mit entsprechender Einschränkung seiner Arbeitsmöglichkeiten annahm.

Damit war der Modellversuch in Form der Durchführung eines berufsbegleitenden Kontaktstudiums (KSG) praktisch von Anfang an mit zahlreichen Schwierigkeiten konfrontiert:

(1) Die Universität (vertreten durch offizielle Stellungnahmen und entsprechende Verwaltungsakte) bemühte sich um eine weitgehende Negation aller Planungen und Modellversuche im psychosozialen Bereich mit entsprechendem Abbau aller

laufenden Aktivitäten. So wurden z.B. Seminarräume lediglich außerhalb des offiziellen Hochschulbetriebes am Eselsberg in einem ehemaligen Fabrikgebäude (Blaubeurer Straße) zur Verfügung gestellt bei entsprechend schlechter technischer Ausstattung (allerdings zusammen mit anderen Abteilungen des PSZ).

(2) Durch die Kündigung der hauptamtlichen Planer der Arbeitsgruppe "Psychosoziale Studiengänge" einschl. der beiden Sekretärinnen und die Einstellung aller Entwicklungsarbeiten standen in sehr viel geringerem Umfang von seiten des PSZ Mitarbeiter und Dozenten für die Lehr- und Forschungsvorhaben zur Verfügung. So ergab sich notgedrungen eine von Anfang an nicht beabsichtigte, eher ungewollte Aufgabenteilung, nämlich, daß das Begleitforschungsteam (BFT) neben der inhaltlichen Arbeit Organisations- und verwaltungstechnische Aufgaben übernehmen mußte. Ursprünglich war geplant, daß diese Mitarbeiter selbst auch eine Gruppe (Gruppenarbeit mit Senioren) durchführen und an entsprechenden Planungs-, Supervisions- und Beratungsaufgaben beteiligt werden sollten.

(3) Die Teilnehmer selbst fühlten sich durch diese Konfrontation mit der Hochschule, die vielfältigen neuen Aufgaben i.S. des Lernens, Umsetzens in die Praxis bei Hinterfragen ihrer bisherigen Arbeit stark verunsichert und fanden auch durch die nicht eingeführten "Psychosozialen Studiengänge" verminderte Identifizierungsmöglichkeiten innerhalb der Hochschule und in der Gruppe der in der Hochschule arbeitenden Sozialarbeiter.

(4) Die Annahme der Berufung an die Gesamthochschule Kassel durch den Projektleiter (PL) bei gleichzeitiger Auflösung der Planungsgruppe "Psychosoziale Studiengänge" (November/Dezember

1975) verschärfte noch die Situation.
Aufgrund seiner vielfältigen Verpflichtungen und der Arbeitsüberlastung infolge des Wechsels mit vorläufigem Abschluß verschiedener Forschungsvorhaben stand ihm erheblich weniger Zeit als ursprünglich geplant für das KSG zur Verfügung.

(5) Schließlich umfaßte die Überleitungsphase an die Gesamthochschule Kassel einen längeren Zeitraum als ursprünglich vorgesehen. Dies ist an der Vorbereitung und Durchführung der Seminarwochen nicht spurlos vorübergegangen.

So wurden die beiden in Ulm weiterhin arbeitenden hauptamtlichen Mitarbeiter Projektionsort für alle Schwierigkeiten und gleichzeitig Hauptträger der Depression über den sich immer mehr abzeichnenden Weggang von Ulm mit Verlagerung des Projektes nach Kassel. Dabei bestanden für alle anderen Beteiligten am Forschungsprojekt innere und äußere Kompensationsmöglichkeiten, während die beruflichen Aussichten mit den Möglichkeiten einer Weiterarbeit an der Gesamthochschule Kassel für die beiden hauptamtlichen Mitarbeiter lange Zeit ungeklärt blieben.

DIE DISTALEN RAHMENBEDINGUNGEN NACH DER ENDGÜLTIGEN VERLAGERUNG DES FORSCHUNGSPROJEKTES AN DIE GESAMTHOCHSCHULE KASSEL

Von Frühherbst 1976 an erfolgte die Durchführung des berufsbegleitenden Kontaktstudiums bis zu seiner Beendigung im März 1977 an der Gesamthochschule Kassel.
Damit wurden die Teilnehmer zum zweiten Male mit der Aufgabe des Kennenlernens einer Hochschule konfrontiert. Dazu gehörte u.a. das Sichzurechtfinden in einem völlig andersartigen

Hochschulbetrieb während des laufenden Semesters: überfüllte Hörsäle, Wechsel der Räume während der Seminarwoche, mangelndes technisches Inventarium trotz sehr bemühter Mithilfe vieler Beteiligter usw.

Trotz der Verlagerung des Modellversuches blieben die hauptamtlichen Mitarbeiter samt allen Forschungsunterlagen und der technischen Ausrüstung in Ulm, da es ihnen beruflich nicht zuzumuten war, kurzfristig und für einen ungeklärten Zeitraum nach Kassel umzusiedeln. Zusätzlich waren sie gezwungen, im Sommer 1976 den Umzug des PSZ in die Räume der ehemaligen Hochschule für Gestaltung mit zu vollziehen, wo ihnen weniger Räume zur Verfügung gestellt wurden. Dazu bemühte sich die Verwaltung der Universität Ulm mit immer stärkerem Druck unter Bruch bestehender Zusagen um eine Verlagerung des gesamten Forschungsprojektes an die Gesamthochschule Kassel unter dem formalen Hinweis auf die Berufung des Projektleiters und kündigte schließlich den durch sie angestellten Mitarbeitern zum 31.12.1976. Damit war die Durchführung des Forschungsprojektes ernsthaft infrage gestellt.

Erst aufgrund eines eingeleiteten Arbeitsgerichtsprozesses war durch einen Vergleich eine Weiterarbeit möglich, wobei die Mitarbeiter formal ab April 1977 von der Gesamthochschule Kassel angestellt wurden, und das Projekt räumlich weiterhin in Ulm gegen Erstattung entsprechender Kosten durchgeführt werden konnte. Kündigung und Prozeß hatten zur Folge, daß die Mitarbeiter 2 Monate arbeitslos waren (Januar, Februar 1977) und gleichzeitig ein Wechsel im Sekretariat eintrat (Ausscheiden der Mitarbeiterin zum 31.12.1976 / Neueinstellung einer anderen Sekretärin zum 1.4.1977).

Durch diesen Wechsel von der Universität Ulm an die Gesamthochschule Kassel standen dem Modellversuch gleichzeitig weniger Arbeitsmöglichkeiten (z.B. eigene Seminarräume, noch nicht ausgebaute Fachbibliothek in Kassel) zur Verfügung. Auch wechselte das Dozententeam z.T. durch die Übernahme neuer Berufsaufgaben der ursprünglichen Dozenten und die Einbeziehung neuer Hochschullehrer und Wissenschaftler (Breloer, Kanowski, Rustemeyer).

Zusätzlich ergaben sich für das Begleitforschungsteam neue Aufgaben aufgrund der Mitarbeit des Projektleiters in der Curriculumarbeitsgruppe (CAG) mit der Chance der Einführung eines postgradualen Studienganges "Soziale Gerontologie" an der OE Sozialwesen in absehbarer Zeit (7).

Diese räumliche Trennung zwischen Ulm und Kassel wirkte sich auch weiterhin erschwerend auf die Abschlußphase des Forschungsprojektes von April bis August 1977 aus, da der notwendige intensive Kontakt nur z.T. durch Reisen und Telefonate nebst entsprechendem Briefwechsel hergestellt werden konnte. Aus diesem Grunde und wegen der weitgehend nebenberuflichen Abschlußarbeiten (die Mitarbeiter sind seit September 1977 in jeweils anderen Arbeitsbereichen tätig) verzögerte sich auch die endgültige Fertigstellung des Abschlußberichtes in Form der hier vorgelegten Publikation.

4.2 Die Teilnehmer am KSG als wichtige Planungskomponente

4.2.1 Ausschreibung, Bewerbung, Auswahlverfahren

Die Mitteilung über das beabsichtigte "Kontakt-/Aufbaustudium in psychosozialer Gerontologie für Sozialarbeiter/Sozialpädagogen" an der Universität Ulm erfolgte im Spätherbst 1974 durch entsprechende Informationen in Fachzeitschriften der Sozialarbeit/Sozialpädagogik, u.a. auch in den "Blättern der Wohlfahrtspflege", den "Pressemitteilungen des KDA" und in der "ZEIT". Gleichzeitig wurden 22 Kommunen, Verbände, Institutionen und Kliniken entweder direkt aufgrund früherer Kontakte oder aufgrund einer Anfrage umfassend über das KSG informiert.

Insgesamt erfolgten 50 Anfragen. Trotz ausdrücklichen Hinweises im Ausschreibungstext auf die Zielgruppe Sozialarbeiter/Sozialpädagogen kamen 20 Anfragen aus anderen Berufsgruppen:

30 (16 männl., 14 weibl.) Sozialarbeiter/Sozialpädagogen

5 (1 m., 4 w.) Mitarb. aus dem Heim- und Pflegebereich

4 (2 m., 2 w.) Pfarrer/Diakone

2 (2 m., 0 w.) Psychologen

1 (1 m., 0 w.) ehrenamtl. Mitarbeiter

8 (6 m., 2 w.) Anfragen ohne Berufsangabe

Auf die zugeschickten Ausschreibungsunterlagen hin bewarben sich insgesamt 24 Sozialarbeiter/Sozialpädagogen (9.m., 15 w.).
Aufgrund beruflicher und privater Schwierigkeiten (unzureichende Unterstützung des Arbeit-

gebers, fehlende materielle Absicherung, berufliche Veränderung, Umzug, Schwangerschaft u.ä.), aus Termingründen (zu kurzfristiger Beginn des KSG Anfang April 1975) und aufgrund der Bewerbungsgespräche schieden noch 10 Bewerber aus (4m., 6 w.), so daß das KSG mit insgesamt 14 Teilnehmern (5 m., 9 w.) begann.

Die angeforderten Unterlagen (Bewerbung, Lebenslauf, Nachweis der Graduierung als Sozialarbeiter/Sozialpädagoge, Bericht über die Tätigkeit im Bereich der Altenarbeit/Altenhilfe und der Nachweis methodischen Arbeitens durch einen Bericht über ein Erstgespräch/Erstkontakt mit einem älteren Klienten) ermöglichten die notwendige formale Vorauswahl.

Alle Bewerber, die den gestellten Bedingungen entsprachen, wurden zu einem Gespräch im Februar 1975 nach Ulm eingeladen. An dem in halbstrukturierter Form durchgeführten Gespräch nahmen Projektleitung (PL) und Begleitforschungsteam (BFT) teil.

Das Gespräch sollte Auskunft über folgende Bereiche ergeben:

- Interesse und Kenntnisse im Gebiet der Altenarbeit/Altenhilfe und Motivation zum KSG;

- für das KSG interessante Praxiserfahrungen;

- inhaltliche und methodische Kenntnisse über Sozialarbeit/Sozialpädagogik und Kooperationsbereitschaft im Beruf;

- Einschätzung der eigenen Situation und der zu erwartenden Schwierigkeiten eines 2-jähr. Kontaktstudiums für den beruflichen, privaten und materiellen Bereich;

- Erwartungen an das KSG, insbesondere berufliche Veränderungsmöglichkeiten;

- Bereitschaft zur Mitarbeit an der curricularen und inhaltlichen Forschung.

Andere Bereiche spielten eine vergleichsweise geringere Rolle, z.B.:

- länger zurückliegender Berufsabschluß, Fachhochschul- und Hochschulerfahrungen;

- Alter;

- wissenschaftliche Arbeits- und Forschungserfahrungen;

- Fremdsprachenkenntnisse.

Bei unklaren Situationen von seiten des Bewerbers (Teilnahmeschwierigkeiten, persönliche Fragen usw.) wurden diese mit dem Bewerber besprochen und um weitere Klärung kurzfristig gebeten. Bei den als schwierig eingestuften Bewerbungen erfolgte entweder eine Zurückziehung der Bewerbung, oder die Eingeladenen erschienen nicht zum erbetenen Gespräch. Außerdem mußten aufgrund des Gespräches einige Absagen erteilt werden. Nach dem Gespräch füllte jeder Bewerber zusätzlich den Eingangsfragebogen aus, auf den sich die Angaben über die Teilnehmerstruktur (s.4.2.2-4.2.4) stützen. Der Eingangsfragebogen sollte der Vergleichsforschung dienen, ebenso wie die auszufüllenden Testunterlagen (FPI und Gießen-Test, s.4.2.4).

4.2.2 Alter, Schul- und Berufsausbildung, Berufsmotivation und Zufriedenheit mit der jetzigen Berufstätigkeit

Die Auswertung der Eingangsfragebögen erbrachte u.a. folgende Ergebnisse:

Die 14 KSG-Teilnehmer (KT) (5 m., 9 w.) verteilten sich auf die Altersgruppen

25 - 30 Jahre	4 KT	
31 - 35 "	5 KT	Durchschnittsalter:
36 - 40 "	2 KT	34,4 Jahre
41 - 45 "	2 KT	
46 - 50 "	1 KT	

Alle KT hatten durch ihre Graduierung bzw. Nachgraduierung als Sozialarbeiter/Sozialpädagogen die formalen Zulassungskriterien für die Hochschulzulassung erfüllt. Dabei verfügen sie über folgende Schulabschlüsse:

Realschul- und Volksschulabschluß	11 KT
Fachhochschulreife	1 KT
Abitur	2 KT

11 von 14 KT haben vor ihrer Ausbildung als Sozialarbeiter/Sozialpädagoge andere Berufe erlernt, davon 4 im pädagogischen und pflegerischen Bereich (Kindergärtnerin, Fachlehrerin, Katechetin, Krankenschwester), allerdings hatten nur 5 ihren Beruf länger als 1 Jahr ausgeübt. Lediglich einer der KT verfügte über zusätzliche Studienerfahrungen (6 Semester Universitätsstudium).

Der Abschluß der Sozialarbeiterausbildung lag zurück bis

5 Jahre bei	6 KT
10 Jahre bei	3 KT
15 Jahre bei	3 KT
20 Jahre bei	0 KT
25 Jahre bei	2 KT.

Zur Berufsmotivation befragt, wurden im Polaritätenprofil folgende Gründe als stark/sehr stark genannt:

- Freude an der sachverständigen Beratung anderer 13 KT
- Möglichkeit vielseitiger Tätigkeit 13 KT
- Wunsch, Menschen in besonderen Notlagen zu helfen 12 KT
- allgemeines Interesse an Menschen 12 KT
- Unabhängigkeit im Beruf 9 KT
- sozialwissenschaftliches Interesse 8 KT

Eine geringere Rolle bei der Berufsmotivation spielten "Ansehen des Sozialarbeiters/Sozialpädagogen in der Gesellschaft" (3 KT), "Familientradition bezügl. sozialer Tätigkeit" (2 KT), "Gewißheit der beruflichen Sicherheit" (1 KT).

Die grundsätzliche Zufriedenheit mit der jetzigen Berufssituation wurde an mehreren Aspekten deutlich:
Alle KT wünschten sich als Arbeitsbereich das jetzt bestehende Tätigkeitsgebiet, wobei sich einige zusätzliche, weitere oder andere Tätigkeitsbereiche vorstellten wie z.B. Tätigkeit in Altenheimen/-Wohnheimen (4 KT), in Altenpflegeheimen (4 KT) und im Bereich der sozialen Dienste (6 KT). Entsprechend dem Tätigkeitsort stellten sich 7 KT eine Tätigkeit in der Großstadt, 5 KT in einer mittleren Kleinstadt und

nur 1 KT in einem Landkreis vor.

Für die berufliche Zufriedenheit wurden im Polaritätenprofil als wichtig/sehr wichtig eingestuft:

- Verantwortlichkeit für das Wohlergehen bzw. Mitarbeit am Wohlergehen älterer Menschen/ Klienten 13 KT
- Arbeit unter Anleitung 10 KT
- fachliche Anerkennung durch Kollegen 9 KT

"Ausreichender Verdienst" (6 KT) und "Dankbarkeit älterer Menschen/Klienten" (4 KT) wurden verhältnismäßig selten als wichtig angesehen.

4.2.3 Die KSG-Teilnehmer (KT) als "Praxisexperten"

Obwohl die KT zur Zeit ihrer Ausbildung zum Sozialarbeiter/Sozialpädagogen noch keine Möglichkeit zu einer vertieften Schwerpunktbildung für den Altersbereich hatten, befaßten sich bereits 4 der KT in ihren Examensarbeiten mit Altersfragen bzw. mit Fragen der Erwachsenenbildung bei Älteren.

Viele der KT arbeiten schon lange mit Älteren zusammen oder haben entsprechende Erfahrungen im Altersbereich.
Berufserfahrung in der Arbeit mit älteren Menschen/Klienten:

1,5 Jahre	1 KT	(durchschnittl. Berufserfahrung im Altersbereich: 5,9 Jahre)
2,5 Jahre	2 KT	
3 Jahre	4 KT	
5 Jahre	1 KT	
8 Jahre	4 KT	
12 Jahre	1 KT	
viele Jahre (ca. 15 J.)	1 KT	

Die Schwerpunkte der augenblicklichen beruflichen Tätigkeit in der Altenarbeit/Altenhilfe liegen in folgenden Bereichen:

A Arbeitsfelder

A 1 Verwaltungs- und Verbandsarbeit (Sozialarbeit bei kommunalen und städtischen Behörden, z.B. in Sozialämtern, und bei Wohlfahrtsverbänden)

A 2 Offene Altenarbeit/Altenhilfe (Soziale Dienste, Familienfürsorge, Nachbarschaftshilfe, kulturelle Angebote)

} 7 KT

A 3 Altenarbeit/Altenbildung in Einrichtungen für Ältere und alte Menschen (Beratungsstellen, Altentagesstätten, Altenclubs, Altenzentren) 4 KT

A 4 Sozialarbeit/Sozialpädagogik im Heimbereich (Altenheime und Altenpflegeheime bei Wohlfahrtsverbänden bzw. konfessionellen Stiftungen) 2 KT

A 5 Sozialarbeit/Sozialpädagogik im Klinikbereich (gerontopsychiatrische Klinik) 1 KT

B Tätigkeitsbereiche[1)]

B 1 Planung/Organisation (von ambulanten und sozialen Diensten sowie kulturellen Angeboten bei Behörden und Wohlfahrtsverbänden; von Einrichtungen im Heimbereich; im Rahmen der Gerontopsychiatrie)

B 2 Leitung/Verwaltung (im Heimbereich, bei offenen Einrichtungen, Behörden und in Organisationen)

B 3 Beratung (allgemeine und persönliche Beratung; psychosoziale B. bis hin zur seelsorgerischen B.; B. von bestimmten Klientengruppen wie Heimplatzsuchende, Heimbewohner, gerontopsychiatr. Patienten, Obdachlose, von Personal)

---

1) <u>Anmerk.</u>: Aufgrund vielfältiger Überschneidungen erscheint eine genaue Zuordnung der Tätigkeitsbereiche auf die KT wenig sinnvoll.

B 4 Vermittlungsdienste
(Hilfsmaßnahmen nach dem BSHG bei wirtschaftlichen Härte- oder Notfällen; Vermittlung von Erholungsmaßnahmen, Heimplätzen usw.)

B 5 Versorgungs- und Pflegemaßnahmen
(Hauspflegedienste; Maßnahmen zur Pflege und zum Unterhalt; nachgehende Betreuung; Versorgung von älteren Obdachlosen; von psychisch und geistig gestörten Älteren)

B 6 Durchführung von Fortbildungsveranstaltungen
(F. für ehrenamtliche und hauptamtliche Mitarbeiter, z.B. Heim- und Pflegepersonal, Praktikanten und Kollegen)

Auffallend ist bei dieser Aufzählung der Arbeitsfelder und Tätigkeitsbereiche, daß die KT unter sehr unterschiedlichen institutionellen und strukturellen Bedingungen auch weitgehend andersartige Arbeitsvollzüge wahrzunehmen hatten. Unter den aufgezählten Schwerpunkten der beruflichen Tätigkeit fehlten überwiegend Erwachsenenbildung mit älteren und alten Menschen (einschl. Vorbereitungsmaßnahmen), Sozialarbeit im Allgemeinkrankenhaus, in der Prävention und Rehabilitation, Sozialarbeit im Rahmen der Selbstverwaltung/Selbstorganisation und Selbstvertretung Älterer.

Bei der Darstellung dieser Arbeitsvollzüge wurde von allen KT ausdrücklich die Wichtigkeit der Zusammenarbeit mit anderen Stellen, Institutionen und Berufsgruppen betont, wobei ein Großteil der KT auch über diesbezügl. Erfahrungen zu berichten wußten.

Gleichzeitig wurde bei den KT die Diskrepanz zwischen der hohen eigenen Wertschätzung ihrer

Arbeitstätigkeit in der Altenarbeit im Gegensatz zu den Ansichten der Öffentlichkeit und z.T. der Arbeitskollegen deutlich. Unter 10 Arbeitsfeldern der Sozialarbeit/Sozialpädagogik gaben sie fast ausschließlich dem Bereich "Arbeit mit älteren Menschen" den ersten Rangplatz, waren sich aber dabei bewußt, daß dieser Bereich von der Öffentlichkeit als wenig wichtig angesehen und kaum anerkannt wird.

Die KT waren aufgrund der Dauer ihrer praktischen Erfahrungen und der Schwerpunkte der beruflichen Tätigkeit sowie ihrer hohen Motivation eindeutig als Praxisexperten anzusehen. Dies zeigt sich auch an ihrem bisherigen Interesse an Fortbildungsveranstaltungen. Die KT hatten bis zum Beginn des KSG bereits durchschnittlich 2,5 länger dauernde Fortbildungsveranstaltungen (mindestens 1 Woche) besucht:

3 - 5 Fortbildungsveranst.	6 KT
1 - 2 " "	8 KT

Thematisch wurden Veranstaltungen zur Sozialen Einzelhilfe, zur Verhaltens- und Gesprächstherapie und Gesprächsführung am meisten bevorzugt (8 KT). Es folgen geriatrisch/gerontologische Fortbildungsveranstaltungen (5 KT) sowie Einzel- und Gruppensupervision, Gruppenarbeit/Gruppendynamik, Praktikantenanleiterlehrgänge, Organisation sozialer Dienste, Veranstaltungen zur Theorie und Professionalisierung in der Sozialarbeit und allgemeine Fortbildungsveranstaltungen (jeweils 3 KT). Veranstaltungen zur Gemeinwesenarbeit, zur Heimleiterqualifikation und didaktische Zusatzqualifikation für die Lehr- und Kurstätigkeit wurden jeweils zweimal genannt.

Ein fundiertes gerontologisch/geriatrisches Wissen und genaue Vorstellungen und Erwartungen bezügl. der Studieninhalte waren nur bei wenigen KT vorhanden. Dies wurde bei der Frage nach den gewünschten Lernbereichen für das KSG deutlich.

4.2.4 Motivation zur Teilnahme am KSG

Die Teilnahme an dem über einen Zeitraum von 2 Jahren sich erstreckenden KSG war von vornherein nur bei einer sehr hohen Motivation von seiten der KT denkbar. Die z.T. erheblichen zusätzlichen beruflichen, persönlichen und finanziellen Belastungen (Förderung durch das Arbeitsamt erhielten nur einige KT, ebenso materielle Hilfestellung durch den Arbeitgeber) setzten bei den KT ein besonders großes Fortbildungsinteresse voraus.

Das Interesse lag zunächst weitgehend bei der Aufarbeitung und Vertiefung des sozialarbeiterischen und gerontologisch/geriatrischen Wissens bei gleichzeitiger Hilfestellung sowohl für methodisches Arbeiten als auch darüber hinaus für die Wahrnehmung zahlreicher z.B. interprofessioneller Aufgaben und Arbeitsvollzüge. Die KT sahen es z.B. als sehr wichtig an, "älteren Menschen in psychosozialen Notlagen zu helfen" (11 KT), "Einblick in den neueren Wissensstand der gerontologisch/geriatrischen Forschung" zu erhalten (11 KT), wohingegen Aspekte der "persönlichen Weiterbildung" zunächst nur für 7 KT wichtig/sehr wichtig waren.

Motive wie "höhere Besoldung", "Übernahme der Leitung einer Fachabteilung", "Verbeamtung" und ähnliches spielten bei keinem KT eine Rolle und "gewisse Aufstiegschancen" und/oder "Übernahme einer Institution" lediglich bei 3 KT.

4.2.5 Ausscheiden eines Teilnehmers aus dem KSG

Von 14 KT brach 1 männl. Teiln. aufgrund persönlicher und beruflicher Veränderungen und einer erheblichen Arbeitsüberlastung ab. Bei diesem KT waren aufgrund seiner Mehrfach-Belastung (kürzlich erfolgter Arbeitsplatzwechsel, private Veränderungen, körperliche Behinderung) schon beim ersten Kontaktgespräch Bedenken aufgrund der absehbaren erheblichen Belastung durch das KSG angemeldet und diese auch mit dem Teilnehmer selbst besprochen worden.

Alle anderen KT nahmen an dem gesamten KSG mit dem Umfang von 13 Seminarwochen fast ausnahmslos regelmäßig teil. Auch bei diesen 13 KT waren z.T. erhebliche private und berufliche Belastungen und auch persönliche und berufliche Veränderungen während des KSG zu beobachten.

4.3 Programmentwicklung

4.3.1 Sachlogische Sequenzbildung (Strukturierung der Studieninhalte)

Eine der ersten Aufgaben, die sich PL und BFT im September 1974 vorgenommen hatten, war die Erstellung eines konzeptionellen Entwurfs für das geplante Forschungsvorhaben. Auf der Grundlage der bereits vorgegebenen Projektziele und der curricularen Leitvorstellungen des Projektes (s.4.1.1) wurde für das KSG ein Planungsentwurf mit insgesamt 7 globalen Zielperspektiven (A - H) erarbeitet.

Darstellung 1: Planungsentwurf für das KSG:
(Protokollauszug vom 2.10.74)

Zielperspekt. \ SW	1. 2. 3. 4. 5. 6. 7. 8. 9. 10. 11. 12.	13.
A	SELBSTERFAHRUNG (themenzentrierte Selbsterfahrungsgruppe) ⟶ durchgehend	H STUDIENGANGSEMINAR (kritische Gesamtauswertung des KSG) 13. SW
C	BERUFLICHES ERFAHRUNGSWISSEN (Auffrischung und Aufarbeitung) ⟶ 3. SW	
D_1	PSYCHOSOZIALE GERONTOLOGIE (Einführung in grundlegende Basiswissensch.) ⟶ 5. SW	
D_2	PSYCHOSOZIALE GERONTOLOGIE ⟶ durchgehend (Erarbeitung zentraler Problem- u. Themenbereiche)	
E	GRUNDLAGEN UND METHODEN DER SA/SP (Theorie-Konzepte, Arbeitsfelder, Gruppen-Supervision) Gruppensupervision: Einzelhilfe 3.-8. SW Gruppensupervision: Gruppenarbeit 5.-11. SW Exkursionen/Praxis-Kontakte: Kennenlernen von Modelleinrichtungen und Entwicklung von Ansätzen zur Gemeinwesenarbeit 7.-12. SW	
F	PRAXISORIENTIERTE FORSCHUNG (Einbeziehung von Teilnehmer-Interessen) ab 3. SW ⟶ durchgehend offen	
B+G	STUDIENGANGSEMINAR (Zieldiskussion und Programmentwicklung/ Prozeßevaluation) ⟶ durchgehend	

Die Intention der Sequenzbildung zu diesem curricularen Planungsentwurf besteht in der "vorbereitenden Organisation des Unterrichtsprozesses in Form einer Strukturierung der Unterrichtsinhalte, des Verhaltens und des Unterrichtsprozesses zum Zwecke der Verbesserung des Lernens". (23, S.204)
Damit sollte erreicht werden, daß die Lernbereiche nicht in sich isoliert unterrichtet bzw. erarbeitet, sondern als Strukturen erkannt werden. Die inhaltliche Grundstruktur des Curriculums und die methodischen Aspekte hierzu wurden planungsintensiv vorbereitet, wohingegen die inhaltlich-konkreten Realisierungsstufen weitgehend offengehalten und erst im Rahmen der gemeinsamen Programmentwicklung zusammen mit den KT festgelegt wurden.

Im einzelnen umfaßten die Zielperspektiven des curricularen Planungsentwurfs folgende Inhalts- und Themenbereiche:

(A) Themenzentrierte Selbsterfahrungsgruppe (gegenseitiges Sich-Kennenlernen und Aufarbeitung von Interaktionsproblemen);

(B) Auseinandersetzung mit den Zielen und dem Aufbau des KSG (Aufeinander-Abstimmung und Weiterentwicklung von Zielvorstellungen und konkreten Vereinbarungen für den weiteren Ablauf des KSG, Terminplanung usw.);

(C) Auffrischung und Aufarbeitung des beruflichen Erfahrungswissens

(C_1) Darstellung und Analyse der Arbeitsverhältnisse der KT (Arbeitsplatzanalyse)

(C_2) Auffrischung und Aufarbeitung bestehender und für die Sozialarbeit/Sozialpädagogik relevanter Kenntnisse (besonders aus dem medizinisch-psychiatrischen, psychologisch-sozialwissenschaftlichen Bereich);

(D) Einführung in grundlegende Basiswissenschaften und Erarbeitung von zentralen Problem- und Themenbereichen zur Psychosozialen Gerontologie

(D_1) Einführung in das Lebenszykluskonzept als ein wichtiger theoretischer Bezugsrahmen / Einführung in Fragen der empirischen Sozialforschung und in alterssoziologische Fragestellungen

(D_2) Erarbeitung von zentralen Problem- und Themenbereichen zur psychosozialen Gerontologie

(E) Erarbeitung von Grundlagen der Sozialarbeit/Sozialpädagogik für den Bereich der Altenarbeit/Altenhilfe einschl. Methodentraining (Konzepte der Sozialen Einzelhilfe, Gruppenarbeit und Gemeinwesenarbeit; Vorbereitung und Durchführung einer gezielten Einzelfallarbeit und einer sozialen Gruppenarbeit mit Älteren)

(F) Entwicklung von praxisorientierten Forschungsansätzen (Einführung in Methoden systematisch-wissenschaftlicher Arbeit / Konstituierung einer längerfristig angelegten Kleingruppenarbeit / Durchführung einer Klientenstrukturanalyse)

(G) Auswertung der einzelnen Seminarwochen (Einschätzung der Lern- und Arbeitsprozesse, Aufarbeitung von Schwierigkeiten und Problemen und Vereinbarung entsprechender Kurskorrekturen im Rahmen der Studiengangseminare)

(H) Kritische Gesamtauswertung des KSG in der 13. Seminarwoche (erste Einschätzung des Gesamtprojektes, seines Verlaufs und seiner Ergebnisse).

Die gemeinsame Zieldiskussion mit den KT erfolgte auf der Grundlage dieses in der Vorbereitungsphase erstellten Planungsentwurfes für das KSG und des "Vorläufigen Programms", das nach der Ausschreibung Interessenten und Studienbewerbern zugeschickt wurde.

In der Programm-Konzeption waren als Themenschwerpunkte vorgesehen

für die <u>Einführungsphase</u>
(2 Seminarwochen als Blockseminar)
(1) Aufarbeitung des berufspraktischen Erfahrungswissens der KT;
(2) Einführung in den aktuellen Stand der Alternsforschung und Vermittlung theorieorientierten Wissens zu Alternsfragen;
(3) Aufgreifen und Bearbeiten von Schwierigkeiten und Problemen bezügl. des Studienbetriebes;

für die <u>theorie- und praxisorientierte Phase</u>
(9 Seminarwochen)
(1) Integration von Theorie und Praxis insbesondere im Hinblick auf die spezifischen Arbeitsformen mit älteren und alten Menschen (Soziale Einzelhilfe, Gruppen- und Gemeinwesenarbeit);
(2) Vermittlung von Kenntnissen über bestehende und sich immer mehr ausweitende Arbeitsfelder unter Berücksichtigung entsprechender ausländischer Modelle (Beratungs- und Versorgungsdienste / Fragen der Vorbereitung auf das Alter und Bildung im Alter / Arbeit in Nachbarschaftsheimen, Altenzentren und verschiedenen Heimformen / Arbeit in Tageskliniken und stationären Einrichtungen)
(3) Durchführung gezielter Einzel- und Gruppenarbeit mit älteren Menschen zwischen den

Seminarwochen (Protokollführung zu diesen Erfahrungen und Aufarbeitung der Praxisberichte unter Gruppensupervision)
(4) Durchführung einer themenzentrierten Selbsterfahrungsgruppe
(5) Aufarbeitung von Problemen des Studienablaufs

für die <u>Abschlußphase</u>
(2 Seminarwochen als Blockseminar)
(1) Aufarbeitung noch offener Fragen;
(2) kritische Auswertung des gesamten Studienganges.

Aufgrund dieser Planungsarbeiten sowie deren Weiterentwicklung während des Projektablaufs können die Studieninhalte für das KSG in den folgenden curricularen Strukturbereichen zusammengefaßt werden:

<u>Strukturbereich I</u>: Selbsterfahrung, Studiengangplanung und Begleitforschung

I/A[1)] Themenzentrierte Selbsterfahrungsgruppe

I/B Studiengangplanung: Ziel- und Programmentwicklung
(Studiengangseminar-Planungsaspekte)

I/G Auswertung der einzelnen Seminarwoche
(Studiengangseminar - Prozeßevaluation)

I/H Kritische Gesamtauswertung und Präsentation der wichtigsten Ergebnisse des KSG
(Studiengangseminar - Ergebnisevaluation)

---

1) <u>Anmerk.</u>: Die Buchstabenordnung orientiert sich an den globalen Zielperspektiven des ursprünglichen Planungsentwurfes (A - H)

Strukturbereich II: Psychosoziale Gerontologie

II/C Aufarbeitung des beruflichen Erfahrungswissens der KT und Einführung bzw. Auffrischung von Grundlagenkenntnissen

II/D Erarbeitung von zentralen Problem- und Themenbereichen unter Einbeziehung grundlegender Basiswissenschaften mit Berücksichtigung des Lebenszykluskonzeptes

Strukturbereich III: Konzepte und Grundlagen der Sozialarbeit/Sozialpädagogik für den Bereich Altenarbeit/Altenhilfe

III/E (1) Theorie: Soziale Einzelhilfe

III/E (2) Theorie: Soziale Gruppenarbeit

III/E (3) Arbeitsfelder: ...

III/E (4) Supervision/Anleitung: Soziale Einzelhilfe

III/E (5) Supervision/Anleitung: Soziale Gruppenarbeit

Strukturbereich IV: Praxisorientierte Forschung

IV/F (1) Kleingruppenarbeit (Arbeitsgruppen zur praxisorientierten Forschung)

IV/F (2) Klientenstruktur-Analyse (Untersuchung der Klientel der KT)

Für die Realisierung dieser Studieninhalte wurden folgende Arbeitsformen vorgesehen bzw. im Studienablauf eingeführt:

- Vorlesung
(Vermittlung theoretischer Kenntnisse)

- Plenumsdiskussion
(Auseinandersetzung mit den theoretischen

Grundlagen und den berufspraktischen Aspekten der Handlungsvollzüge der Sozialarbeit/Sozialpädagogik)

- Kleingruppenarbeit
(Vertiefung spezifischer Fragestellungen z.B. im Rahmen der praxisorientierten Forschung)

- Selbststudium und Praxistransfer am Arbeitsplatz (Vertiefung, Erprobung und systematische Anwendung des Erlernten/Erarbeiteten in der Berufspraxis)

- Gemeinsames Kolloquium - ab der 3. SW
(Erarbeitung theoretischer, vorwiegend fächerübergreifender Problembereiche)

- Exkursion - ab der 8. SW
(Kennenlernen von Modelleinrichtungen und Begegnung mit anderen Berufsgruppen)

4.3.2 Erarbeitung und Erwerb einer curricularen Kompetenz (Professionalisierung als Strukturierungsprinzip für die Projektdurchführung)

Ausgangspunkt für die konzeptionelle Projektentwicklung war die Grundsatzentscheidung, ein primär praxisorientiertes Curriculumprojekt in Angriff zu nehmen. Dieser praxisnahe Charakter des Projektes kommt im "Vorläufigen Programm" für das Kontaktstudium (2) bereits deutlich zum Ausdruck. Es heißt hier u.a.:
(1) "Insbesondere sollen durch die Teilnahme an diesem Kontaktstudium Sozialarbeiter (grad.)/ Sozialpädagogen (grad.) qualifiziert werden, <u>leitende Aufgaben im Rahmen der Altenarbeit</u> zu übernehmen: u.a. Praxisanleitung, Aus- und Fortbildung, Aufbau und Beratung von Institutionen, Mitarbeit bei Planungsarbeiten."
(2) "Zwei <u>methodisch-didaktische Aspekte</u> sind

für die Zielerreichung besonders zu berücksichtigen:
- die Anknüpfung an Erfahrungswissen der Kursteilnehmer (Lernvoraussetzungen)
- die Ausrichtung auf die in den verschiedenen Arbeitsfeldern gestellten Aufgaben (Verbesserung der Praxisbedingungen)"
(3) "Parallel zum Studium an der Universität in Ulm werden Beobachtungen und Studien aus der Praxis der Teilnehmer von besonderer Bedeutung sein (Durchführung von Einzel-/Gruppenarbeit und empirische Studien am Arbeitsplatz)"

In der Empfehlung der Bildungskommission des DEUTSCHEN BILDUNGSRATES "zur Förderung praxisnaher Curriculumentwicklung" wird darauf hingewiesen, daß praxisnahe Curriculum-Entwicklung nur gelingen wird, "wenn die Beteiligten sich auf die jeweils nächstliegenden Aufgaben der Entwicklungsarbeit beschränken und, wo es nötig ist, begründete Annahmen in aller Vorläufigkeit gelten lassen. Praxisnahe Entwicklungsarbeit ist darauf angewiesen,

- das Interesse der Beteiligten zu gewinnen, in Bindung an die erklärten Leitvorstellungen und Verfahrensmerkmale der Rahmenrichtlinien ...;

- geplante Arbeitsergebnisse nicht festzuschreiben, sondern mit dem Beteiligten zu entdecken, zu erkunden und auszuhandeln;

- Handlungsmodelle, die entwickelt werden, offen zu halten für lebensgeschichtliche und situative Bedingungen der Beteiligten;

- die Lernwirksamkeit und Übertragbarkeit solcher Handlungsmodelle zu erproben und zu kontrollieren." (19, S.22/23)

Gemäß diesen Empfehlungen waren wir bemüht, unter Mitwirkung der Teilnehmer am Kontaktstudium eine gemeinsam getragene Konzeption zur Organisation und Evaluation der Lehr- und Lernprozesse zu entwickeln. Voraussetzung hierfür war die gegenseitige Aufeinanderabstimmung und schließlich Einigung auf eine generelle Zielperspektive für die Auswahl und Sequenzbildung der curricularen Inhalte.
Die Teilnehmer-Orientiertheit wird im Zuge der Projektdurchführung als "Professionalisierungs-Prozeß" bedeutsam. Bei diesem Aspekt der Weiterbildung handelt es sich weniger um "einen kalkulierten Qualifikationszuwachs durch gezielte Informationsverarbeitung", sondern im Vordergrund steht die "gemeinsame Anstrengung der Beteiligten, durch forschendes Lernen ein Modell, eine Entwicklungsarbeit, ein Projekt zu realisieren" (37, S.229). Professionalisierung wird somit von den Berufsangehörigen selbst getragen und gesteuert. GSTETTNER spricht diesbezügl. von der Notwendigkeit des Erwerbs einer "curricularen Kompetenz", und er versteht darunter "eine Befähigung zu einer themenbezogenen Zusammenarbeit, die sich nach emanzipatorischen Kategorien wie Offenheit und Selbststeuerung entwickelt" (37, S.228).
In unserem Arbeitspapier[1] zur Curriculum-Entwicklung (3, S.3) haben wir den Professionalisierungsaspekt (21,60,81) als Kernproblem

---

1) Anmerk.: Das Arbeitspapier stützt sich auf Arbeiten aus dem Seminar "Theoretische Ansätze zur Curriculumentwicklung" (HEIPCKE) an der Universität Konstanz vom WS 72/73 sowie einem ergänzenden Literaturstudium, in dem vor allem die bereits in der Planungsgruppe für die Psychosozialen Studiengänge vorgeleisteten Arbeiten aufgearb. u. diskutiert wurden.

einer zu leistenden Integration von Theorie und Praxis angesehen. Die Professionalisierungs-Perspektive bedeutet für die Durchführung des Kontaktstudiums

- in planerischer Hinsicht eine primäre Ausrichtung auf den Prozesscharakter der Konzeptionalisierungsarbeiten (Verhaltensgrundsätze stehen im Vordergrund und nicht so sehr eine lernzielorientierte Planung);

- im Hinblick auf Materialien und einzubringende Inhalte eine Schwerpunktverlagerung vom Wissenskanon zum Problemkatalog (stimulierende Hypothesen statt dogmatischer Lösungen);

- auf der Verfahrensebene die Hinwendung vom Unterricht zum "Lernfeld" (das Curriculum als Sozialisationsmodell) und

- in Fragen der Evaluation ein prinzipielles "Offen-Sein" für alle Wirkungen des Projektes (Darstellung der Rahmenbedingungen des Kontaktstudiums und der Bedingungen, unter denen festgestellte Wirkungen und Veränderungen eingetreten sind). - vgl. hierzu: (17).

4.3.3 Prozeßinnovation und Begleitforschung (Teilnehmer-Orientierung als Leitkriterium zur Einschätzung der Lern- und Arbeitsprozesse)

Das in den vorangegangenen Kapiteln skizzierte Arbeitsprogramm bedarf zu seiner Realisierung einer entsprechenden Durchsetzungs- und Innovationsstrategie. In Anlehnung an GSTETTNER (37, S.228) kann für das KSG das Bedürfnis und Bestreben, Herrschaftsstrukturen abzubauen (Selbstbestimmung als Innovationsstrategie) und das Bemühen um eine Verständigung über grundlegende Bedürfnisse und Interessen (Dialog als Innovationsstrategie) als zentrales Handlungsprinzip angesehen werden.

Eine Programmentwicklung, die dem Kriterium der Unverzerrtheit gerecht zu werden versucht, bedarf eines gewissen Orientierungs-Rasters. Ein in diesem Sinne brauchbares Strukturmodell ist für das KSG der organisatorisch-konzeptionelle Entwurf zur Prozeßinnovation. Die dynamische Komponente von Entwicklungsprojekten und der damit verbundenen Aktionsforschung (38,44) steht bei diesem Modell, das insbesondere AREGGER (8,9) in die Curriculumdiskussion eingeführt hat, im Vordergrund. Unter Hinweis auf die Problemlage, daß "die Generierung von Reformzielen mit allen ihren Konsequenzen ... nicht vor Beginn einer Curriculumreform inhaltlich fixiert werden kann, (daß sie also) ... nur im Prozeßverlauf und aufgrund des wirkenden Interaktionsgefüges erfolgt" (8, S.37), plädiert er für die Konzeption der Prozeßinnovation. Bei einer Organisation der Curriculumentwicklung gemäß dieser Modellvorstellung ist davon auszugehen, daß Innovation als andauernder Prozeß die gesamte curriculare Entwicklungsarbeit begleitet. Beabsichtigte Veränderungen werden entsprechend den jeweiligen Entwicklungszielen eingeführt:

- auf der Ebene des Lernangebotes und der Lerninhalte (Einführung von Lernzielen und Lernmaterialien sowie deren Erprobung und Veränderung);

- auf der Verfahrensebene (Änderungen in methodisch-organisatorischer Hinsicht);

- als Strukturinnovation (Neuerung in der Organisationsstruktur);

- als personelle Innovation (Aus- oder Abbau des Personalbestandes, Gestaltung der interpersonellen Beziehungen zwischen den KSG-Beteiligten).

Curriculare Prozeßinnovation erfordert eine leistungsfähige Begleitforschung. AREGGER weist darauf hin, daß die Begleitforschung nicht auf disziplinäre Problemstellungen eingeschränkt bleiben dürfe, sondern interdisziplinäre Beiträge und solche der prozeßumfassenden Systemforschung zu liefern habe. Darüber hinaus waren uns die Teilnehmerorientierung und der Professionalisierungsaspekt wichtige zusätzliche Leitkriterien. Die nachfolgende Darstellung 2 veranschaulicht die Konzeption zur Organisation und Evaluation des Kontaktstudiums. In dieser Darstellung werden mehrere Konzepteigenschaften vereinigt, die in der vertikalen und horizontalen Dimension zur Geltung kommen.

Darstellung 2:

Konzeption zur Organisation und Evaluation des Kontaktstudiums

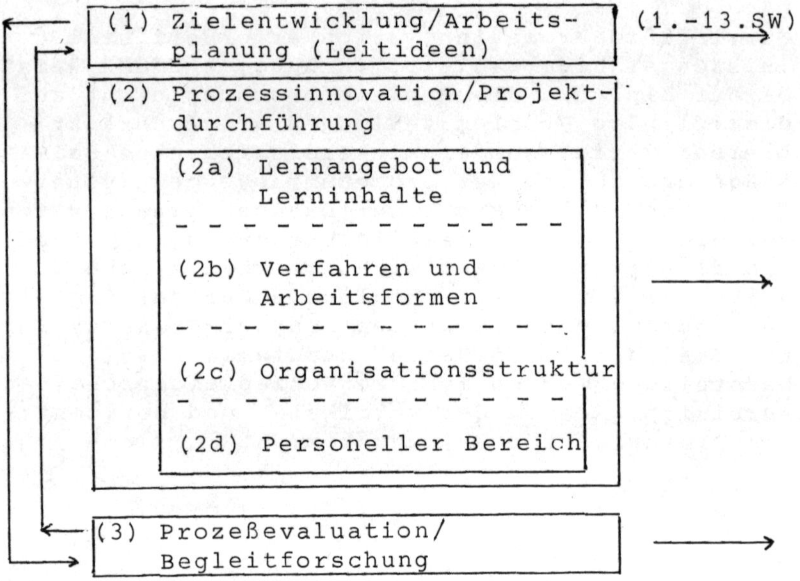

Die eingezeichneten Pfeile verdeutlichen das Kreissystem der gegenseitigen Beeinflussung und Veränderung.

In der V e r t i k a l e n zeigt die Abbildung den Bereich "Zielentwicklung/Arbeitsplanung (Leitideen)" (=1). Hier werden Orientierungshilfen, Bewertungskriterien und Zielperspektiven aufgezeigt für die "Prozeßinnovation/ Projektdurchführung" (=2).
Die Innovationsschwerpunkte liegen dabei im Bereich der "Lernangebote und Lerninhalte" (=2a) und der "Verfahren und Arbeitsformen" (=2b).

Strukturelle Änderungen und Einwirkungen auf die "Organisationsstruktur" (=2c) und den "personellen Bereich" (=2d) beeinflussen in ganz besonderem Maße das gesamte atmosphärische Klima. Dies gilt für beabsichtigte und geplante Innovationen (z.B. Organisation einer Exkursionsseminarwoche), ebenso aber auch für externe, wenig oder gar nicht beeinflußbare Einwirkungen von außen (s.4.1.4).
Die "Prozeßevaluation/Begleitforschung" (=3) dient der Erfassung von Prozeßdaten zur Bewertung des Verlaufs der Projektdurchführung im Hinblick auf die vorgegebenen Zielvorstellungen. Gegebenenfalls werden aufgrund von Evaluationsergebnissen Kurskorrekturen vorgenommen.

In der H o r i z o n t a l e n wird die Zeitachse für das Kontaktstudium aufgezeigt (Phase I bis IV: 1. - 13. Seminarwoche). Charakteristisch ist die jeweils gleichzeitige Betrachtung der immer wieder revidierten und zunehmend präziser formulierten "Leitideen" (=1), der Veränderungen in den verschiedenen Innovationsebenen (Projektdurchführung = 2) und der Ergebnisse aus der "Begleitforschung" (=3). Dadurch ist in diesem konzeptionellen Entwurf die Möglichkeit einer permanenten Ziel- und Konzeptentwicklung vorgesehen.

Eine Begleitforschung, die angelegt ist als - soweit möglich - umfassende Systemforschung, wird ihre Evaluationstätigkeit auf verschiedenen Ebenen und mit unterschiedlichen Instrumenten, Techniken und Verfahren betreiben. Auch wir haben in unserem Projekt verschiedene Ansätze zur Prozessevaluation durchgeführt. Allerdings ist uns zunehmend auch die Feststellung von HEIPCKE/MESSNER (41) zur Richtschnur geworden, daß nämlich "eine falsch verstandene Dokumentations- und Rechtfertigungsfunktion negative Rückwirkungen auf den Entwicklungsprozeß haben, etwa:

- Informations- und Theoretisierungsüberschuß;

- Überforderung der Betroffenen bei der Realisierung;

- zu hoher Grad von Festlegung (z.B. Einschränkung der Zielsetzungen durch einseitige Konzentration ... auf Lernziele);

- Übernahme unangemessener Standards der Entwicklung und Evaluation (meßtheoretische Standards, statistische Standards, methodische Standards etc.);

- zu stark reflexive Haltung bei der Durchführung (Handlungshemmung)".

Gemäß diesem Hinweis wurde versucht, sich bei der Darstellung unserer Evaluationsbemühungen auf die Auswertung der Studiengangseminar-Fragebögen (St.-Frageb.), auf Protokollnotizen, Original-Tonbandaufzeichnungen und Interpretationen von vermuteten Strukturzusammenhängen zu beschränken.

Bezüglich des Verständnisses von Projekt-Durchführung und Begleitforschung waren die folgenden STUFFLEBEAM'schen Vorstellungen zur Prozeßevaluation (76, S.135/136) wichtige Orientierungshilfe:

> "Wenn die Richtung des Vorgehens bestimmt worden ist, und die Implementation (Verwirklichung) des Plans begonnen hat, brauchen Projektleiter und die anderen Verantwortlichen eine systematische Prozeßevaluation, um dadurch eine kontinuierliche Kontrolle und Verbesserung der Pläne und Verfahren bewirken

zu können. Die Aufgabe der Prozeßevaluation besteht darin, während der einzelnen Stadien der Implementation Unzulänglichkeiten im Verfahrensplan oder in seiner Durchführung zu entdecken oder vorauszusagen. Die Gesamtstrategie zielt darauf, die möglichen Ursachen für Fehlschläge in einem Projekt zu identifizieren; zu diesen möglichen Ursachen gehören

- die interpersonellen Beziehungen zwischen den Mitarbeitern,
- die Kommunikationsstrukturen,
- das Verständnis und die Unterstützung der Intentionen des Programms durch die Programmentwickler und die Adressaten sowie
- die Angemessenheit der Ressourcen, der schulischen Anlagen, der zeitlichen Planung und
- die Eignung der Mitarbeiter."

STUFFLEBEAM weist ferner darauf hin, daß die Aufgabe der Prozeßevaluation im Gegensatz zu einem experimentellen Versuchsplan (Erfordernis von Versuchs- und Kontrollgruppen und von konstant gehaltenen Versuchsbedingungen) vorrangig darin besteht, "den Mitarbeitern des Projektes dabei zu helfen, ihre alltäglichen Entscheidungen ein wenig rationaler zu fällen, um so die Qualität der Programme zu verbessern. In der Prozeß-Evaluation ist der Evaluator bereit, an dem Programm in seiner augenblicklichen und modifizierten Form mitzuarbeiten und die Gesamtsituation so gut wie möglich zu berücksichtigen. Dabei sollte er sich bemühen, bei den wichtigsten Aspekten des Projektes möglichst empfindliche und nicht intervenierende Verfahren der Datensammlung zu verwenden" (76, S.136). Diese Vorstellungen waren bei unserer Entscheidung, Begleitforschung i.S. von Prozeßevaluation zu konzipieren, ausschlaggebend. Die

Durchführung erfolgte durch das BFT, den beiden hauptamtlich für das Projekt eingestellten Mitarbeitern.
Eine Einschätzung und Bewertung des Arbeitsprozesses[1] ist nur auf der Grundlage entsprechender Bewertungskriterien möglich.
Die gesamte Prozeßinnovation/Projektdurchführung wird deshalb in Anlehnung an BRELOER (16) auf drei generelle Bewertungskriterien hin ausgerichtet:
(1) Ist für alle Teilnehmer am curricularen Entwicklungsprozeß ein "angstfreies" Arbeiten möglich?
(2) Welche "lernfördernden" Bedingungen beeinflussen den Arbeitsprozeß, und welche Bedingungen behindern ihn?
(3) Wie erfolgt die Überprüfung des Lernerfolgs, und welche Konsequenzen für die weitere Studienplanung werden daraus gezogen?

Dem Studiengangseminar kommt bei der Überprüfung des Lernerfolgs unter Einbeziehung der beiden erstgenannten Gesichtspunkte besondere Bedeutung zu. Es ist konzipiert für das Lernen mit Erwachsenen. Nach BRELOER bedeutet dies, daß man sich genügend Zeit nimmt für die gemeinsame und kontinuierliche Ziel- und Inhaltsbestimmung.

> "Man sollte ... sich z.B. für eine Manöverkritik Zeit nehmen. Am besten nicht am Ende

---

1) Anmerk.: Nach NEUL (57, S.681) ist ein Arbeitsprozeß "Ausdruck der verschiedenen Interpretationen der einzelnen Mitglieder von der gesamten Situation, im besten Fall Ergebnis eines kontinuierlichen Lernprozesses ... Die Frage ist, inwiefern bestimmen Dauer, Ablauf, Organisation der Arbeit, informelle Normen und Rollen und ihre Entstehungsgeschichte die Qualität des Arbeitsergebnisses?"

des Lernprozesses, sondern zwischenzeitlich, damit die Konsequenzen noch rechtzeitig gezogen werden können. Vergewisserung bezüglich des Lernerfolgs (geäußerter subjektiver Lernzuwachs ist vermutlich höher einzuschätzen als objektive Ergebnisse!), Bestätigung bzw. Tadel wirken in der richtigen Dosierung anspornend und korrigierend. Am günstigsten wirken sich derartige "Feedbacks" aus, wenn sie nicht nur vom Leiter, sondern auch von den Teilnehmern in ganz ungezwungener Form kommen."

4.3.4 Evaluationsverfahren zur Einschätzung und Bewertung der Lern- und Arbeitsprozesse (der Studiengangseminar-Fragebogen, abgekürzt "St.-Frageb." und andere Verfahren im Rahmen der Begleitforschung)

Die Fragestellung, inwiefern angestrebte Projekt- und Planungsziele auch tatsächlich erreicht werden, verweist auf das Problem der Erfolgskontrolle. Das im Verlauf des KSG am weitestgehend entwickelte Evaluationsinstrument ist der St.-Frageb. (Panelbefragung, s. Anhang). Er dient vor allem zur Reflexion und zum unmittelbaren Meinungsaustausch über die jeweils durchgeführte Seminarwoche. Die KT werden darin aufgefordert,

- einerseits zu den Untersuchungseinheiten der Prozessinnovation Stellung zu nehmen (freie Meinungsäußerung),

- andererseits anhand von Eigenschaftsgegensatzpaaren jeweils den Verlauf einer Seminarwoche aus ihrer Sicht einzuschätzen und zu bewerten (Bewertungsaufgaben).

Gemäß Darstellung 1 (s.4.3.3) und in Anlehnung an die Strukturierung der Studieninhalte (s.4.3.1) werden auf der Ebene der Lernangebote/Lerninhalte in dem Studiengangseminar-Fragebogen folgende Basiswissenschaften, Theorie- und Praxisbereiche einer psychosozialen Gerontologie als Fragebogen-Items aufgeführt:

(1) Medizin (einschl. Psychiatrie) und Psychologie;

(2) Soziologie und sozialwissenschaftliche Nachbardisziplinen;

(3) Sozialarbeit/Sozialpädagogik mit den Schwerpunkten:
 (3.1) Soziale Einzelhilfe und
 (3.2) Gruppenarbeit;

(4) Arbeitsfelder in der Altenarbeit/Altenhilfe (einschl. Gemeinwesenarbeit, soziale Dienste, Bildungsmaßnahmen und Fortbildung von Mitarbeitern);

(5) Gruppensupervision:
 (5.1) Soziale Einzelhilfe,
 (5.2) Gruppenarbeit;

(6) Praxisorientierte Forschung:
 (6.1) Methodik wissenschaftlichen Arbeitens
 (6.2) Erst- und Kurzkontakte (Kleingruppenarbeit I)
 (6.3) Gruppenarbeit (Kleingruppenarbeit II)
 (6.4) Personal- und Ausbildungsfragen (Kleingruppenarbeit III)
 (6.5) Klientenstruktur-Analyse;

(7) Studiengangseminar.

Auf der Verfahrensebene werden als Fragebogen-Items unterschieden:

(V) Vorlesung bzw. Vortrag
(Funktion: Vermittlung theoretischer Kenntnisse);

(PD) Plenumsdiskussion
(Funktion: Auseinandersetzung mit den theoretischen Grundlagen und den berufspraktischen Aspekten der Handlungsvollzüge von Sozialarbeit in der Altenarbeit/Altenhilfe);

(KA) Kleingruppenarbeit
(Funktion: Vertiefung spezifischer Fragestellungen nach Vorlesungen und kontinuierliche Arbeit in festen Gruppen im Rahmen der praxisorientierten Forschung)

(GK) Gemeinsames Kolloquium
(Funktion: interdisziplinäre Veranstaltung zur Erarbeitung theoretischer, vorwiegend fachübergreifender Problembereiche - mitbeteiligt sind Experten aus verschiedenen Disziplinen bzw. Praxisbereichen, darunter grundsätzlich ein Vertreter der Sozialarbeit/Sozialpädagogik);

(S) Selbststudium/Literaturarbeit
(Funktion: selbstorganisiertes Lernen - individuell oder in Gruppen)

(S/B) in der Bibliothek u.a. Räumen der Hochschule

(S/W) im Wohnbereich während der Seminarwochen

(S/zH) zwischen den Seminarwochen zuhause und am Arbeitsplatz;

(SG) Selbsterfahrungsgruppe
(Funktion: Unterstützung des Identitätsfindungs-Prozesses durch Reflexion des eigenen Verhaltens, der Gruppenprozesse und der Übertragung der Gruppenarbeit auf berufspraktische und andere Lebensbereiche);

(E) Exkursion
(Funktion: Kennenlernen von Modelleinrichtungen in der Altenarbeit/Altenhilfe).

Die <u>strukturelle und personelle Innovationsdimension</u> wird im St.-Frageb. durch folgende Strukturmerkmale erfaßt:

(I) Unterkunft und Verpflegung;

(II) Beziehungen zu anderen KSG-Teilnehmern;

(III) Beziehungen zur Seminarleitung und den Dozenten;

(IV) Problembereiche, die noch aufgearbeitet werden müßten;

(V) Sonstiges
(z.B. Einzelfragen zu spez. Seminarwochen).

Mit Hilfe dieses St.-Frageb., der für jede Seminarwoche entsprechend dem jeweiligen Arbeitsplan neu gestaltet wurde, können Ansätze von - z.B. innovatorischen - Veränderungen im Verlauf des KSG festgestellt werden. Die kontinuierliche Auswertung ermöglicht die Verknüpfung der Strukturmerkmale der Prozeßinnovation (operationalisiert als Fragebogen-Item) mit der Zeitdimension (1.,2.,3. ... 13.SW).

Die Herauskristallisierung jener Strukturmerkmale, die in den SW "innovativen" Charakter annehmen, erfolgt durch die quantitative und qualitative Auswertung der St.-Frageb.. Außerdem fließen hierbei auch Ergebnisse aus weiteren für die Evaluation entwickelten Instrumentarien ein: Eingangs- und Schlußfragebögen, Phasen-Frageb., Dozenten-Frageb., das Kategorienschema, Tonbandprotokolle der Studiengangseminare.

Darüber hinaus werden z.Zt. Arbeitsergebnisse und Tonbandprotokolle zur Gruppensupervision in einem Projekt der Supervisionsforschung an der Organisationseinheit Sozialwesen der Gesamthochschule Kassel ausgewertet.

Folgende ursprünglich vorgesehene und z.T. entwickelte Instrumente zur Begleitforschung wurden nicht oder nur unzureichend eingesetzt:

- der Dozenten-Fragebogen aufgrund der Zeitüberlastung und der Verlagerung des Projektes nach Kassel;

- die in den Vorstellungsgesprächen von den Teilnehmern ausgefüllten Testbögen (Gießen-Test, Freiburger Persönlichkeits-Inventar) wurden in der Abschlußphase aufgrund einer intensiven Diskussion innerhalb der Begleitforschungsgruppe und mit den Teilnehmern als für die Zielsetzung nicht relevant angesehen (Aktionsforschung!). Damit entfiel die vorgesehene Wiederholung i.S. einer Längsschnitt-Beobachtung von vermuteten Persönlichkeitsveränderungen.

Die Auswertung der St.-Frageb. zu den einzelnen SW gliedert sich in zwei Teile. Im Teil I (Inhaltsanalyse) werden die freien Meinungsäusserungen der KT zu den einzelnen Strukturmerkmalen der Prozeßinnovation analysiert. Im Teil II werden die Seminarwochen-Bewertungen mittels der vorgegebenen Eigenschaftsgegensatzpaare i.S. einer Verlaufsanalyse ausgewertet.

Teil I: Inhaltsanalyse

Gemäß den Ausführungen von SILBERMANN (74, S.259), daß bei der Inhaltsanalyse von spezifischen Kategorien ausgegangen wird, die in jedem Fall neu aufgestellt werden müssen, wurden entsprechend den dem Projekt zugrundeliegenden Erkenntnisinteressen die folgenden 4 Aussagekategorien für die freien Meinungsäußerungen der KT festgelegt:

(A) Positive Äußerungen (+),
das sind Aussagen, in denen nur positive Eindrücke wiedergegeben werden;

(B) Positive Äußerungen mit Vorbehalten (±),
das sind Aussagen, in denen sowohl positive als auch negative Eindrücke wiedergegeben werden;

(C) Negative Äußerungen (-),
das sind Aussagen, in denen nur negative Eindrücke wiedergegeben werden;

(D) Fehlen einer Äußerung/keine Äußerung (k.Ä.)
d.h. ein KT gibt in seinem Fragebogen zu einem Gliederungspunkt überhaupt keine Äußerung ab.

Die Aussagen zu den verschiedenen Untersuchungseinheiten in den St.-Frageb. einer Seminarwoche wurden nach diesen Kategorien geordnet, ausgezählt und auf der Basis "X(10)-KT-Aussagen (KTA)" als relative Häufigkeiten miteinander in Beziehung gesetzt und interpretiert. Angesichts der kleinen Grundgesamtheit (max. 14 Frageb. pro SW) wurde für die Berechnung der relativen Häufigkeit die Bezugsgröße "10" festgelegt; d.h., es wird anstelle "X von 100 = X(100)" (Prozentwert) die Schreibweise "X von 10 = X(10)" eingeführt.

Teil II: Verlaufsanalyse

In Anlehnung an einen Fragebogen der Arbeitsgruppe Hochschuldidaktik an der Universität Ulm (72) wurde zur quantitativen Erfassung der subjektiven Einschätzung der verschiedenen Seminarwochen durch die KT ein Polaritätenprofil - auch semantisches Differential genannt - (59) entwickelt. 28 Eigenschaftsgegensatzpaare wurden zur Kennzeichnung und Charakterisierung der Studieneinheit "Seminarwoche" ausgewählt. Jedes dieser Gegensatzpaare beinhaltet im Grunde eine operationalisierte Zielformulierung, die in je 6 Stufen unterteilt ist. Durch das Ankreuzen eines Wertes innerhalb dieser Skala wird eine Einstufung/Wertung der Seminarwoche vorgenommen. Jeder KT trifft also bei der Bearbeitung eines Studiengangseminar-Fragebogens 28 Wert-Entscheidungen. Die Durchschnittswerte dieser Einstufungen in den abgegebenen Studiengangseminar-Fragebögen der 1. - 13. Seminarwoche spiegeln die Einschätzung der KT bezügl. des Gesamt-KSG wider (s.5.6.4).

Für die Verlaufsanalyse i.S. eines Vergleichs der Seminarwochen hinsichtlich der unterschiedlichen Bewertung durch die KT wurde die 6-stufige Bewertungseinstufung der Eigenschaftsgegensatzpaare in den drei folgenden Bewertungs-Kategorien zusammengefaßt:

(X) Positiver Bewertungsbereich
(Stufe 1 und 2 der günstigeren Merkmalsdimension)

(Y) Neutraler Bewertungsbereich
(Stufe 0 (+) und 0 (-) der neutralen bzw. indifferenten Merkmalsdimension)

(Z) Negativer Bewertungsbereich
(Stufe 1 und 2 der ungünstigeren Merkmalsdimension)

Die so klassifizierten Daten lassen sich nach dem gleichen Verfahren wie bei der Inhaltsanalyse auf der Basis "X(10)-KT-Bewertungen (KTB)" als relative Häufigkeiten miteinander in Beziehung setzen und interpretieren. Dieses Auswertungsverfahren reduziert zwar den Informationsgehalt der tatsächlich erfaßten subjektiven Einschätzungen einer Seminarwoche, andererseits aber wurde dadurch vermieden, daß innerhalb des Studiengangseminars ein weiteres Auswertungsverfahren hätte eingeführt werden müssen. Der Übersichtlichkeit halber ist es nötig, von den 28 Eigenschaftsgegensatzpaaren für die Darstellung der Verlaufsanalyse einige auszuwählen.

Da anzunehmen ist, daß bei jenen Gegensatzpaaren, die durchschnittlich den geringsten "Neutralitätswert"[1] haben, den KT das Ankreuzen des positiven oder negativen Bewertungsbereiches am leichtesten gefallen war, wird eine diesbezügl. Rangliste der Gegensatzpaare erstellt.

---

1) <u>Anmerk.</u>: Der Neutralitätswert berechnet sich aus der Summe der relativen Häufigkeiten der KT-Bewertungen (KTB-Werte) im neutralen Bewertungsbereich Y = O(+) + O(-). Für das Gegensatzpaar "angenehm/unangenehm" ergibt das folgendes Bild:

		Seminarwochen													
Bewertungsbereich	VG	1	2	3	4	5	6	7	8	9	10	11	12	13	Σ
o (+)	0,4	-	-	0,9	-	-	-	1,0	-	1,0	0,5	-	0,8	-	4,6
o (-)	0,7	-	-	-	0,7	-	-	-	0,9	-	0,5	-	-	-	2,8
Neutralitätswert (Y):															7,4

Tabelle 1: Rangliste der Eigenschaftsgegensatzpaare nach dem niedrigsten Neutralitätswert (Y)

Rang		Eigenschaftsgegensatzpaare	Neutralitätsw.
1	(1)	angenehm - unangenehm	7,4
2	(2)	befriedigend - unbefriedigend	13,5
3	(12)	fördernd - hemmend	15,7
4	(15)	aktivierend - lähmend	18,0
5	(25)	interessant - uninteressant	18,4
6	(28)	offen - verschlossen	23,0
7	(14)	vielseitig - einseitig	24,9
8	(23)	freundlich - feindlich	25,8
9	(4)	klar - verschwommen	25,9
10	(5)	aufgeschlossen - dogmatisch	26,4
11	(16)	koordiniert - unkoordiniert	26,8
12	(24)	frei - verschult	27,0
13,5	(3)	gründlich - oberflächlich	27,2
13,5	(6)	anziehend - abstoßend	27,2

Rang		Eigenschaftsgegensatzpaare	Neutralitätsw.
15	(21)	gelöst - gespannt	28,4
16	(10)	beweglich - starr	28,5
17	(22)	kooperativ- rivalisierend	28,9
18	(13)	gesteuert - ungesteuert	29,3
19	(7)	tolerant - repressiv	29,8
20	(18)	dynamisch - statisch	31,0
21	(8)	stabil - labil	34,5
22	(11)	sicher - unsicher	36,7
23	(27)	modern - althergebracht	37,2
24	(26)	demokratisch - autoritär	39,5
25	(20)	liberal - konservativ	45,0
26	(19)	einfach - kompliziert	50,1
27	(17)	bequem - unbequem	55,1
28	(9)	progressiv - stagnierend	66,3

4.3.5 Dynamische Sequenzbildung (Strukturierungsansatz zur prozeßorientierten Projektplanung)

Die Durchführung des KSG brachte es mit sich, daß die Programm-Konzeption eines dreiphasigen Projekt-Ablaufes (s.4.3.1) revidiert werden mußte. Es kristallisierte sich eine vierphasige Verhaltenssequenz[1] heraus, in deren Verlauf die KT i.S. des action research zunehmend auch bei der Programmentwicklung aktiv beteiligt waren. Die vorgesehene 2 Seminarwochen umfassende Einführungsphase mußte verlängert werden, während sich die 9 Seminarwochen umfassende theorie- und praxisorientierte Phase als zu komplex und unüberschaubar erwies.

In Anlehnung an ENGELMANN/ZAMETZER (26) soll nun versucht werden, die prozessorientierte Projektplanung vorrangig im Hinblick auf die vorgegebenen und sich verändernden Entscheidungsspielräume während des Projektablaufes zu beschreiben. Gemeint ist dabei zunächst "nicht nur ein abstrakter, von außen begrenzter Raum von Entscheidungsmöglichkeiten, sondern vor allem die individuelle Inanspruchnahme einer bestimmten Bandbreite von Handlungsmöglichkeiten. Wird eine solche Bandbreite von Handlungsmöglichkeiten vom einzelnen überhaupt realisiert, so bedeutet dies für ihn eine offene Situation.

---

1) Anmerk.: "Das Charakteristische der Verhaltenssequenz sind der Prozess und die strukturellen Eigenschaften, die diesem Prozess zugrunde gelegt sind. Die Sequenzen im Material hingegen sind statisch (sowohl das willkürlich, als auch das sachlogisch u. das psychologisch sequentierte Material), weil in ihnen nur die Elemente ersichtlich werden. Sie werden erst dann dynamisch, wenn der Lernende diese Elemente verarbeitet, mit ihnen 'operiert'." (23, S.215)

Sie fordert die Fähigkeit, Entscheidungen zu treffen, d.h. eigene Handlungsstrategien durchzusetzen, eine Fähigkeit, die erst gelernt werden muß." (26, S.47)

Übertragen auf die Programmentwicklung im Rahmen der prozessorientierten Projektplanung für das KSG war es nicht immer einfach, solche "offenen "Situationen zu bewältigen(s.5.1-5.4). Für das Gelingen des KSG als action research-Projekt war insgesamt gesehen entscheidend, ob und inwiefern es den am Projekt Beteiligten gelungen ist, bei der Realisierung der Projektziele gemeinsam Entscheidungen zu treffen und entsprechende Handlungsstrategien i.S. einer kommunikativen und curricularen Kompetenz (s.4.3.2) durchzusetzen.

ENGELMANN/ZAMETZER unterscheiden diesbezügl. prinzipiell 4 Entscheidungsspielräume, die als aufeinanderfolgende Ablauf-Phasen eines organisierten Lernprozesses im Vergleich zum realen Ablauf zwar stark vergröbert wirken, "die aber in bezug auf die Reihenfolge zwingend sind. Sie (die Ablauf-Phasen) bezeichnen jeweils bestimmte Abschnitte, in denen auch qualitativ zu unterscheidende Entscheidungen fallen."(26, S.48)

Die erste Phase ist demnach die der INHALTSBESTIMMUNG, in der sich der einzelne über das von ihm zu bearbeitende Feld klar werden muß.

(Phase I des KSG: 1.-3. SW
- Einführung und Inhaltsbestimmung;
- Auseinandersetzung mit der spezifischen Lernsituation des KSG u.a. Institution Universität Ulm, Teilnehmer-Gruppe, Dozenten-Team, Begleitforschungs-Team, Selbsterfahrungs-Gruppe)

Die zweite Phase betrifft die REALISATION, in der die eigentliche Organisation der inhaltlichen Erarbeitung stattfindet.

(Phase II des KSG: 4.-7. SW
- Systematisches Arbeiten und Einführung in praxisorientierte Forschung;
- Beginn des Praxis-Transfers, Einzel- und Gruppenarbeit unter Supervision;
- Fortsetzung und Abschluß der Selbsterfahrungsgruppe)

Erst im dritten Abschnitt wird innerhalb der MEDIALEN VERMITTLUNG das Medienproblem aktuell.

(Phase III des KSG: 8.-10. SW
- Weiterentwicklung der praxisorientierten Forschungsansätze, Klientenstrukturanalyse, Kleingruppenarbeit zu Fragen des "Erst- und Kurzkontaktes mit Klienten", der "Gruppenarbeit mit Älteren" und zu Fragen der "personellen und institutionellen Bedingungen in der Altenarbeit";
- Teilnahme am Kongreß der Deutschen Gesellschaft für Gerontologie in Berlin 1976 als Versuch, zu der akademisch-wissenschaftlichen Ebene einen positiven Bezug zu bekommen, um daraus Anregungen für die eigene Arbeit zu gewinnen;
- Exkursionen als Versuch, mit Modelleinrichtungen konkret und vor Ort sich auseinanderzusetzen, um daraus Anregungen für die eigene Arbeit zu gewinnen;
- Fortsetzung des Praxis-Transfers Abschluß der Einzelhilfe unter Supervision und Schwerpunktverlagerung auf Gruppenarbeit mit älteren/alten Menschen)

Das Medienproblem leitet unmittelbar über zur PRÄSENTATION im vierten Abschnitt.

Süddeutscher Rundfunk

(Phase IV des KSG: 11.-13. SW
- Bestandsaufnahme
  Schwerpunkte in der Aufarbeitung noch offener Fragen: die personellen und institutionellen Bedingungen in der Altenarbeit;
- Auswertung und Abschluß)

In der nachfolgenden Kurzbeschreibung der 4 Ablauf-Phasen werden wesentliche Grundzüge und strukturelle Eigenschaften der dynamischen Sequenzbildung deutlich.

Phase I: Entscheidungsraum "Inhaltsbestimmung" Projektplanung und Programmentwicklung 1.-3. SW)

Auf der Grundlage der Leitideen und Planungskonzeption für das KSG (s.4.1), der Teilnehmerauswahl (s.4.2.1-4.2.4) und der inhaltlich/didaktischen und evaluationsbezogenen Vorarbeiten für eine teilnehmerorientierte Projektdurchführung (s.4.3.1-4.3.4) konnte das KSG am 14.4.75 beginnen. Zunächst ging es von seiten der Projektplaner und Dozenten darum, die KT in das vorbereitete Gesamtkonzept und in erste inhaltliche Themenbereiche einzuführen. Die KT selbst waren vor die Aufgabe gestellt, sich in dieser neuen Situation (zu Beginn 14-tägiges Blockseminar, Teilnehmerkreis: Sozialarbeiter aus nahezu der gesamten BRD, Universitätsstudium, Mitarbeit bei der Begleitforschung, Selbsterfahrungsgruppe usw.) zurechtzufinden. Sie alle brachten ihre persönlichen Interessen, Erfahrungen und Bedürfnisse in die Anfangssituation ein. Diese hohe Komplexität erzeugte z.T. auch eine gewisse Handlungsunsicherheit. In dieser Situation bewährte sich die Einrichtung des Studiengangseminars, das zu Beginn und am Ende einer SW durchgeführt wurde. Hier wurden Probleme und Schwierigkeiten des Studiengangs erörtert, Zieldiskussionen geführt und zunehmend eine gemeinsame Programmentwicklung für die jeweils folgenden Seminarwochen erarbeitet. Der Verlauf dieser ersten Phase des KSG diente vor allem der weiteren Konkretisierung der bereits eingebrachten Studieninhalte. Z.T. mußten dabei schwierige Entscheidungen getroffen werden, z.B. ob und mit wem gleiche Arbeits-/Forschungsinteressen bestehen (Gründung von Arbeitsgruppen). Durch diesen Prozeß der gemeinsamen Inhaltsbestimmung und sozialen Interaktion bildeten sich bereits erste Positionsbestimmungen im sozialen Mikrobereich heraus.

Die Inhaltsbestimmung fand einen gewissen Abschluß in der im Verlauf der dritten SW durchgeführten Grundsatzdiskussion zur Projektkonzeption. U.a. wurden die Gesamtarbeits- und Forschungsstrategie sowie weitere Themenschwerpunkte für die folgenden Seminarwochen festgelegt.

<u>Phase II</u>: Entscheidungsraum "Realisation"
(Programmentwicklung 4.-7. SW)

In diesem zweiten Arbeitsabschnitt ging es nicht mehr so sehr um die Weiterentwicklung des konzeptionellen Rahmens für das KSG (in der vierten SW war als Nacharbeit zur dritten SW die endgültige konzeptionelle Festlegung erfolgt).

Lern- und Arbeitsprozesse sollten nunmehr zunehmend von den KT selbst mitorganisiert und mitgetragen werden. In diesem Sinne wurden u.a. die Arbeitsgruppen und das Gemeinsame Kolloquium als neue Bestandteile des KSG eingeführt. Es erwies sich jedoch als z.T. sehr schwierig - vermutlich aufgrund schulischer und beruflicher Vorerfahrungen sowie fehlender verwertbarer

Hochschulerfahrungen -, Lernprozesse, die mehrere Schritte und eine längerfristige Arbeitsplanung erforderten, selbständig zu realisieren. Schwierigkeiten bestanden für einige KT bezügl. der eigenständigen Arbeit in Kleingruppen. Auch bei der Entwicklung von praxisorientierten Forschungsansätzen unter Hilfestellung durch Dozenten und BFT gab es mitunter erhebliche Probleme.

Für andere Arbeitsgebiete, z.B. der Einzel- und Gruppenarbeit unter Supervision waren vielfältige mittel- und längerfristige Handlungslinien entwickelt worden. Sie ermöglichten, den Stellenwert einzelner Interventionsschritte zu bestimmen und entsprechend in das gesamte Handlungs-Konzept einzuordnen.
Jene KT, die diese z.T. sehr strapaziöse Arbeitsweise bis zum Schluß durchhalten konnten, haben daraus für ihre zukünftige Arbeit großen Nutzen gezogen.

Leider drängten sich bei der Verwirklichung dieser Phase des KSG zunehmend Probleme in den Vordergrund, die unmittelbar mit dem Scheitern der Institutionalisierung des geplanten Studiengangsystems Sozialarbeit an der Universität Ulm zu tun hatten (s.4.1.4). Ein Ernüchterungsprozeß und die Zwänge der Verlagerung des Gesamtprojektes an die Gesamthochschule Kassel bestimmten die allgemeine Stimmungslage.

In der Realisierungsphase wurde von seiten des BFT eine weitreichende konzeptionelle Korrektur vorgenommen. Die Auswertung der St.-Frageb. zu der jeweils nächsten SW war aus Zeitgründen infolge der projektbezogenen Gesamtveränderung nicht zu bewerkstelligen. Damit war ein wichtiges Instrumentarium zur Objektivation der sich vollziehenden Arbeit ausgefallen. Als Ersatz wurde ab der 7. SW eine systematische Auswertung der Studiengangseminarprotokolle vorgenommen. Hauptanliegen dieses neu eingeführten Evaluations-Instrumentariums war es, einerseits den Arbeitsverlauf in einer SW und die Diskussion darüber zu erfassen und andererseits über die Reflexion dieser Vorgänge immer stärker jene Vorstellungen zu präzisieren, welche "Produkte" am Ende des KSG entstanden sein sollten.

<u>Phase III</u>: Mediale Vermittlung
(Programmentwicklung 8.-10. SW)

Der besondere Wert einer medialen Artikulation eines Inhalts besteht darin, daß dieser Inhalt von der Person des Senders - hier: der Projektleitung und des Dozenten-Teams - unabhängig wird. Daher war bei der Projektplanung von vornherein vorgesehen, daß die Initiatoren und Hauptträger des KSG als Dozenten nach einer bestimmten Zeit zurücktreten und stattdessen andere "Mittler" eingesetzt werden sollen. Dabei ging es weniger darum, neue "technische Mittler", z.B. Filme einzusetzen (was - nebenbei bemerkt - durchaus intensiver hätte genutzt werden sollen!), sondern im Vordergrund stand die Absicht des praktischen Kennenlernens von bisher unbekannten Modellansätzen in der Altenarbeit/Altenhilfe, die außerhalb des unmittelbaren Einzugsbereiches Ulm lokalisiert waren. Weitere Aspekte einer in diesem Sinne medialen Ausweitung waren:

- thematisch-personelle Ergänzung der bisher erarbeiteten Themen insbesondere durch Einbeziehung neuer, bis dahin nicht erarbeiteter Bereiche der Sozialarbeit/Sozialpädagogik (Bildungsarbeit mit älteren und alten Menschen);

- Berücksichtigung der Team-Arbeit und Zusammenarbeit mit anderen Berufsgruppen (z.B. im medizinisch/psychiatrischen und kommunalen Versorgungssystem);

- Kennenlernen anderer Sichtweisen - und damit zusätzlicher theoretischer Ansätze - der Gerontologie und des aktuellen Forschungsstandes (Teilnahme am Kongreß der Deutschen Gesellschaft für Gerontologie);

- Einbeziehung der Bereiche Selbstorganisation und Selbstverwaltung älterer und alter Menschen (z.B. Seniorenvertretungen, Heimbeiräte).

<u>Phase IV</u>: Bestandsaufnahme und Präsentation (Programmentwicklung 11.-13. SW und Gesamtauswertung mit den KT)

Die Planungsinhalte für diese letzte Arbeitsphase umfaßten

- die Aufarbeitung noch offener Fragen,
- den Versuch einer strukturierten Gesamtsicht der Aufgabenstellung der Sozialarbeit/Sozialpädagogik in der Altenarbeit/Altenhilfe und
- die kritische Auswertung des gesamten Studienganges.

Auf der Basis einer solchen Bestandsaufnahme ergab sich als letzter Arbeitsschritt die Notwendigkeit einer Präsentation.

Damit wird stets (wie auch immer die Präsentation erfolgen mag) eine Öffentlichkeit hergestellt. Bezogen auf das KSG als Maßnahme der beruflichen Weiterbildung wurde diese Öffentlichkeit im Rahmen des Abschlußkolloquiums sowie der Abschlußveranstaltung und der damit verbundenen Zertifikats-Verleihung hergestellt. Darüber hinaus verfaßten die KT eine Pressenotiz, die dem KDA zugeleitet wurde.

Der einzelne KT, der im Rahmen des Abschlußkolloquiums einen Neuansatz in seiner Arbeit zur Diskussion stellte, präsentiert ebenso wie die gesamte KT-Gruppe durch ihre Pressenotiz und ihre abschließende Stellungnahme zum KSG jeweils ein wichtiges Projektergebnis des zweijährigen berufsbegleitenden Kontaktstudiums. Dieser Schritt vor die Öffentlichkeit (auch vor die fachkompetenten Studienkollegen und Dozenten) hat eine Schlüsselfunktion im Prozeß der persönlichen und beruflichen Identitätsfindung. Im nachhinein kann festgestellt werden, daß dieses Training der argumentativen Auseinandersetzung und des Dialogs im Verlauf des zweijährigen Studiums und der gemeinsamen Projektarbeit die kommunikative und berufliche Kompetenz aller KT und auch der anderen Projektbeteiligten in vielfältiger Hinsicht erweitert und vervollständigt hat.

Das KSG als curriculares Forschungsprojekt erfährt durch die Vorlage dieses Berichtes sowie einige im Verlauf der Durchführung des Projektes erschienene Artikel (7) seine Veröffentlichung.

5 Teilnehmerorientierte Projektdurchführung

Unser Konzept der curricularen Prozessinnovation (s.4.3.3) orientiert sich an Ergebnissen aus der Organisationsforschung unter Einschluß von Professionalisierungsaspekten und unter Bezugnahme auf die Aktionsforschung als konzeptionellen Orientierungsrahmen. Auch AREGGER (8,9) weist darauf hin, daß die Durchführung von curricularen Entwicklungsprojekten durch die Konzeption des "organisation development" (28,29) bereichert werden könnte. Diese Organisationskonzeption geht davon aus, daß "eine Theorie der geplanten Veränderung (planned change) eine Praxis-Theorie sein muß, die aus Praxis-Daten hervorgeht, und die selbst eine Praxis-Situation darstellt und nicht bloß eine 'Theorie' davon ist" (29, S.336).

In diesem Sinne werden nachfolgend die Ablaufphasen des KSG und ihre Seminarwochen als curriculares Entwicklungsprojekt dargestellt.

5.1 Phase I - Inhaltsbestimmung (1.-3. SW / April - Juni 1975)

In der Einführungs- und Orientierungsphase ging es vornehmlich darum, Gemeinsamkeiten der Projektbeteiligten zu ergründen, Themenbereiche zu konkretisieren und genauer festzulegen. Die Entwicklung von Arbeitsformen und die Klärung von Verfahrensfragen waren weitere dringliche Aufgaben. Das vordringlichste Ziel für die ersten drei SW bestand allerdings darin, die "motivationale Grundlage für ein selbstbestimmtes Studium" (42, S.65) zu schaffen. Dabei wurde auch von der Annahme ausgegangen, daß aufgrund eigener Erfahrungen aus der Schul- und Studienzeit entweder sekundäre Arbeitsanreize (z.B. Prüfungs- und Notenorientierung) oder Arbeitshemmungen u.a. durch Angst und Unsicherheit bei vielen KT zu Beginn des KSG vorherrschend sein könnten, möglicherweise verstärkt durch das vorangegangene Gespräch anläßlich der Bewerbung.

Aus dieser Problemsicht ergab sich für die konkrete Aufgabe der auf das Gesamtprojekt bezogenen Inhaltsbestimmung (Ziel- und Programmentwicklung) die Notwendigkeit, primär über das gegenseitige Sich-Kennenlernen die bereits vorhandene sach- und aufgabenbezogene Motivation bei allen Projektbeteiligten weiter zu verstärken.

5.1.1 Durchführung der 1. SW
(14.-18. April 1975, Universität Ulm)

(1) Inhalte

Montag, 14.4.75

0900-1030 h STUDIENGANGSEMINAR
- Einführung in die Konzeption des KSG
(Vorlesung/Plenumsdiskussion) I/B 2,0 Std.

1100-1200 h PSYCHOSOZIALE GERONTOLOGIE
- Aufarbeitung des berufl. Erfahrungswissens der KT und Einführung bzw. Auffrischung von Grundlagenkenntnissen:
- Psychodynamik und Lebenszyklus
(Vorlesung/Plenumsdiskussion) II/C 1,0 Std.

1400-1500 h KONZEPTE UND GRUNDLAGEN DER SOZIALARBEIT/SOZIALPÄDAGOGIK FÜR DEN BEREICH ALTENARBEIT/ALTENHILFE
- Falldarstellung I: Soziale Einzelhilfe
(Vorlesung/Kleingruppenarbeit) III/E (4)
1,0 Std.

1530-1645 h ... ALTENARBEIT/ALTENHILFE
- Falldarstellung I: Soziale Einzelhilfe
(Plenumsdiskussion) III/E (4) 1,5 Std.

Dienstag, 15.4.75

0900-1000 h ... ALTENARBEIT/ALTENHILFE
- Falldarstellung II: Soziale Gruppenarbeit
(Vorlesung/Kleingruppenarbeit) III/E(5)1,0 Std.

1020-1200 h ... ALTENARBEIT/ALTENHILFE
- Falldarstellung II: Soziale Gruppenarbeit
(Kleingruppenarbeit/
Plenumsdiskussion)III E (5) 2,0 Std.

1400-1500 h PSYCHOSOZIALE GERONTOLOGIE
- ... Grundlagenkenntnisse:
Psychodynamik und Lebenszyklus
(Vorlesung/Plenumsdiskussion) II/C 1,0 Std.

1520-1700 h PSYCHOSOZIALE GERONTOLOGIE
- ... Grundlagenkenntnisse:
Soziologie und empirische Sozialforschung
(Vorlesung/Plenumsdiskussion) II/C 2,0 Std.

Mittwoch, 16.4.75

0900-1040 h PSYCHOSOZIALE GERONTOLOGIE
- ... Grundlagenkenntnisse:
Psychodynamik und Lebenszyklus
(Plenumsdiskussion/
Kleingruppenarbeit) II/C 2,0 Std.

1100-1200 h ... ALTENARBEIT/ALTENHILFE
- Theorie: Soziale Einzelhilfe
(Vorlesung/Plenumsdiskussion) III/E(1) 1,0 Std.

1400-1530 h SELBSTERFAHRUNG
- Themenzentrierte Selbsterfahrungs-
gruppe I/A 2,0 Std.

1600-1700 h STUDIENGANGSEMINAR
- Einführung in das wissenschaftliche Arbeiten:
Bibliotheksführung I/B 1,0 Std.

Donnerstag, 17.4.75

0900-1000 h ... ALTENARBEIT/ALTENHILFE
- Falldarstellung III: Soziale Gruppenarbeit, Gemeinwesenarbeit
(Kleingruppenarbeit) III/E (5) 1,0 Std.

1020-1200 h ... ALTENARBEIT/ALTENHILFE
- Falldarstellung III: Soziale Gruppenarbeit, Gemeinwesenarbeit
(Plenumsdiskussion) III/E (5) 2,0 Std.

1400-1500 h PSYCHOSOZIALE GERONTOLOGIE
- ... Grundlagenkenntnisse: Psychodynamik und Lebenszyklus
(Plenumsdiskussion) II/C 1,0 Std.

1520-1700 h PSYCHOSOZIALE GERONTOLOGIE
- ... Grundlagenkenntnisse: Soziologie und empirische Sozialforschung
(Plenumsdiskussion/
Kleingruppenarbeit) II/C 2,0 Std.

Freitag, 18.4.75

0900-1000 h ... ALTENARBEIT/ALTENHILFE
- Theorie: Soziale Einzelhilfe
(Vorlesung/Plenumsdiskussion) III/E(1) 1,0 Std.

1010-1100 h PSYCHOSOZIALE GERONTOLOGIE
- ... Grundlagenkenntnisse: Psychodynamik und Lebenszyklus
(Vorlesung/Plenumsdiskussion) II/C 1,0 Std.

1100-1230 h SELBSTERFAHRUNG
- Themenzentrierte Selbsterfahrungsgruppe I/A 2,0 Std.

1430-1600 h STUDIENGANGSEMINAR
- Auswertung der ersten Seminarwoche
(Plenumsdiskussion) I/G 2,0 Std.

(2) Wichtige Ergebnisse des Studiengangseminars vom 18.4.75

Nach den Vorstellungsgesprächen, die u.a. auch gewisse Grenzen der zur Verfügung stehenden Ressourcen erkennbar gemacht haben (vor allem in zeitlicher Hinsicht), ist es in den ersten SW z.T. auch für das BFT schwierig, ein eigenes Rollenverständnis zu finden. Dies dürfte in vieler Hinsicht auch auf das anfängliche Experimentierstadium der Begleitforschung zurückzuführen sein: welche Informationen sind für die teilnehmerorientierte Weiterentwicklung des KSG besonders wichtig? welche Art der Informationsverarbeitung und auf welchem Abstraktionsniveau ist anzustreben? usw.

Im Verlauf des Studiengangseminars werden folgende Fragen und Probleme besprochen:

Möglichkeiten der finanziellen Unterstützung durch das Arbeitsförderungsgesetz werden erörtert.

Von seiten des BFT werden die bisherigen Vorplanungen und der derzeitige konzeptionelle Entwicklungsstand vorgestellt (Kategorienschema, Dokumentation des Prozessablaufes durch Tonbandprotokolle, Vorstellung der Konzeption für das Studiengangseminar, Studiengangseminar-Fragebogen, Orientierungshilfen zur Bibliotheksbenutzung, Arbeitsplan für die 2. SW).

Daran anknüpfend kommt es zu einem kurzen Erfahrungsaustausch über Fortbildungsveranstaltungen, welche die KT mitgemacht oder selber organisiert haben.

Über die Frage des "Lernzieles", mit der neuen Situation hier in Ulm fertig zu werden, kommt das Gespräch bald auf die Schwierigkeiten mit der Hotelunterkunft (Nachtruhestörung, schmuddelig usw.)[1]; eine Liste wird herumgereicht, in die jeder KT seine diesbezügl. Beschwerden einträgt.

In diesem Zusammenhang wird die Frage der Wahl eines Kurssprechers oder eines KT-Gremiums angeschnitten zur Lösung/Klärung von organisatorischen u.a. Problemen (z.B. Verhandlungsführung mit der Hotelleitung). Es werden 2 KT ausgewählt, die in diesem Sinne sich um die Sache kümmern.

Anknüpfend an die Kaffeepausen zwischen den Lehrveranstaltungen wird auf die Finanzierung und die Studiengebühren (DM 80,-- pro SW) Bezug genommen. Aufgrund einer Fehlkalkulation bezüglich der Kopierkosten muß evtl. später mit einem einmaligen zusätzlichen Betrag von ca. DM 40,-- gerechnet werden.

Die Benützung der Arbeitsräume nach 1800 h wird angesprochen und entsprechend geregelt.

Für nächste Woche wird ein gemeinsames abendliches Treffen vereinbart. Nach einigem Hin und Her (Kegeln?) einigt man sich auf "Essengehen" in einem gemütlichen Restaurant.

Eine Sammelbestellung von Büchern wird geregelt.

Es werden die Termine bis zur 6. SW (Januar 76) festgelegt.

---

1) Anmerk.: Es ist zu vermuten, daß die Hotelproblematik auch als Projektion zum Zwecke der Vermeidung der Austragung anderer Umstellungs- und Orientierungsschwierigkeiten diente. Davon abgesehen gab es bei dem Hotel doch einige handfeste Schwierigkeiten.

(3) Stellungnahmen zur Begleitforschung

Mit Rücksicht auf den sehbehinderten KT werden aus dem Konzeptionspapier zum Studiengangseminar einige wichtige Passagen zur Schaffung einer gemeinsamen Informations- und Verständigungsplattform vorgelesen. Es kommt zu einem ausführlichen Gespräch über die Konzeption der Begleitforschung:

Vom BFT wird hervorgehoben, daß es primär bei dieser Befragung um eine möglichst objektive Erfassung der bestehenden Bedürfnisse, Eindrücke und Wünsche der KT ginge, mit der Absicht, daraus auch für den weiteren Ablauf des KSG entsprechende Konsequenzen zu ziehen.

Von einem KT wird die Sorge geäußert, daß genügend Zeit und die Möglichkeit bleiben muß, manches auch hier in der Gruppe zu besprechen, denn es sei nicht unbedingt sinnvoll, daß man organisatorische Sachen, aber auch Dinge, welche die Gesamtgruppe betreffen (z.B. auch unsere Beziehungen zur Seminarleitung und den Dozenten), in der Selbsterfahrungsgruppe abwikkelt.

Die konzeptionelle Vorstellung des Studiengangseminars als Aussprache-Forum wird daraufhin von seiten des Projektleiters und des BFT hervorgehoben; ergänzend hierzu wird allerdings auf die weiteren Forschungsperspektiven des KSG (z.B. Curriculumentwicklung für den Bereich Altenarbeit/Altenhilfe, sowie Entwicklung eines Kontaktstudienmodells) verwiesen und die damit verbundene Notwendigkeit, objektivierbare Prozeßdaten zu erhalten.

Der Hinweis des PL, daß wir nunmehr seit 1 1/2 Stunden vorrangig über technische Dinge geredet haben, und daß dies ja doch auch etwas von dem Gruppenprozeß widerspiegelt, und daß es doch offensichtlich schwierig sei, das, was stört, so unvermittelt hier einzubringen - führte dazu, daß im Anschluß daran sehr deutlich und klar einige Kritikpunkte zur Sprache kamen.

(4) Didaktische und inhaltsbezogene Aspekte einer gemeinsamen Ziel- und Programmentwicklung

Einerseits wird von einigen KT mehr Gruppenarbeit gewünscht und nicht so viel "Vorlesungsstil", andererseits wird gerade der Vorlesungsstil für den Einstieg als besonders nützlich gewertet (gemeinsame Informationsbasis).

Da das Zuhören so ab 1500 h besonders schwer fällt, wird Gruppenarbeit vorzugsweise für den Nachmittag gewünscht.

Vom PL werden Anregungen zur Gründung von ständigen Arbeitsgruppen im Rahmen der vorgesehenen praxisorientierten Forschung gegeben.

Ein KT wünscht sich bereits für die nächste SW die Behandlung des Themenbereiches Tod und Sterben ("weil ich konzentriert nur mit Älteren zu tun habe, höre ich eigentlich täglich vom Tod und vom Sterben ..."); vom PL erfolgt der Hinweis, daß dies ein Thema sei, das von der Gesamtplanung später vorgesehen ist.

Ein anderer KT erkundigt sich, wer noch Interesse hätte,am Berufsbild des Sozialarbeiters zu arbeiten ("daß man etwas in der Hand hat, wenn man dauernd gefragt wird, was man nun eigentlich macht ..."); im Gespräch wird deutlich, daß viele Sozialarbeiter eher dazu neigen, "sich nicht zu überschätzen", und daß sie deshalb bei solchen Fragen immer gewisse Schwierigkeiten haben.

5.1.2 Durchführung der 2. Seminarwoche (21.-25. April 1975, Universität Ulm)

(1) <u>Inhalte</u>

Montag, 21.4.75

0900-1000 h PSYCHOSOZIALE GERONTOLOGIE
- Aufarbeitung des beruflichen Erfahrungswissens der KT und Einführung bzw. Auffrischung von Grundlagenkenntnissen: Psychodynamik und Lebenszyklus

(Vorlesung/Plenumsdiskussion) II/C 1,0 Std.

1020-1200 h PSYCHOSOZIALE GERONTOLOGIE
- das mittlere Lebensalter

(Vorlesung/Plenumsdiskussion) II/D 2,0 Std.

1400-1500 h KONZEPTE UND GRUNDLAGEN DER SA/SP FÜR DEN BEREICH ALTENARBEIT/ALTENHILFE
- Arbeitsfelder: Vorbereitung auf das Alter

(Vorlesung/Plenumsdiskussion) III/E(3) 1,0 Std.

1520-1700 h PSYCHOSOZIALE GERONTOLOGIE
- ... Grundlagenkenntnisse: Soziologie und empirische Sozialforschung

(Vorlesung/Plenumsdiskussion) II/C 2,0 Std.

Dienstag, 22.4.75

0900-1000 h PSYCHOSOZIALE GERONTOLOGIE
- ... Grundlagenkenntnisse: Psychodynamik und empirische Sozialforschung

(Vorlesung/Plenumsdiskussion) II/C 1,0 Std.

1020-1200 h PSYCHOSOZIALE GERONTOLOGIE
- Das mittlere Lebensalter

(Vorlesung/Plenumsdiskussion) II/D 2,0 Std.

1400-1500 h ... ALTENARBEIT/ALTENHILFE
- Arbeitsfelder: Vorbereitung auf das Alter

(Kleingruppenarbeit) III/E (3) 1,0 Std.

1520-1700 h ... ALTENARBEIT/ALTENHILFE
- Theorie: Soziale Einzelhilfe
(Vorlesung/Plenumsdiskussion) III/E (1) 2,0 Std.

Mittwoch, 23.4.75

0900-1040 h PSYCHOSOZIALE GERONTOLOGIE
- Das mittlere Lebensalter
(Vorlesung/Plenumsdiskussion) II/D 2,0 Std.

1100-1200 h ... ALTENARBEIT/ALTENHILFE
- Theorie: Soziale Einzelhilfe
(Vorlesung/Plenumsdiskussion) III/E (1) 1,0 Std.

1400-1530 h SELBSTERFAHRUNG
- Themenzentrierte Selbsterfahrungs-
gruppe I/A 2,0 Std.

1600-1700 h PSYCHOSOZIALE GERONTOLOGIE
- Das mittlere Lebensalter
(Vorlesung/Plenumsdiskussion) II/D 1,0 Std.

Donnerstag, 24.4.75

0900-1000 h PSYCHOSOZIALE GERONTOLOGIE
- Das mittlere Lebensalter
(Vorlesung/Plenumsdiskussion) II/D 1,0 Std.

1020-1200 h STUDIENGANGSEMINAR
- Konstituierung von Arbeitsgruppen
für die praxisorientierte Forschung
(Plenumsdiskussion) I/B 2,0 Std.

1400-1530 h PSYCHOSOZIALE GERONTOLOGIE
- ... Grundlagenkenntnisse:
Soziologie und empirische Sozialforschung
(Vorlesung/Plenumsdiskussion) II/C 2,0 Std.

1600-1700 h ... ALTENARBEIT/ALTENHILFE
- Theorie: Soziale Einzelhilfe
(Vorlesung/Plenumsdiskussion) III/E (3) 2,0 Std.

Freitag, 25.4.75

0900-1040 h ... ALTENARBEIT/ALTENHILFE
- Arbeitsfelder: Vorbereitung auf das Alter
(Vorlesung/Plenumsdiskussion) III/E (3) 2,0 Std.

1100-1230 h SELBSTERFAHRUNG
- Themenzentrierte Selbsterfahrungsgruppe I/A 2,0 Std.

1430-1600 h STUDIENGANGSEMINAR
- Auswertung der 2. SW und des gesamten Einführungsblocks
(Plenumsdiskussion) I/G 2,0 Std.

(2) Wichtige Ergebnisse der Studiengangseminare

In den Studiengangseminaren der zweiten SW (24. u. 25.4.1975) kommt erneut die Hotelsituation zur Sprache. Für die weiteren Seminarwochen in Ulm haben sich die KT ein anderes Hotel in Ulm ausgesucht. Nach einer ausgiebigen Literaturbesprechung (Grundlagenliteratur zur Psychosozialen Gerontologie) und der Regelung von weiteren Detailfragen zur Gruppensupervision kommt es zur Konstituierung der Kleingruppenarbeit für die praxisorientierte Forschung. Aus dem St.-Frageb. zur 1. SW ergibt sich folgende Interessenrangfolge:

Tabelle 2: Interessenrangfolge zur vorgesehenen Kleingruppenarbeit

Rang	Thema	Interesse Anzahl KT
1	Gruppenarbeit mit Älteren	6
	Offene Altenarbeit z.B. in Altentages-/bzw. Begegnungsstätten	6
	Personalprobleme, z.B. Rollenkonflikte, Einsatz von Mitarbeitern	6
2	Fortbildung von Mitarbeitern in der Altenhilfe	5
3	Vorbereitung auf das Alter	4
	Aufstellen eines Altenplans (z.B. für eine Stadt mittlerer Größe, bzw. für eine Abteilung Altenhilfe in einer größeren Stadt)	4
	Selbstverständnis und Berufsbild des Sozialarbeiters	4

Weitere Themen, die nur jeweils einmal genannt wurden:
Öffentlichkeitsarbeit und Bürgerinformation/ Einzelhilfeprogramme, z.B. Hausbesuche, Heimunterbringung / Formen des Zusammenlebens alter Menschen, z.B. in Altenheimen und anderen Wohneinrichtungen / Alter als soziales Schicksal i.S. von Erlebnisphase mit neuen Chancen / die Situation des psychisch veränderten alten Menschen und Möglichkeiten der Hilfe, z.B. Rückführung vom Psychiatrischen Krankenhaus in Einrichtungen der Altenhilfe / Organisation und Management in der Sozialarbeit, z.B. in der Abteilung Altenhilfe in einer Großstadt / Sozialarbeit in einer Tagesklinik, in Kranken- und Pflegeheimen / Betreuung älterer Menschen aus dem Personenkreis der Nichtseßhaften und Alko-

holiker / Bildungsarbeit mit Menschen über 60 / psychische Betreuung älterer Menschen unter Einbeziehung der Todesfrage / Einflüsse schichttheoretischer Erkenntnisse auf die Arbeit mit älteren Menschen.

Auf der Grundlage dieses Problemkatalogs für eine praxisorientierte Forschung konstituierten sich 3 Kleingruppen (2x5 und 1x4 KT), die sich vornahmen, über einen längeren Zeitraum die folgenden Themenkomplexe zu erarbeiten:

- Erst- und Kurzkontakte mit älteren/alten Menschen (AG I);
- Gruppenarbeit mit älteren/alten Menschen (AG II);
- Personalprobleme, Rollenkonflikte und Fortbildung von Mitarbeitern in der Altenhilfe (AG III).

(3) Stellungnahmen zur Begleitforschung

Die Skepsis und evtl. auch ein gewisses Mißtrauen einiger KT gegenüber den Studiengangseminarfragebögen zeigt sich deutlich bei der Diskussion um die Frage, inwiefern die vorgesehenen Code-Nummern zur Wahrung der Anonymität für die Fragebögen notwendig seien:

Ein KT meint, die Code-Nr. könne man sich sparen, da man an der Handschrift und den Worten, die man wählt, sofort erkennen könne, von wem der Fragebogen käme.

Von seiten des BFT wird nochmals darauf hingewiesen, daß nicht individuelle Leistungen oder Einstellungen, die man namentlich zuordnen könne, von Interesse seien, sondern daß es darum gehe, das Gesamtmeinungsspektrum der Teilnehmer zu erfassen, um daraus entsprechende Konsequenzen ziehen zu können.

Kritik wird daran geübt, daß es sich hierbei offensichtlich um eine wissenschaftliche Auswertung im nachhinein handle; besser sei es, die Bedürfnisse unmittelbar zum Tragen zu bringen, damit z.B. ein direkter Einfluß auf die weiteren Planungen ausgeübt werden könne.

Ein anderer KT vertritt die Auffassung, daß es für ihn vollkommen egal sei, ob da jetzt die Code-Nr. stehe oder sein Name, "denn ich muß mich ja zuerst entschließen,meine Meinung darzulegen ...".

Bedenken werden geäußert, wie das sei, wenn die Fragebögen nachher ausgewertet werden; möglicherweise sei es für später doch besser, wenn anhand der Code-Nr. nicht bekannt wird, wer das oder jenes geschrieben hat.

Vom PL wird nochmals darauf hingewiesen, daß es bei der Begleitforschung vorrangig darum gehe, wie so ein Kontaktstudium läuft, was für Probleme es dabei gibt; was dabei rauskommt: "Wenn wir z.B. so was auch an anderen Hochschulen institutionalisieren wollen, liegt uns eben sehr viel am Verstehen des Prozesses."

Es kommt abschließend zu der Vereinbarung, daß die Fragebögen mit Code-Nummern bearbeitet werden sollen, daß es aber jedem KT freisteht, seinen Namen zusätzlich anzugeben.

Anhand der Fragen bezügl. der Kontakte zur Seminarleitung, den Dozenten und den Kontakten unter den KT wird die Abgrenzungsproblematik des Studiengangseminars zur Selbsterfahrungsgruppe nochmals kurz angeschnitten. Insgesamt wird die einführende Blockveranstaltung der beiden ersten SW von den KT unterschiedlich eingeschätzt, wie aus nachfolgender Tonbandabschrift vom 25.4.1975 (Studiengangseminar) zu

ersehen ist:
KT (6):
Ich komme mir also sehr verschult und sehr beengt vor, also ich fühle mich hier vom äußeren Rahmen her unwohl ...
KT (1):
Es sollte hier mehr gegeben sein, daß man wählen kann zwischen verschiedenen Sachen.
KT (3):
Ich finde, das, was Sie so sagen: verschult - ist mir an sich zunächst 'ne sehr angenehme Arbeitsweise - ich will ja Wissen vermittelt kriegen. Natürlich, ich werd' genau so müde, wie alle anderen auch, aber ich finde, diese Art, wie hier Wissen vermittelt wird, entspricht an sich meinen Vorstellungen ...

5.1.3 Durchführung der 3. Seminarwoche (16.-20. Juni 1975, Universität Ulm)

(1) <u>Inhalte</u>

Montag, 16.6.75

0830-0930 h STUDIENGANGSEMINAR
- konzeptionelle Weiterentwicklung des KSG
(Plenumsdiskussion) I/B 1,0 Std.

0930-1030 h PSYCHOSOZIALE GERONTOLOGIE
- Aufarbeitung des beruflichen Erfahrungswissens der KT und Einführung bzw. Auffrischung von Grundlagenkenntnissen: Psychodynamik und Lebenszyklus
(Vorlesung/Plenumsdiskussion) II/C 1,0 Std.

1050-1140 h KONZEPTE UND GRUNDLAGEN DER SA/SP FÜR DEN BEREICH ALTENARBEIT/ALTENHILFE
- Arbeitsfelder: Arbeitsplatz-Analyse
III/E (3) 1,0 Std.

1140-1230 h ... ALTENARBEIT/ALTENHILFE
- Theorie: Soziale Gruppenarbeit
(Plenumdiskussion) III/E (2) 1,0 Std.

1400-1500 h ... ALTENARBEIT/ALTENHILFE
- Theorie: Soziale Gruppenarbeit
(Plenumsdiskussion) III/E (2) 1,0 Std.

1520-1700 h ... ALTENARBEIT/ALTENHILFE
- Supervision/Anleitung: Soziale Einzelhilfe
(2 Gruppen) III/E (4) 2,0 Std.

Dienstag, 17.6.75

0830-1030 h PRAXISORIENTIERTE FORSCHUNG
- Arbeitsgruppen I - III
  (a) Inhaltsbestimmung und Arbeitsplanung
  (b) Einführung in Methoden des wissenschaftl. Arbeitens
(Kleingruppenarbeit) IV/F (1) 2,0 Std.

1050-1230 h ... ALTENARBEIT/ALTENHILFE
- Theorie: Soziale Gruppenarbeit
(Kleingruppenarbeit) III/E (2) 2,0 Std.

nachmittags:
Ausflug auf die Schwäbische Alb -

Mittwoch, 18.6.75

0830-1030 h ... ALTENARBEIT/ALTENHILFE
- Theorie: Soziale Gruppenarbeit
(Vorlesung/Plenumsdiskussion) III/E (2) 2,0 Std.

1050-1230 h SELBSTERFAHRUNG
- Themenzentrierte Selbsterfahrungsgruppe I/A 2,0 Std.

1400-1700 h ... ALTENARBEIT/ALTENHILFE
- Supervision/Anleitung: Soziale Einzelhilfe
(2 Gruppen) III/E (4) 4,0 Std.

Donnerstag, 19.6.75

0830-1030 h PSYCHOSOZIALE GERONTOLOGIE
- Der ältere Mensch am Arbeitsplatz
(Gemeinsames Kolloquium) II/D 2,0 Std.

1050-1230 h ... ALTENARBEIT/ALTENHILFE
- Arbeitsfelder: Arbeitsplatz-Analyse
(Vorlesung/Plenumsdiskussion) III/E (3) 2,0 Std.

1400-1545 h ... ALTENARBEIT/ALTENHILFE
- Supervision/Anleitung: Soziale Einzelhilfe
(2 Gruppen) III/E (4) 2,0 Std.

1600-1700 h PRAXISORIENTIERTE FORSCHUNG
- Arbeitsgruppen I - III
(Kleingruppenarbeit) IV/F (1) 1,0 Std.

Freitag, 20.6.75

0830-1015 h PSYCHOSOZIALE GERONTOLOGIE
- Der ältere Mensch am Arbeitsplatz
(Gemeinsames Kolloquium) II/D 2,0 Std.

1030-1230 h SELBSTERFAHRUNG
- Themenzentrierte Selbsterfahrungs-
gruppe I/A 2,0 Std.

1400-1500 h PRAXISORIENTIERTE FORSCHUNG
- Arbeitsgruppen I - III: Berichterstattung
(Plenumsdiskussion) IV/F (1) 1,0 Std.

1515-1630 h STUDIENGANGSEMINAR
- Auswertung der 3. SW
(Plenumsdiskussion) I/G 1,5 Std.

(2) <u>Wichtige Ergebnisse des Studiengangseminars vom 20.6.1975</u>

Die Arbeitsberichte der drei Arbeitsgruppen stehen zunächst im Vordergrund; es wird vereinbart, daß zukünftig die Arbeitsgruppen primär selbständig arbeiten, und daß bei auftretenden Problemen die Dozenten und das BFT stets zur

Mitarbeit bereitstehen.

Fallberichte zur Gruppensupervision sollen nach Möglichkeit jeweils 10 Tage vor der nächsten SW in Ulm sein, damit sie noch rechtzeitig an die anderen Teilnehmer der Supervisionsgruppe verschickt werden können.

Generell wird vereinbart, daß in Zukunft der Unterricht bereits um 0830 h (bisher 0900 h) beginnen soll, damit so gegen 1600 h das offizielle Tagesprogramm beendet ist.

Im Unterschied zu den Studiengangseminaren des Blocks der beiden ersten SW stehen beim Abschluß-Studiengangseminar in der 3. SW weit mehr themen- und zielorientierte Diskussionsbeiträge im Vordergrund. Nach einer gewissen Abstimmung von Bedürfnissen, die noch mehr berücksichtigt werden sollten (z.B. Einführung in wissenschaftliches Arbeiten, Vorbereitung auf die Gruppenarbeit, Interesse an statistischen Fragestellungen und an Fachenglisch) und einer diesbezügl. generellen Einigung, daß "instrumentelles" Wissen nicht so sehr in den Vordergrund rücken soll, kommt die Diskussion bald auf grundsätzlichere Fragen der Zielvorstellungen für das KSG.

(3) Tonbandabschrift aus dem Studiengangseminar vom 20.6.75

KT (3):
Ich bin in so 'ner komischen ambivalenten Situation: auf der einen Seite erwarte ich hier, daß ich ganz konkret was an Dingen mitkriege, die ich in meiner Praxis übertragen kann, sonst fahr ich nicht so viele Kilometer nach Ulm und zahle so viel Geld - auf der anderen Seite habe ich aber auch ein gewisses Trägheitsmoment zu überwinden; ich bilde mir ein, daß ich viel Ar-

beit habe, und daß ich die irgendwie schaffen muß. Und das verunsichert mich irgendwie. Es fällt mir hier zeitweilig schwer, so lange zu sitzen und das zu tun, was mir andere sagen. Auf der anderen Seite wiederum bin ich nicht so der Typ, der in Kleingruppen und so sich selbst was erarbeiten kann, weil ich's also nicht so gelernt habe ...

KT (4):

Mir fiel gestern auf bei dem Fragebogen, ob die Lernziele formuliert seien ..., daß uns eigentlich das Gesamtziel des Kurses gar nicht klar ist. Und ich hatte eigentlich am Anfang an sich gedacht, daß dies vielleicht gemeinsam erarbeitet wird, bin aber da jetzt nicht mehr so ganz sicher ...

KT (2):

Das ist mir vorher auch so gegangen, daß wir eigentlich gar nicht wissen, was jetzt noch so alles kommt. Ich kann mir vorstellen, da das Planungsteam ja schon eine ganze Weile arbeitet, daß sie eine Menge im Hinterkopf haben und für mich wäre das auch interessant zu beurteilen, welche Bedürfnisse ich jetzt gleich reinbring' und für welche ich noch Zeit habe; ich würde gern wissen, was in den einzelnen Abschnitten konkreter geplant ist.

BFT (1):

Als vorläufige Antwort: als wir mit dem Kurs hier angefangen haben, haben wir bewußt verzichtet, Sie mit einem fertigen Programm zu konfrontieren, sondern wir sind davon ausgegangen, daß die Einführungsphase dazu da sein sollte, ausgehend von Ihrem beruflichen Erfahrungswissen auch Ihre Bedürfnisse und Ihre Zielvorstellungen für diesen Kurs zu formulieren, und wir haben in gewissem Sinne gewartet auf solche Reaktionen, wie sie jetzt hier formuliert werden ... Wahrscheinlich wird es gut sein, in der nächsten Woche im September im ersten Teil, daß wir dann diese Gesamtziele nochmals diskutieren ...

PL:
Das Begleitforschungsteam wollte dies schon diesmal tun ...

BFT (1):
... schon letztes Mal!

PL:
Und ich habe gesagt: wollen wir nicht erst mal sehen, wie sich das entwickelt, daß auch Ihre eigenen Vorstellungen und Überlegungen und Bedürfnisse noch deutlicher nuanciert werden, bis die Frage sozusagen aktuell wird. Wir haben ja versucht, im Vorstellungsgespräch, im Prospekt und auch in der ersten Stunde hier (Einführung) so kurz einige Ziele zu umreißen. Wir bemühen uns ja auch immer, vor der ersten Stunde der Woche zu umreißen, was in der Woche geschehen soll ...

KT (4):
Aber mich stört also doch, daß man da so übergangen wird und erstmal in etwas reingezwängt wird, und ich darf also ruhig mal sagen, daß ich grad in dieser Beziehung speziell jetzt in dieser Woche ziemliche Aggressionen bekommen habe. Ich habe mir z.B. überlegt, ob nicht doch 'ne Selbsterfahrung auch für die Dozenten wichtig wäre. (Lachen ...)

PL:
Eine nicht unwichtige Frage, die noch gar nicht ausdiskutiert ist: inwieweit Selbsterfahrung mit den Dozenten notwendig ist und möglich ist. Aber vielleicht sollten Sie doch mal von diesen Aggressionen, was Sie so beschäftigt, was Sie so geärgert hat, hier mal was sagen, dazu dient ja auch unser Seminar, ja, daß solche Dinge auch versucht werden, zu besprechen. Ich glaube auch nicht, daß alles nur immer so in die Selbsterfahrungsgruppe gesteckt werden sollte...

Ich glaube, was hier herein muß, das sollte auch hier herein.
KT (4):
Ich mein', da kam so eins zum anderen: Der Stundenplan ist schon gesagt worden ... Es sind im Grunde nur Kleinigkeiten, aber zusammengeläppert lag es glaub' ich auch vielfach daran, daß Sie so wenig Zeit haben und gleich nach dem Unterricht immer sofort weg sind. Ich glaub', eine ganze Menge hätte man da so einfach im informellen Gespräch bereinigen können.

Ergebnis dieser offenen Aussprache.

Im ersten Teil der nächsten SW werden ca.3-4 Stunden vorgesehen für die gemeinsame Ziel- und Programmentwicklung.

Als Vorbereitung hierfür wird vom BFT ein Diskussionspapier erstellt und rechtzeitig vorher verschickt mit den wichtigsten bisherigen Arbeiten der Gesamtforschungsgruppe zur Projektplanung.

5.1.4 Studieninhalte - Gesamtüberblick (Entscheidungsraum "Inhaltbestimmung")

Bei der Abklärung und Festlegung einer gemeinsamen Inhaltsbestimmung für das KSG ging es vor allem darum, die vorhandene sach- und aufgabenbezogene Motivation zu verstärken und in entsprechende Lern- und Arbeitsprojekte überzuführen. Die Schwerpunkte einer in diesem Sinne inhaltlichen Gestaltung der ersten drei SW werden in folgender Tabelle sichtbar:

Tabelle 3: Studien- und Arbeitsprogramm der Phase I / 1.-3. SW (Unterrichtsstd. zu den curric. Strukturelementen des KSG, s.4.3.1)

Curriculare Strukturelem.	1. SW	2. SW	3. SW	Σ
Strukturbereich I: Selbsterfahrung, Studiengangplanung u. Begleitforschung				
I/A	4	4	4	12
I/B	3	2	1	6
I/G	2	2	1,5	5,5
I/H	-	-	-	-
Strukturbereich II: Psychosoziale Gerontologie				
II/C	10	6	1	17
II/D	-	8	4	12
Strukturbereich III: Konzepte und Grundlagen der SA/SP für den Bereich Altenarbeit/Altenhilfe				
III/E (1)	2	4	-	6
III/E (2)	-	-	6	6
III/E (3)	-	4	3	7
III/E (4)	2,5	-	8	10,5
III/E (5)	6	-	-	6
Strukturbereich IV: Praxisorientierte Forschung				
IV/F (1)	-	-	4	4
IV/F (2)	-	-	-	-
Zusammen:	29,5	30	32,5	92

Das Hauptgewicht lag bei der gemeinsamen Inhaltsbestimmung für das KSG zunächst in der Aufarbeitung des beruflichen Erfahrungswissens der KT und in der Einführung bzw. Auffrischung von Grundlagenkenntnissen (II/C=17 U.Std.). Dem folgte die Erarbeitung erster zentraler Problem- und Themenbereiche aus der Psychosozialen Gerontologie (II/D=12 U.Std.) und den Arbeitsfeldern der Altenarbeit/Altenhilfe (III/E (3)= 7 U.Std.). Es handelte sich im einzelnen um folgende Themen und Arbeitsgebiete:

Aufarbeitung des beruflichen Erfahrungswissens der KT und Einführung bzw. Auffrischung von Grundlagenkenntnissen

(1) Psychodynamik und Lebenszyklus	9 Std.
(2) Soziologie und empirische Sozialforschung	8 Std.
zusammen:	17 Std.

Erarbeitung erster zentraler Problem- und Themenbereiche

	II/D	III/E(3)
(1) Das mittlere Lebensalter (2.SW)	8 Std.	
(2) Vorbereitung auf das Alter (2.SW)		4 Std.
(3) Der ältere Mensch am Arbeitsplatz (3.SW)	4 Std.	
(4) Arbeitsplatz-Analyse (3.SW)		3 Std.
zusammen:	12 +	7
	= 19 Std.	

Die Theorie des methodischen Arbeitens für den Bereich der Sozialen Einzelhilfe und der Sozialen Gruppenarbeit (III/E (1) und (2) - jeweils 6 U.Std.) und die Aufnahme der Gruppensupervision zur Sozialen Einzelhilfe in der 3. SW einschl. der entsprechenden Vorbereitung in der 1. und 2. SW mit Hilfe von Fallbeispielen (III/E (4) und (5) = 16,5 U.Std.) bildeten zusammen mit der themenzentrierten Selbsterfahrungsgruppe (I/A = 12 U.Std.) einen weiteren wichtigen inhaltlichen Bestandteil dieser ersten Phase des KSG.

5.1.5 Einschätzung und Bewertung der Lern- und Arbeitsprozesse (Auswertung der St.-Frageb.)

Teil I: Inhaltsanalyse

Faßt man die Daten der Kategorien A und B entsprechend der in 4.3.4 beschriebenen Auswertung der St.-Frageb. zusammen, so ergibt sich bezüglich einer positiven Gesamteinschätzung der Phase I die Tabelle 4a.

Werden die Daten der Kategorien B und C zusammengefaßt, so erhält man umgekehrt ein Bild über die - aus der Sicht der KT - tendenziell negativen bzw. weniger erfolgreichen Ansätze dieser ersten drei SW des KSG (Tabelle 4b).

Tabelle 4: Relative Häufigkeit der KT-Aussagen zu den Untersuchungseinheiten der drei Innovationsebenen in den St.-Frageb. der 1. - 3. SW

a) Positive Äußerungen einschl. der posit. Äußerungen mit Vorbehalten (KT-Aussagen der Kateg. A und B)

b) Negative Äußerungen einschl.d.Häufigkeit d. Fehlens v. Äußerungen (KT-Aussagen der Kateg. C und D)

	a) 1.SW	a) 2.SW	a) 3.SW	b) 1.SW	b) 2.SW	b) 3.SW
Verfahrensebene						
V	7,9	8,6	7,0	2,1	1,4	3,0
PD	7,1	7,1	9,0	2,8	2,8	1,0
KA	7,1	7,1	10,0	2,8	2,8	0,0
GK	-	-	4,0	-	-	6,0
S	-	0,7	6,0	-	9,2	4,0
SG	2,8	4,3	9,0	7,1	5,6	1,0
E	-	-	-	-	-	-
Inhalts- und Angebotsebene						
(1)	7,1	3,5	8,0	2,8	6,4	2,0
(2)	5,7	3,6	8,0	4,2	6,4	2,0
(3.1)	5,7	2,8	-	4,4	7,1	-
(3.2)	-	-	6,0	-	-	4,0
(4)	-	4,3	-	-	5,7	-
(5.1)	-	-	8,0	-	-	2,0
(5.2)	-	-	-	-	-	-
(6.1)	6,4	3,6	6,0	3,5	4,6	4,0
(6.2)	-	-)		-	-)	
(6.3)	-	-)	5,0	-	-)	5,0
(6.4)	-	-)		-	-)	
(6.5)	vgl.2:	3,6	-	-	-	-
(7)	6,4	4,2	4,0	3,5	5,7	6,0
"Atmosphärisches Klima"						
I	3,5	8,5	6,0	6,4	1,4	4,0
II	7,1	4,2	6,0	2,8	5,7	4,0
III	5,7	4,3	5,0	4,3	5,7	5,0
IV	-	3,5	5,0	-	6,4	5,0
V	7,8 x	-	-	2,2 x	-	-

x = "Wie empfanden Sie rückblickend das Vorstellungsgespräch in Ulm?"

Zur Tabelle 4a:

Legt man an diese Daten einen Selektionsfilter an, etwa in dem Sinne, daß man jene Untersuchungseinheiten in einer bestimmten SW besonders hervorhebt, zu denen sich mindestens 2/3 der KT, die einen Fragebogen abgegeben haben, in irgendeiner Hinsicht positiv äußern (vgl. in der Tabelle 4a jene Werte, die hervorgehoben sind), dann gewinnt man ein ungefähres Bild jener Ansätze, die man aus der Sicht der KT als "innovativ" bezeichnen könnte.

Auf der Innovationsebene "Verfahren und Arbeitsformen" fällt in dieser Hinsicht auf, daß sich in allen drei SW zur Vorlesung (V), Plenumsdiskussion (PD) und Kleingruppenarbeit (KA) stets mehr als 2/3 der KT positiv äußern. Deutlich wird vor allem in der 3. SW der Trend zum selbstorganisierten Studium: Vorlesung (7,0 v. 10 KTA) / Plenumsdiskussion (9,0 v. 10 KTA) / Kleingruppenarbeit (10,0 v. 10 KTA).

In inhaltlicher Hinsicht (Innovationsebene "Lernangebote/Lerninhalte") finden sich in der ersten SW zum Themenbereich Medizin (einschl. Psychiatrie) und Psychologie (1) viele positive Äußerungen (7,1 v. 10 KTA). Erwähnenswert ist für die erste SW zudem die positive Hervorhebung des Themenbereichs "Methodik wissenschaftlichen Arbeitens" (6.1) und des Verlaufs des Studiengangseminars (7) - jeweils 6,4 v. 10KTA.

Zur 2. SW ist anzumerken, daß hier offensichtlich ein gewisser "Einbruch" stattgefunden haben muß. Der höchste Anteil positiver Äußerungen findet sich zum Themenbereich Arbeitsfelder (4) und zum Verlauf des Studiengangseminars (7) mit jeweils 4,3 v. 10 KTA (also unter 50%!). Am erfolgreichsten wird das Arbeitsprogramm der

3. SW eingestuft. Hier wird der Bereich Medizin/Psychologie, ebenso wie Soziologie und der Beginn der Gruppensupervision Soziale Einzelhilfe besonders positiv erwähnt (jeweils 8,0 v. 10 KTA.

Das "atmosphärische Klima" (strukturelle und personelle Innovationsdimension) ist in der 1. SW überwiegend positiv geprägt, vor allem wohl aufgrund der Erwartungshaltung der KT: 7,1 v. 10 KTA sind bezügl. der Beziehungen zu anderen KT positiv (III). Auch wurden die vorangegangenen Vorstellungsgespräche (V) von der überwiegenden Mehrheit der KT positiv erlebt (7,8 v. 10 KTA). In der 2. SW ist die Lösung des Hotelproblems offensichtlich eine sehr große Erleichterung, wie aus den vielen positiven Äußerungen zur Frage der Unterkunft und Verpflegung (I) hervorgeht (8,5 v. 10 KTA). Die Beziehungen zur Seminarleitung und den Dozenten (III) schwanken in den ersten drei SW. Der anfängliche Vertrauens- und Sympathievorsprung (5,7 v. 10 KTA sind positiv) geht in der 2. SW zurück: nur noch 4,3 von 10 KTA sind in irgendeiner Hinsicht positiv. In der dritten SW pendeln sich positive und kritisch-distanzierte Äußerungen bzw. Nicht-Äußerungen auf je 50% ein (5,0 v. 10 KTA).

Zur Tabelle 4b:

In der Tabelle (4b) sind jene Daten aufgeführt, die darauf hinweisen, wo in der Phase I des KSG weniger gut gelungene Arbeitsansätze vorgelegen haben. Es fällt auf, daß in der 1. SW die Selbsterfahrungsgruppe (SG) offensichtlich erhebliche Schwierigkeiten mit sich gebracht hat: 7,1 v. 10 KTA sind negativ/neutral (eindeutig negativ 5,7 v. 10 KTA). Auch die Unzufriedenheit mit der Unterkunft (I) ist hier noch er-

wähnenswert: 6,4 v. 10 KTA - davon 5,7 von 10 KTA negativ.
In der 2. SW werden von einer überwältigenden Mehrheit die Schwierigkeiten des Selbststudiums (S) bemängelt: 9,2 von 10 KTA, (davon sind 6,4 v. 10 KTA negativ!). In inhaltlicher Hinsicht wurde die Einführung in die Soziale Einzelhilfe (3.1) von den KT offenbar als bekannt und deshalb nicht erwähnenswert gewertet. Ein bemerkenswert großer Teil der KT gibt dazu keine Stellungnahme ab (7,1 v. 10 KTA).
Die 3. SW scheint keine gravierenden Schwierigkeiten aufgewiesen zu haben. Lediglich die Einführung des gemeinsamen Kolloquiums (GK) und das Studiengangseminar (7) sind erwähnenswert - jeweils 6,0 von 10 KTA sind negativ/neutral. Wobei das Studiengangseminar im Grunde als zufriedenstellend gewertet werden kann, denn 4 v. 10 KTA sind positiv, während die restlichen 6 von 10 KTA neutral sind i.S. k.Ä.-Aussagen (Kategorie D).

Teil II: <u>Verlaufsanalyse</u>

Die Bewertung des KSG bis zur 3. SW mit Hilfe der ausgewählten Eigenschaftsgegensatzpaare (s.4.3.4) wird in der folgenden Darstellung als Verlaufsanalyse vorgestellt:

Darstellung 3:

Relative Häufigkeit der Bewertungseinstufungen bei den 6 ausgewählten Eigenschaftsgegensatzpaaren - Eingangsfrageb. und St.-Frageb. VG, 1.-3. SW
(VG = Vorgespräch, SW = Seminarwoche, KTB = KSG-Teilnehmer-Bewertung, gestrichelte Linienführung = Verlauf der neutralen Bewertungseinstufungen)

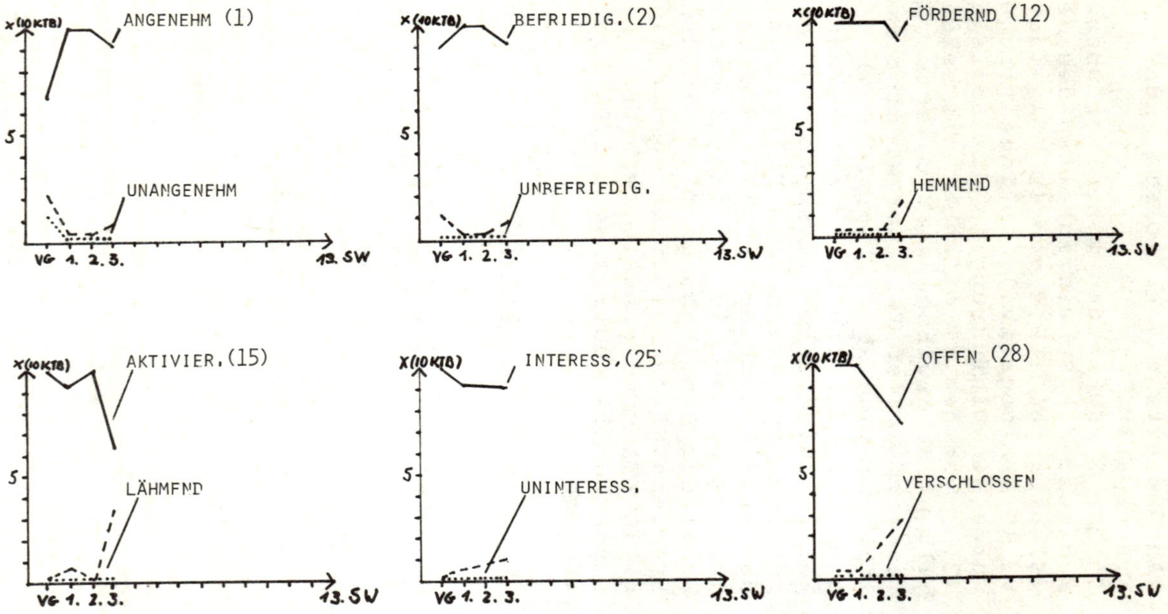

Bei allen 6 Eigenschaftsgegensatzpaaren besteht durchgehend bis zur dritten SW ein sehr hoher Anteil von Positiv-Bewertungen. Nur einmal sinkt dieser Anteil unter den 6,6 KTB-Wert: die dritte SW wird nur bei 6,3 von 10 KTB als aktivierend (15) charakterisiert. Bemerkenswert ist auch das fast völlige Fehlen von Negativ-Bewertungen. Eine einzige Ausnahme bildet das Vorstellungsgespräch - es wird bei 2,1 von 10 KTB als unangenehm gekennzeichnet.

Ein weiteres durchgehendes Merkmal zeichnet sich darin ab, daß in der dritten SW ein Ansteigen der Wertungseinstufungen im Neutralbereich registriert wird. Es ist anzunehmen, daß die anfänglich vorhandene "KSG-Begeisterung" allmählich einer realistischeren bzw. kritisch-distanzierteren Einschätzung Platz macht. Dieser Trend wird vor allem bei den Gegensatzpaaren aktivierend/lähmend (y=3,6 v. 10 KTB) und offen/verschlossen (y=2,7 v. 10 KTB) deutlich.

5.2 Phase II - Realisation (4.-7. SW / Sept. 1975 - März 1976)

Als ein recht guter Start wurde nach der Sommerpause von allen Projektbeteiligten der Einstieg in die Phase II des KSG (4. SW) erlebt, obwohl damals bereits schon erste Anzeichen eines Scheiterns der geplanten Psychosozialen Studiengänge erkennbar waren. Die veränderten Verhältnisse an der Uni Ulm (Personaleinsparungen, inhaltliche Schwerpunktverlagerung im Bereich der Hochschulforschung usw.) wirkten sich ab Herbst 1975 in sehr drastischer Weise auch auf das KSG aus. Für das Gesamtprojekt bedeutete das Scheitern der Institutionalisierung der Psychosozialen Studiengänge und damit verbunden die Kündigung der Planungsgruppenmitglieder, die als Dozenten bis dahin am KSG mitgewirkt hatten, eine schwere Belastungsprobe. Diese Situation führte in der 5. SW (November 1975) zu einem stimmungsmäßigen Tiefpunkt. Unkonzentriertheit, depressive Verstimmung und mangelnde Koordination bei den Dozenten und der Seminarleitung korrespondierten mit einer allgemeinen Verunsicherung bei den KT, die sich in einem wieder aufflackernden Mißtrauen gegenüber dem BFT und dem PL zeigte. Das Ausscheiden eines KT (s.4.2.5) nach der 5. SW verstärkte z.T. noch diese allgemeine Unsicherheit. Die offene - wenn auch heftige - Aussprache darüber in den Studiengangseminaren, die konsequente Fortführung der Arbeit im Rahmen der vorgesehenen Gesamtkonzeption und die inzwischen entstandenen Beziehungen zwischen den am KSG Beteiligten ermöglichten ein Erkennen dieser schwierigen Situation, gefolgt von einer allmählichen Stabilisierung, die in der 7., 8. und 9. SW zu einem stetigen Aufwärtstrend führte. Unterstützt wurde dieser Prozeß durch die Bereitschaft der Gesamthochschule Kassel, das

Projekt zu übernehmen (s.4.1.4).

5.2.1 Durchführung der 4. Seminarwoche
(15.-19. September 1975, Universität Ulm)

(1) Inhalte

Montag, 15.9.75

0830-1000 h STUDIENGANGSEMINAR
- Konzeptionelle Weiterentwicklung des KSG
(Plenumsdiskussion) I/B 2,0 Std.

1020-1230 h KONZEPTE UND GRUNDLAGEN DER SOZIALARBEIT/SOZIALPÄDAGOGIK FÜR DEN BEREICH ALTENARBEIT/ALTENHILFE
- Theorie: Soziale Gruppenarbeit
(Vorlesung/Plenumsdiskussion) III/E (2) 2,5 Std.

1400-1615 h ... ALTENARBEIT/ALTENHILFE
- Supervision/Anleitung:
Soziale Einzelhilfe
(2 Gruppen) III/E (4) 3,0 Std.

Dienstag, 16.9.75

0830-1000 h PSYCHOSOZIALE GERONTOLOGIE
- Berentung/Pensionierung
(Gemeinsames Kolloquium) II/D 2,0 Std.

1020-1230 h PSYCHOSOZIALE GERONTOLOGIE
- Der psychisch kranke ältere Mensch
(Vorlesung/Plenumsdiskussion) II/D 2,5 Std.

1400-1615 h PRAXISORIENTIERTE FORSCHUNG
- Arbeitsgruppen I - III
(Kleingruppenarbeit) IV/F (1) 3,0 Std.

Mittwoch, 17.9.75

0830-1000 h PRAXISORIENTIERTE FORSCHUNG
- Klientenstruktur-Analyse
(Vorlesung/Plenumsdiskussion) IV/F (2) 2,0 Std.

1020-1230 h ... ALTENARBEIT/ALTENHILFE
- Arbeitsfelder: stationäre und halbstationäre Einrichtungen
(Vorlesung/Plenumsdiskussion) III/E (3) 2,5 Std.

1400-1615 h ...ALTENARBEIT/ALTENHILFE
- Supervision/Anleitung: Soziale Einzelhilfe
(2 Gruppen) III/E (4) 3,0 Std.

Donnerstag, 18.9.75

0830-0925 h PSYCHOSOZIALE GERONTOLOGIE
- Berentung/Pensionierung
(Gemeinsames Kolloquium) II/D 1,0 Std.

0930-1040 h ... ALTENARBEIT/ALTENHILFE
- Arbeitsfelder: "Assessment" einschl. Epidemiologie psych. Krankheiten
(Vorlesung/Plenumsdiskussion) III/E (3) 1,5 Std.

1100-1230 h SELBSTERFAHRUNG
- Themenzentrierte Selbsterfahrungsgruppe
I/A 2,0 Std.

1400-1615 h ... ALTENARBEIT/ALTENHILFE
- Supervision/Anleitung: Soziale Einzelhilfe
(2 Gruppen) III/E (4) 3,0 Std.

Freitag, 19.9.75

0830-0925 h ... ALTENARBEIT/ALTENHILFE
- Theorie: Psychosoziale Gruppenarbeit
(Vorlesung/Plenumsdiskussion) III/E (2) 1,0 Std.

0930-1040 h PSYCHOSOZIALE GERONTOLOGIE
- Berentung/Pensionierung
(Gemeinsames Kolloquium) II/D 1,5 Std.

1100-1230 h SELBSTERFAHRUNG
- Themenzentrierte Selbsterfahrungsgruppe
I/A 2,0 Std.

1400-1455 h PRAXISORIENTIERTE FORSCHUNG
- Arbeitsgruppen I-III: Berichterstattung
(Plenumsdiskussion) IV/F (1) 1,0 Std.

1500-1600 h STUDIENGANGSEMINAR
- Evaluation der 4. SW
(Plenumsdiskussion) I/G 1,0 Std.

(2) <u>Wichtige Ergebnisse der Studiengangseminare</u>

Kritisch wird von einigen KT das bisherige Übergewicht der psychiatrisch/psychoanalytischen Themenbereiche konstatiert.

Es wird allgemein gebeten, für die Arbeitsgruppen mehr Zeit einzuplanen.

Die bisherigen SW seien z.T. zu theoretisch gewesen; ein verstärkter Praxis-Bezug wird vor allem für die Arbeitsgruppen gewünscht.

In soziologischer Hinsicht besteht teilweise noch ein großes Bedürfnis an Theorie; gleichzeitig wird allgemein die Fortsetzung der begonnenen Arbeitsplatz-Analyse gewünscht.

Die Realisierung eines möglichen gemeinsamen Projektes wird diskutiert (z.B. Öffentlichkeitsarbeit, Analyse von Altenplänen); es kommt zu keiner Entscheidung.

Der Praxisbezug bezügl. der Sozialen Einzelhilfe sei bisher weitgehend geleistet worden.

Fragen der Organisation von Altenhilfe, z.B. die Frage "wie führe ich Einstellungsgespräche?" sind in Zukunft verstärkt mit einzuplanen.
Das Problem der Kontakte zwischen den SW wird angesprochen (z.B.abendliche Telefongespräche).

Ängste und Befürchtungen vor der bevorstehenden Gruppenarbeit mit älteren/alten Menschen werden angesprochen; bezügl. der Einzelhilfe wird die

Frage diskutiert, welchen Wert denn die langfristige Arbeit mit einem einzelnen Klienten habe ("Schokoladenfall"); für den Bereich Gemeinwesenarbeit wird eine gründliche Vorplanung für notwendig befunden.

(3) <u>Stellungnahmen zur Begleitforschung</u>

Erstmals wurden Ergebnisse der Fragebogen-Auswertung vorgestellt. Die Aussprache hierüber ist vorwiegend auf einzelne Aspekte der Projektdurchführung ausgerichtet. Grundsätzliche Gesichtspunkte und Fragen der Begleitforschung werden nicht angeschnitten.

Die Einführung des Gemeinsamen Kolloquiums i.S. einer Kurskorrektur wird begrüßt; allerdings müsse noch eine stärkere Beteiligung der KT angestrebt werden.

Bezüglich des Selbststudiums zuhause (Fragebogen-Item) dürfe man nicht zu viel erwarten; es werden Überlegungen angestellt, wie man der Überlastung am Arbeitsplatz begegnen könne (offene Konfliktstrategie mit dem Anstellungsträger?).

Im Hinblick auf die Studieninhalte wird der Wunsch nach Arbeitsunterlagen (Referate, Thesenpapiere usw.) geäußert.

5.2.2 Durchführung der 5. Seminarwoche (3.-7. November 1975, Universität Ulm)

(1) Inhalte

Montag, 3.11.75

0830-1040 h STUDIENGANGSEMINAR
- Konzeptionelle Weiterentwicklung des KSG (Plenumsdiskussion) I/B 2,5 Std.

1100-1230 h KONZEPTE UND GRUNDLAGEN DER SOZIALARBEIT/SOZIALPÄDAGOGIK FÜR DEN BEREICH ALTENARBEIT/ALTENHILFE
- Arbeitsfelder: Psychiatrie-Enquête (Vorlesung/Plenumsdiskussion) III/E (3) 2,0 Std.

1400-1615 h ... ALTENARBEIT/ALTENHILFE
- Supervision/Anleitung: Soziale Einzelhilfe (2 Gruppen) III/E (4) 3,0 Std.

Dienstag, 4.11.75

0830-1040 h PSYCHOSOZIALE GERONTOLOGIE
- abweichendes Verhalten im Alter (Gemeinsames Kolloquium) II/D 2,5 Std.

1100-1230 h SELBSTERFAHRUNG
- Themenzentrierte Selbsterfahrungsgruppe I/A 2,0 Std.

1400-1615 h PRAXISORIENTIERTE FORSCHUNG
- Arbeitsgruppen I-III (Kleingruppenarbeit) IV/F (1) 3,0 Std.

Mittwoch, 5.11.75

0830-1040 h ... ALTENARBEIT/ALTENHILFE
- Supervision/Anleitung: Soziale Gruppenarbeit (2 Gruppen) III/E (5) 2,5 Std.

1100-1230 h SELBSTERFAHRUNG
- Themenzentrierte Selbsterfahrungsgruppe I/A 2,0 Std.

1400-1615 h ... ALTENARBEIT/ALTENHILFE
- Supervision/Anleitung: Soziale Einzelhilfe
(2 Gruppen) III/E (4) 3,0 Std.

Donnerstag, 6.11.75

0830-1040 h PSYCHOSOZIALE GERONTOLOGIE
- Abweichendes Verhalten im Alter
(Gemeinsames Kolloquium) II/D 2,5 Std.

1100-1230 h SELBSTERFAHRUNG
- Themenzentrierte Selbsterfahrungsgruppe I/A 2,0 Std.

1400-1615 h ... ALTENARBEIT/ALTENHILFE
- Supervision/Anleitung: Soziale Einzelhilfe
(2 Gruppen) III/E (4) 3,0 Std.

Freitag, 7.11.75

0830-1040 h PSYCHOSOZIALE GERONTOLOGIE
- Abweichendes Verhalten im Alter
(Gemeinsames Kolloquium) II/D 2,5 Std.

1100-1230 h SELBSTERFAHRUNG
- Themenzentrierte Selbsterfahrungsgruppe I/A 2,0 Std.

1400-1455 h PRAXISORIENTIERTE FORSCHUNG
- Arbeitsgruppen I-III: Berichterstattung
(Plenumsdiskussion) IV/F (1) 1,0 Std.

1500-1600 h STUDIENGANGSEMINAR
- Evaluation der 5. SW
(Plenumsdiskussion) I/G 1,0 Std.

(2) Wichtige Ergebnisse der Studiengangseminare

Die Absicht der konzeptionellen Weiterentwicklung wird in den Studiengangseminaren weitgehend durch die akuten Sorgen um den Fortbestand des KSG überlagert. Massive Enttäuschungen werden sichtbar:

Ein KT fühlt sich überfahren (Stundenplaneinteilung, "Strichliste" usw.).

Für einen anderen KT war die SW verschult.

Wieder ein anderer KT meint: "Die Ulmer haben mich in dieser Woche nicht für voll genommen".

Der Bericht über die erfolgte hochschulpolitische Entwicklung hätte bereits im September gebracht werden sollen.
(Dem entgegnet der PL, daß er damals lediglich einen Trümmerhaufen an Informationen hätte anbieten können, während sich jetzt bereits mögliche Aussichten auf eine Weiterentwicklung der bisherigen Arbeitsansätze für ein Studiengangsystem Sozialarbeit zeigen.)

Weiterhin wird die Sorge vorgetragen, inwieweit durch den Weggang des PL die Arbeitsansätze in der Modelleinrichtung "Ulmer Altentreffpunkt" gefährdet werden.

Überlegungen werden angestellt, ob Gegenmaßnahmen noch einen Sinn hätten, und wenn ja, welche in Angriff genommen werden sollten: an die Öffentlichkeit gehen? gezielte Resolution der KT an das KDA? Kampagnen in der Ulmer Presse?

(3) <u>Zukünftige Programmgestaltung</u>

Die Sorge um die weitere Mitarbeit der Soziologie-Dozentin wird massiv zum Ausdruck gebracht. Ihre Mitarbeit zumindest in der Abschlußphase wird für dringend erforderlich gehalten, u.a. für die Fertigstellung der Klientenstruktur-Analyse.

Es werden Inhalte und Termine bis zur 10. SW festgelegt.

5.2.3 Durchführung der 6. Seminarwoche
(12.-16.1.1976, Universität Ulm)

(1) Inhalte

Montag, 12.1.76

0830-1040 h PSYCHOSOZIALE GERONTOLOGIE
- Interaktionsbeziehungen älterer Menschen
(Gemeinsames Kolloquium) II/D 2,5 Std.

1100-1230 h SELBSTERFAHRUNG
- Themenzentrierte Selbsterfahrungsgruppe I/A 2,0 Std.

1400-1615 h KONZEPTE UND GRUNDLAGEN DER SOZIALARBEIT/SOZIALPÄDAGOGIK FÜR DEN BEREICH ALTENARBEIT/ALTENHILFE
- Supervision/Anleitung: Soziale Einzelhilfe
(2 Gruppen) III/E (4) 3,0 Std.

Dienstag, 13.1.76

0830-0915 h STUDIENGANGSEMINAR
- Konzeptionelle Weiterentwicklung des KSG
(Plenumsdiskussion) I/B 1,0 Std.

0915-1040 h PSYCHOSOZIALE GERONTOLOGIE
- Interaktionsbeziehungen älterer Menschen
(Gemeinsames Kolloquium) II/D 1,5 Std.

1100-1230 h SELBSTERFAHRUNG
- Themenzentrierte Selbsterfahrungsgruppe
I/A 2,0 Std.

1400-1615 h PRAXISORIENTIERTE FORSCHUNG
- Arbeitsgruppe I-III
(Kleingruppenarbeit) IV/F (1) 3,0 Std.

Mittwoch, 14.1.76

0830-0930 h ... ALTENARBEIT/ALTENHILFE
- Supervision/Anleitung: Soziale Gruppenarbeit
(2 Gruppen) III/E (5). 1,0 Std.

0930-1040 h PSYCHOSOZIALE GERONTOLOGIE
- Interaktionsbeziehungen älterer Menschen
(Gemeinsames Kolloquium) II/D 1,5 Std.

1100-1230 h SELBSTERFAHRUNG
- Themenzentrierte Selbsterfahrungsgruppe
I/A 2,0 Std.

1400-1700 h ... ALTENARBEIT/ALTENHILFE
- Supervision/Anleitung: Soziale Einzelhilfe
(2 Gruppen) III/E (4) 4,0 Std.

Donnerstag, 15.1.76

0830-0930 h ... ALTENARBEIT/ALTENHILFE
- Supervision/Anleitung: Soziale Gruppenarbeit
(2 Gruppen) III/E (5) 1,0 Std.

0930-1040 h PRAXISORIENTIERTE FORSCHUNG
- Klientenstruktur-Analyse
(Vorlesung/Plenumsdiskussion) IV/F (2) 1,5 Std.

1100-1230 h SELBSTERFAHRUNG
- Themenzentrierte Selbsterfahrungsgruppe
I/A 2,0 Std.

1400-1615 h ... ALTENARBEIT/ALTENHILFE
- Supervision/Anleitung: Soziale Einzelhilfe
(2 Gruppen) III/E (4) 3,0 Std.

Freitag, 16.1.76

0830-1040 h PSYCHOSOZIALE GERONTOLOGIE
- Interaktionsbeziehungen älterer Menschen
(Gemeinsames Kolloquium) II/D 2,5 Std.

1100-1230 h SELBSTERFAHRUNG
- Themenzentrierte Selbsterfahrungsgruppe
I/A 2,0 Std.

1400-1455 h PRAXISORIENTIERTE FORSCHUNG
- Arbeitsgruppe I-III: Berichterstattung
(Plenumsdiskussion) IV/F (1) 1,0 Std.

1500-1600 h STUDIENGANGSEMINAR I/G
- Evaluation der 6. SW (Plenumsdisk.) 1,0 Std.

(2) Wichtige Ergebnisse der Studiengangseminare

Die 6. SW,in der mit der Supervision zur Gruppenarbeit begonnen und gleichzeitig die Supervision zur Einzelhilfe fortgesetzt wird, bedeutet für die KT eine große Belastung. Die Frage des Auslaufens der Supervision Einzelhilfe drängt sich in den Vordergrund. Man einigt sich auf den Zeitraum bis etwa 7./8. SW.

Die Arbeitsgruppen II und III waren nach Ansicht der Gruppenmitglieder wenig befriedigend verlaufen; es wird der Entschluß gefaßt, die beiden Gruppen zusammenzulegen und thematisch einen Neuansatz zu suchen.

Erneut wird der Wunsch eines noch stärkeren Praxis-Bezugs geäußert; daran anknüpfend wird im Hinblick auf die nächsten Seminarwochen vereinbart, daß in Zukunft die gemeinsamen Kolloquien ähnlich praxisbezogen durchgeführt werden sollen, wie in der 6. SW, in der als berufspraktischer Bezugsrahmen zum Thema "Interaktionsprobleme im Alter" die spezifischen Ansätze von Altenarbeit in der Stadt H. (dem Herkunftsort eines KT) vorgestellt wurden.

Fragen nach den Auswahlkriterien für das KSG werden angesichts des Ausscheidens eines KT gestellt; die Tatsache einer körperlichen Einschränkung (z.B. einer Sehbehinderung) wird allgemein nicht als "Kontraindikation" für die Teilnahme an einem solchen Kontaktstudium gewertet; bedauert wird allerdings, daß der Berufskollege sein Ausscheiden nicht mit den KT besprochen habe.

(3) Stellungnahmen zur Begleitforschung

Aus der bisherigen Rückkopplung (ausgefüllte Fragebögen) seien zu wenig erkennbare Konsequenzen gezogen worden:

Anregungen zur Eigenreflexion werden durch die Fülle des Auswertungsmaterials eher erschwert.

Die Aufsplitterung von Selbsterfahrungsgruppe und Studiengangseminar als Einrichtung zur Konfliktbewältigung sei problematisch und fragwürdig.

Insgesamt sei eigentlich an jedem Studientag eine Prozeßreflexion vonnöten.

5.2.4 Durchführung der 7. Seminarwoche (22.-26. März 1976, Universität Ulm)

(1) <u>Inhalte</u>

Montag, 22.3.76

0830-1040 h KONZEPTE UND GRUNDLAGEN DER SOZIALARBEIT/SOZIALPÄDAGOGIK FÜR DEN BEREICH ALTENARBEIT/ALTENHILFE
- Arbeitsfelder: Zur Soziologie der Institutionen im Bereich der Altenhilfe

(Gemeinsames Kolloquium) II/E (3) 2,5 Std.

1100-1230 h SELBSTERFAHRUNG
- Themenzentrierte Selbsterfahrungsgruppe I/A 2,0 Std.

1400-1530 h ... ALTENARBEIT/ALTENHILFE
- Arbeitsfelder: Zur Soziologie der Institutionen im Bereich der Altenhilfe

(Gemeinsames Kolloquium) III/E (3) 2,0 Std.

1530-1615 h PRAXISORIENTIERTE FORSCHUNG
- Klientenstruktur-Analyse

(Vorlesung/Plenumsdiskussion IV/F (2) 1,0 Std.

Süddeutscher
Rundfunk

Dienstag, 23.3.76

0830-1040 h ... ALTENARBEIT/ALTENHILFE
- Theorie: Soziale Einzelhilfe
(Vorlesung/Plenumsdiskussion) III/E (1) 2,5 Std.

1100-1230 h SELBSTERFAHRUNG
- Themenzentrierte Selbsterfahrungsgruppe I/A 2,0 Std.

1400-1615 h PRAXISORIENTIERTE FORSCHUNG
- Arbeitsgruppen I-II/III
(Kleingruppenarbeit) IV/F (1) 3,0 Std.

Mittwoch, 24.3.76

0830-1040 h ... ALTENARBEIT/ALTENHILFE
- Supervision/Anleitung: Soziale Gruppenarbeit
(2 Gruppen) III/E (5) 2,5 Std.

1100-1230 h SELBSTERFAHRUNG
- Themenzentrierte Selbsterfahrungsgruppe I/A 2,0 Std.

1400-1615 h STUDIENGANGSEMINAR
- Programmplanung und konzeptionelle Weiterentwicklung des KSG
(Vorlesung/Plenumsdiskussion) I/B 3,0 Std.

Donnerstag, 25.3.76

0830-1040 h ... ALTENARBEIT/ALTENHILFE
- Arbeitsfelder: Auswahlkriterien für die Aufnahme älterer Menschen in einem Heim
(Gemeinsames Kolloquium) III/E (3) 2,5 Std.

1100-1230 h ... ALTENARBEIT/ALTENHILFE
- Supervision/Anleitung: Soziale Einzelhilfe
(2 Gruppen) III/E (4) 2,0 Std.

1400-1615 h ... ALTENARBEIT/ALTENHILFE
- Supervision/Anleitung: Soziale Gruppenarbeit
(2 Gruppen) III/E (5) 3,0 Std.

Freitag, 26.3.76

0830-1040 h ... ALTENARBEIT/ALTENHILFE
- Arbeitsfelder: Aufgaben des Sozialarbeiters im Heimbereich
(Gemeinsames Kolloquium) III/E (3) 2,5 Std.

1100-1230 h SELBSTERFAHRUNG
- Themenzentrierte Selbsterfahrungsgruppe I/A 2,0 Std.

1400-1500 h PRAXISORIENTIERTE FORSCHUNG
- Arbeitsgruppen: Fortsetzung der Arbeit
(Kleingruppenarbeit) IV/F (1) 1,0 Std.

1500-1600 h STUDIENGANGSEMINAR
- Evaluation der 7. SW
(Plenumsdiskussion) I/G 1,0 Std.

(2) Wichtige Ergebnisse der Studiengangseminare

Vorlesungen seien in der 7. SW zu kurz gekommen; wissensvermittelnde Vorlesungen sollten allerdings vermehrt in Form von Arbeits- oder Thesenpapieren zur Verfügung gestellt werden.

Die Kleingruppenarbeit wird von einem KT als starke Belastung empfunden, da teilw. Probleme aus der Selbsterfahrungsgruppe dort hereingenommen würden.

Vorläufig abgeschlossen ist von den bisher erarbeiteten Themen die Einführung in das Lebenszykluskonzept; die Analyse der Situation der älteren/alten Menschen wird allerdings weiterhin unter besonderer Berücksichtigung sozialwissenschaftlicher Kenntnisse fortgesetzt.

Es wird bemängelt, daß bei der Vorbereitung der bisher durchgeführten SW häufig Arbeits- und Informationspapiere (einschl. Stundenplan) nicht rechtzeitig verschickt wurden, und daß dadurch die Mitbeteiligung der KT bei der Programmgestaltung eingeengt wurde.

Um eine intensivere Mitbeteiligung der KT bei den verbleibenden SW zu erreichen, wird die Erstellung einer "Themen-Wunsch-Liste" vorgeschlagen.

Als Themenbereiche, die bis zur 7. SW zu kurz gekommen sind, werden benannt:

- Vorbereitung auf das Alter und Bildung im Alter
- Krankheitsbilder, mit denen es Sozialarbeiter in der Altenarbeit/Altenhilfe zu tun haben (Diagnose/Therapieansätze/Abgrenzung zum Arzt bzw. Therapeuten)
- Thema "Tod und Sterben" einschl. Religion im Alter (die Einbeziehung eines Theologen wird zu dieser Thematik gewünscht)
- Personalfragen; Umgang und Konflikte mit Mitarbeitern; Ansätze zur Gemeinwesenarbeit.

Für Berlin (8.SW) soll im Stundenplan ausreichend Freiraum vorgesehen werden für die KSG-Weiterplanung.

Für Hannover (9.SW) ist beabsichtigt, im Rahmen des Themenschwerpunktes Erwachsenenbildung/Gerontagogik die didaktischen Möglichkeiten des Rollenspiels mit einzubeziehen.

(3) Stellungnahmen zur Begleitforschung

In der 6. und 7. SW wurden erneut Auswertungsergebnisse aus der Begleitforschung vorgestellt. Im Gegensatz zur relativ kurzen Aussprache in der 4. SW, die sich weitgehend auf die vorgegebenen Aussagekategorien der Fragebögen erstreckte, erfolgt jetzt eine umfassende Diskussion grundsätzlicher Art:

Der Einsatz der Fragebögen hätte zuerst gemeinsam diskutiert werden müssen.

Viele Vorschläge der KT würden unter den Tisch fallen; andererseits sei zu fragen, inwieweit der Fragebogen eigentlich ernst genommen werde.

Es werden Zweifel über den Sinn der Fragebögen geäußert.

Die Diskussion zur Konzeption der Begleitforschung wird von einigen KT dahingehend kommentiert, daß ihnen die z.T. sehr massive Kritik am KSG nicht gefallen habe. Dies gelte auch für einige Äußerungen, in denen ein gewisses "Konkurrenzdenken" unter den KT zum Ausdruck gekommen sei.

Aufgrund der Einwendungen und Bedenken zur bisherigen Konzeption der Begleitforschung wird für den weiteren Verlauf des KSG der Schwerpunkt mehr auf Protokollführung als auf inhaltsanalytische Auswertung der Fragebögen gelegt. So erstellt das BFT über den Verlauf der Studiengangseminare der 7. SW ein ausführliches Protokoll. Zusammen mit anderen Arbeitsunterlagen werden diese Protokolle ein wichtiger Bestandteil für die gemeinsame Programmgestaltung der restlichen SW.

5.2.5 Studieninhalte - Gesamtüberblick (Entscheidungsraum "Realisation")

Auf der Grundlage der bis zum Beginn des KSG entwickelten Konzeption für das KSG und der im Verlauf der ersten drei SW gemeinsam erarbeiteten Inhaltsbestimmung konnte in der 4. SW die Phase der Realisation i.S. einer detaillierten Programmgestaltung beginnen. Hilfreich für die gemeinsame Ziel- und Programmentwicklung in dieser Projektphase waren u.a.:

- Hinweise zur Methodik systematisch-wissenschaftlichen Arbeitens, 3. SW (Inhalt; allgemeine Grundlagen/Selbststudium/Arbeiten in Gruppen; 45 Seiten)
- die Auswertung des Studiengangseminar-Fragebogens aus den ersten drei SW (4.SW: Arbeitspapier)
- die Darstellung der konzeptionellen Entwicklung des KSG (4.SW, Informations- und Diskussionspapier, Inhalt: die organisatorische Konzeption/der curriculare Entwicklungsprozeß / Glossar über Fachausdrücke, die für die Curriculumentwicklung von Bedeutung sind; 11 Seiten)
- die Hinweise über die Theorie und Praxis der themenzentrierten interaktionellen Methode nach Ruth COHN (5.SW, Arbeitshilfe für die Arbeitsgruppen ...)
- die Auswertung der Beurteilungsbögen zur Einführungsphase (6.SW, Arbeitspapier)
- die Auswertung der St.Frageb. zu der 4. und 5. SW (6.SW, Arbeitspapier)
- die Dokumentation über den Verlauf des KSG bis zur 7. SW (7.SW, Arbeitspapier) und
- die überarbeiteten Bewertungskriterien zur Beurteilung des Phasenablaufes des KSG (7.SW, Beurteilungsbogen zur Phase II, 4.-7. SW).

Die inhaltlichen Studien- und Arbeits-Schwerpunkte in diesen 4 SW werden in der folgenden Übersicht deutlich.

Tabelle 5: Studien- und Arbeitsprogramm der Phase II / 4. - 7. SW (Unterrichtsstd. zu den curricularen Strukturelementen des KSG)

Curricul. Strukturelem. \ SW	4. SW	5. SW	6. SW	7. SW	Σ
Strukturbereich I: Selbsterfahrung, Studiengangplanung und Begleitforschung					
I/A	4	8	10	8	30
I/B	2	2,5	1	3	8,5
I/G	1	1	1	1	4
I/H	-	-	-	-	0
Strukturbereich II: Psychosoziale Gerontologie					
II/C	-	-	-	-	0
II/D	7	7,5	8	-	22,5
Strukturbereich III: Konzepte und Grundlagen der SA/SP für den Bereich Altenarbeit/Altenhilfe					
III/E(1)	-	-	-	2,5	2,5
III/E(2)	3,5	-	-	-	3,5
III/E(3)	4	2	-	9,5	15,5
III/E(4)	9	9	10	2	30
III/E(5)	-	2,5	2	5,5	10
Strukturbereich IV: Praxisorientierte Forschung					
IV/F(1)	4	4	4	4	16
IV/F(2)	2	-	1,5	1	4,5
Zusammen:	36,5	36,5	37,5	36,5	147,0

In der Phase der Realisation dominieren mit einem Anteil von 30 Unterrichtsstunden die Studien- und Arbeitsschwerpunkte Supervision/Anleitung: Soziale Einzelhilfe (III/E(4)) und der Bereich Selbsterfahrung (I/A). Es folgt die Aufarbeitung von Problem- und Themenbereichen aus der Psychosozialen Gerontologie (II/D = 22,5 Std.) und die Auseinandersetzung mit theoretischen und berufspraktischen Fragen in verschiedenen Arbeitsfeldern der Altenarbeit/Altenhilfe (III/E(3) = 15,5 Std.).
Zusammenfassend wurden folgende inhaltliche Themenschwerpunkte erarbeitet:

Psychosoziale Gerontologie: Problem- und Themenbereiche

- Berentung/Pensionierung (4.SW)	4,5 Std.
- Der psychisch kranke ältere Mensch (4.SW)	2,5 Std.
- Abweichendes Verhalten im Alter (5.SW)	7,5 Std.
- Interaktionsbeziehungen älterer Menschen (6.SW)	8,0 Std.
zusammen:	22,5 Std.

Altenarbeit/Altenhilfe: Arbeitsfelder

- Stationäre und halbstat. Einrichtungen (4.SW)	2,5 Std.
- "Assessment" einschl. Epidemiologie psych. Krankheiten (4.SW) und Psychiatrie-Enquète (5.SW)	3,5 Std.
- Zur Soziologie der Institutionen im Bereich der Altenhilfe (7.SW)	4,5 Std.
- Auswahlkriterien für die Aufnahme älterer Menschen in einem Heim (7.SW)	2,5 Std.
- Aufgaben des Sozialarbeiters im Heimbereich (7.SW)	2,5 Std.
zusammen:	15,5 Std.

Erwähnenswert ist noch der Anteil der praxisorientierten Forschung (Arbeitsgruppen I-III: 16 Stunden / Klientenstruktur-Analyse:4,5 Std.) sowie der Ziel- und Programmentwicklung für das KSG im Rahmen der Studiengangseminare (8,5 Std.).

5.2.6 Einschätzung und Bewertung der Lern- und Arbeitsprozesse (Auswertung der St.-Frageb.)

Teil II: Inhaltsanalyse

Nach dem in 4.2.4 und 5.1.3 beschriebenen Auswertungsverfahren für die St.-Frageb. erhält man zu der Phase II des KSG folgende Ergebnisse.

Tabelle 6: Relative Häufigkeit der KT-Aussagen zu den Untersuchungseinheiten der drei Innovationsebenen in dem St.-Frageb. der 4.-7. SW

a) Positive Äußerungen einschl. der positiven Äußerungen mit Vorbehalt (KT-Aussagen der Kategorie A u. B)

b) Negative Äußerungen einschl. der Häufigkeit des Fehlens v. Äußerungen (KT-Aussagen d.Kat.C u. D)

Untersuch. Einheiten \ SW	4.SW	5.SW	6.SW	7.SW		4.SW	5.SW	6.SW	7.SW
Verfahrensebene									
V	6,4	3,1	3,3	5,0		3,6	6,9	6,6	5,0
PD	5,7	2,3	3,3	5,0		4,3	7,7	6,7	5,0
KA	5,8	5,4	4,4	4,0		4,2	4,6	5,6	6,0
GK	7,2	6,2	3,3	5,0		2,8	3,8	6,7	5,0.
S	3,8	1,0	1,9	2,0		6,2	8,8	8,2	8,0
SG	6,5	6,1	6,7	5,0		3,6	3,9	3,3	5,0
E	-	-	-	-		-	-	-	-
Inhalts- und Angebotsebene									
(1)	4,3	3,0	1,1	1,0		5,7	7,0	8,9	9,0
(2)	5,7	6,2	3,3	6,0		4,2	3,8	6,7	4,0
(3.1)	3,6	2,3	-	8,0		6,4	7,7	-	2,0
(3.2)	6,5	2,3	-	4,0		3,5	7,7	-	6,0
(4)	5,7	3,1	2,2	5,0		4,3	6,9	7,8	5,0
(5.1)	9,3	6,2	4,4	5,0		0,7	3,8	5,5	5,0
(5.2)	-	4,7	3,3	6,0		-	5,4	6,7	4,0
(6.1)	4,2	-	-	-		5,7	-	-	-
(6.2)	10,0	8,0	10,0	10,0		0,0	2,0	0,0	0,0
(6.3)	8,0	6,0)	4,0	0,0		2,0	4,0)	6,0	10,0
(6.4)	2,5	6,6)				7,5	3,3)		
(6.5)	5,7	6,2	3,3	6,0	vgl.(2)	4,2	3,8	6,7	4,0
(7)	7,1	1,5	4,4	7,0		2,9	8,5	5,5	3,0
"Atmosphärisches Klima"									
I	7,1	5,4	6,7	5,0		2,9	4,6	3,3	5,0
II	7,2	7,7	5,6	5,0		2,8	2,3	4,4	5,0
III	5,7	5,4	2,2	5,0		4,3	4,6	7,7	5,0
IV	4,3	2,3	4,4	3,0		5,7	7,7	5,6	7,0
V	-	-	-	7,0x)		-	-	-	3,0x)
	7	3	3	4	(17)	1	9	10	4(24)

x) = Einschätzung der bisherigen Auswertungsverfahren (Studiengangseminar-Fragebögen und Beurteilungsbögen zum Phasenablauf)

Zu Tabelle 6a:

In der Phase der Realisation verschiebt sich der innovatorische Anteil deutlich auf die Inhalts- und Angebotsebene. Auf der Verfahrensebene liegen die positiven KSG-Teilnehmer-Aussagen (KTA) lediglich bei dem gemeinsamen Kolloquium (GK) in der 4. SW (7,2 v. 10 KTA) und bei der Selbsterfahrungsgruppe (SG) in der 6. SW (6,7 v. 10 KTA) über der 2/3-Mehrheitsgrenze.

In inhaltlich/thematischer Hinsicht wird die Arbeit in der Arbeitsgruppe I (Erst- und Kurzkontakte (6.2)) als besonders erfolgreich bewertet, wie aus dem überaus hohen Anteil an Positiv-Aussagen in allen vier SW (4. SW = 10,0 v. 10 KTA / 5. SW = 8,0 v. 10 KTA / 6. und 7. SW = 10,0 v. 10 KTA) zu ersehen ist. An zweiter Stelle steht das Studiengangseminar (7), das in der 4. SW mit 7,1 von 10 KTA und in der 7. SW mit 7,0 von 10 KTA besonders positiv eingeschätzt wird. Die Arbeitsgruppe II mit dem Thema "Gruppenarbeit" (6.3) lief in der 4. SW offenbar recht gut (8,0 v. 10 KTA), während die Arbeit in der AG III "Personal- und Ausbildungsfragen" (6.4) mit 6,6 von 10 KTA in der 5. SW positiv bewertet wird.

Das "Atmophärische Klima" ist in der 4. SW besonders positiv aufgrund der nunmehr zufriedenstellenden Unterkunfts- und Verpflegungssituation (I = 6,1 v. 10 KTA) und der guten Kontakte unter den KT (II = 7,2 v. 10 KTA). Das gute Verhältnis unter den KT ist auch in der 5. SW hervorzuheben (II = 7,7 von 10 KTA), während in der 6. SW die Unterkunfts- und Verpflegungssituation wieder mehr in den Vordergrund tritt (I = 6,7 v. 10 KTA).

Ergänzend zu den standardisierten Fragebogen-Items wird in der zeitlichen Mitte des KSG

(7. SW) die Frage nach der "Einschätzung der bisherigen Auswertungsverfahren (V) gestellt. Trotz der deutlichen Belastung durch die Begleitforschung fällt die bemerkenswert positive Beurteilung auf (V = 7,0 v. 10 KTA).

Zu Tabelle 6 b:

Aus dieser Tabelle ist zu entnehmen, in welchen Bereichen im Verlauf der Phase II des KSG Schwierigkeiten bzw. unbefriedigende Tendenzen deutlich werden.

In der 4. SW werden lediglich die Arbeitsansätze in der AG III: Personal- und Ausbildungsfragen überwiegend negativ bewertet (6.4 = 7,5 v. 10 KTA). Demgegenüber wird die 5. und 6. SW in einer ganzen Reihe von Punkten negativ i.S. der Zusammenfassung der Daten zu den Aussage-Kategorien C und D (s.5.1.3) eingestuft.

Untersuchungs-einheit	5. SW X(10KTA)	6. SW X(10KTA)
Selbststudium (S)	8,8	8,2
Studiengangseminar (7)	8,5	
Plenumsdiskussion (PD)	7,7	6,7
Theorie: Einzelhilfe (3.1)	7,7	
Theorie: Gruppenarbeit (3.2)	7,7	
Kontakt z. Seminarleitung und den Dozenten (III)	7,7	7,7
Medizin/Psychiatrie/Psychologie (1)	7,0	8,9
Vorlesung (V)	6,9	6,6
Arbeitsfelder (4)	6,9	7,8
Gemeinsames Kolloquium (GK)		6,7
Sozialwissenschaften/Soziologie (2)		6,7
Supervision Gruppenarbeit (5.2)		6,7
Klientenstrukturanalyse (6.5)		6,7

In der 7. SW ist die Zusammengelegte Kleingruppenarbeit der AG II und III an einem Tiefpunkt angelangt. Das spiegelt sich auch in den abgegebenen Fragebögen wider, in denen sich nur negative Aussagen zu dieser ab der 6. SW neu eingeführten Arbeitsform finden (6.3 und 6.4 = 10,0 v. 10 KTA). Gleichfalls sehr unbefriedigend ist für die KT in dieser Seminarwoche das Themenangebot aus dem Bereich Medizin/Psychiatrie/Psychologie ((1) = 9,0 v. 10 KTA), sowie die unzureichend gegebene Möglichkeit zum Selbststudium (S = 8,0 v. 10 KTA). Als ein Indiz für eine konflikt- und problemlösende Aussprache im Verlauf der 7. SW kann die Tatsache gewertet werden, daß in den Studiengangseminar-Fragebögen zur Frage "Welche Problembereiche müssen noch aufgearbeitet werden?" kaum mehr Hinweise erfolgen (IV = 7,0 von 10 KTA).

Teil II: Verlaufsanalyse

Die in 4.3.4 beschriebene und für die ersten drei SW zur Darstellung gebrachte Verlaufsanalyse (s.5.1.3) wird nachfolgend bis zur 7. SW fortgeführt. Es handelt sich also auch hier um die Bewertung der einzelnen SW durch die KT (KTB-Werte) mit Hilfe der sechs ausgewählten Eigenschaftsgegensatzpaare.

Darstellung 4:

Relative Häufigkeit der Bewertungseinstufungen bei den 6 ausgewählten Eigenschaftsgegensatzpaaren - St.-Frageb. 4.-7. SW
(SW = Seminarwoche, KTB = KSG-Teilnehmer-Bewertung,
gestrichelte Linienführung = Verlauf der neutralen Bewertungseinstufungen)

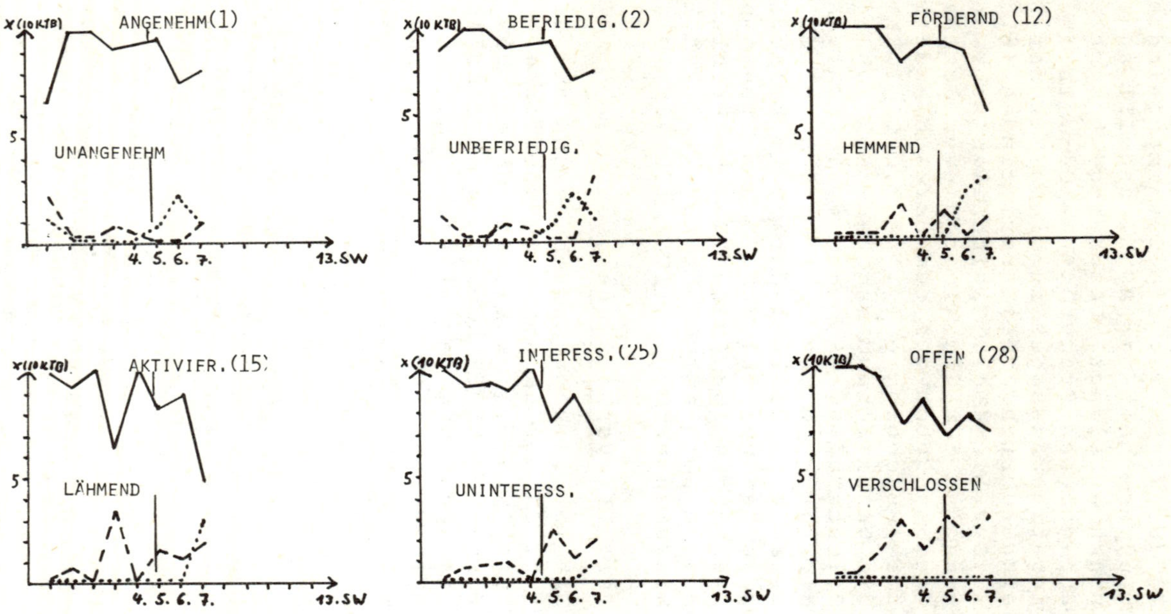

Die 4. SW wird in den sechs ausgewählten Bewertungsdimensionen deutlich positiver eingeschätzt als die 3. SW im Juni vor den Sommerferien. In allen abgegebenen Fragebögen wird die 4. SW als ausschließlich "fördernd" (12),"interessant" (25) und "aktivierend" (15) gekennzeichnet - jeweils: 10,0 von 10 KTB.

Das überaus positive Bewertungsniveau zur 4. SW kann in der 5. SW nur noch bezügl. der Bewertungs-Kategorien "angenehm"((1) = 9,3 v. 10 KTB) und "befriedigend" ((2) = 9,2 v. 10 KTB) gehalten werden. In allen anderen Bereichen steigt der Anteil der Neutralitätswerte um einige Punkte an.

Die 6. SW wird unterschiedlich beurteilt. Einerseits ist sie offensichtlich wieder "interessanter" (25) und "offener" (28) als die 5. SW, andererseits aber wird sie doch nicht mehr als so "angenehm" (1), "fördernd" (12) und "aktivierend" (15) eingeschätzt. Annähernd konstant bleibt das Bewertungsausmaß "befriedigend" (2).

In der 7. SW ist mit Ausnahme der Bewertungskategorie "angenehm" (1) ein Abfallen der Positivbewertungen zu registrieren; d.h. die Neutralitätswerte und z.T. auch die Negativwerte steigen an. Bei drei Bewertungsdimensionen sinkt dadurch der Positiv-Anteil unter den 6,6 KTB-Wert:

Bewertungs-dimension (Positiv-Anteil	4. SW X(10KTB)	5. SW X(10KTB)	6. SW X(10KTB)	7. SW X(10KTB)
angenehm (1)	9,2	9,3	7,8	8,0
offen (28)	8,5	6,9	7,7	7,0
interessant (25)	10,0	7,7	8,8	7,0
befriedigend (2)	9,2	9,2	8,9	6,0
fördernd (12)	10,0	8,4	7,7	6,0
aktivierend (15)	10,0	8,4	7,7	5,0

Zusammenfassend kann gesagt werden, daß die KT trotz des Rückgangs der Positiv-Bewertungen die Realisationsphase doch überwiegend positiv bewerten. Bezügl. der Bewertungsdimension "offen-verschlossen" kann im Vergleich zu den 5 anderen ausgewählten Eigenschaftsgegensatzpaaren in jeder SW eine zunehmende Rangplatzverschiebung nach oben festgestellt werden, was den relativen Anteil der Positiv-Bewertung angeht.

5.3 Phase III - Mediale Vermittlung (8.-10. SW / Juni - November 1976)

Bei den Exkursions-Seminarwochen in Berlin, Hannover und Kassel stand die Absicht im Vordergrund, neuere Arbeits- und Modellansätze im Bereich der Altenarbeit/Altenhilfe kennenzulernen und diese Kenntnisse und Erfahrungen im Hinblick auf die Ziele des KSG nutzbar zu machen. Die bisherigen KSG-Dozenten traten dabei etwas in den Hintergrund. Besichtigungen, Exkursionen, Gespräche mit anderen Berufsgruppen und mit Älteren selbst - derartige Studien- und Arbeitsformen wurden i.S. einer medialen Vermittlung (s.4.3.5) verstärkt in dieser Studienphase eingeplant.

Der Erfolg einer solchermaßen praxisbezogenen, aber andererseits weitgehend projektunabhängigen Kenntnis- und Erfahrungsvermittlung war entscheidend davon abhängig, wie gründlich die einzelnen Programmpunkte mit den Einrichtungsträgern bzw. Gast-Referenten/Dozenten vorbereitet wurden. Eine in diesem Sinne sorgfältige Vorplanung war bis zur 9. SW - mit einigen Anfangsschwierigkeiten in der 8. SW - weitgehend gewährleistet. Die Vorbereitung zur 10. SW hingegen war durch den Kräfteverschleiß im Zuge der arbeitsrechtlichen Auseinandersetzung mit der Universität Ulm (s.4.1.4) sehr stark beeinträchtigt, was sich dann auch auf die Durchführung der SW entsprechend auswirkte.

5.3.1 Durchführung der 8. Seminarwoche (14.-20. Juni 1976, Berlin)

(1) Inhalte

Montag, 14.6.76

0830-0900 h STUDIENGANGSEMINAR
- Durchführung der Berlin-Exkursion
(Plenumsdiskussion) I/B 2,0 Std.

0900-1030 h KONZEPTE UND GRUNDLAGEN DER SOZIALARBEIT/SOZIALPÄDAGOGIK FÜR DEN BEREICH ALTENARBEIT/ALTENHILFE
- Arbeitsfelder: Der Berliner Seniorenplan, Möglichkeiten der Realisierung und Umsetzung bei einzelnen Trägern
  Referent: Senatsdirektor W. Müller, Senatsverwaltung für Arbeit und Soziales, Berlin

Vorlesung/Plenumsdiskussion) III/E (3) 2,0 Std.

1100-1230 h ... ALTENARBEIT/ALTENHILFE
- Arbeitsfelder: Bauliche Grundkonzeption von Seniorenwohnungen, Senioren-Wohnhausern und Seniorenheimen
  Referenten: Sieber und Schibilksi von o.g. Verwaltungsstelle und der Senatsverwaltung für Bau- und Wohnungswesen

(Vorlesung/Plenumsdiskussion) III/E (3)2,0 Std.

1330-1500 h ... ALTENARBEIT/ALTENHILFE
- Arbeitsfelder: Auswirkungen des Heimgesetzes
  Referent: Walter von o.g. Verwaltungsstelle, Berlin

(Vorlesung/Plenumsdiskussion) III/E (3)2,0 Std.

1515-1630 h ... ALTENARBEIT/ALTENHILFE
- Arbeitsfelder: Aus- und Fortbildung von Mitarbeitern im Bereich des Sozialwesens
  Referent: Frau Pina von v.g. Verwaltungsstelle, Berlin
(Vorlesung/Plenumsdiskussion) III/E (3)1,5 Std.

Dienstag, 15.6.76

0830-1000 h ... ALTENARBEIT/ALTENHILFE
- Arbeitsfelder: Aufgabe, Funktion und Arbeitsweise der Gerontopsychiatrischen Abteilung an der Psychiatrischen Klinik der FU Berlin
  Referenten: Prof. Kanowski, Frau Boche (KT), FU Berlin
(Exkursion/Besichtigung) III/E (3) 2,0 Std.

1015-1230 h PSYCHOSOZIALE GERONTOLOGIE
- Psychopathologie im Alter
  Referent: Prof. Kanowski, FU Berlin
(Vorlesung/Plenumsdiskussion) II/D 2,5 Std.

1415-1600 ... ALTENARBEIT/ALTENHILFE
- Arbeitsfelder: Umfang, Möglichkeiten und Schwierigkeiten der Altenarbeit/Altenhilfe auf bezirklicher Ebene
  Referent: Kundt (KT)
(Vorlesung/Plenumsdiskussion) III/E (3)3,5 Std.

2000-.... h ALTENARBEIT/ALTENHILFE
- Arbeitsfelder: Fortsetzung vom Nachmittag/Dampferfahrt mit Berliner Senioren
(Exkursion/Senioren-veranstaltung) III/E (3) 2,0 Std.

Mittwoch, 16.6.76

0830-1015 h ... ALTENARBEIT/ALTENHILFE
- Arbeitsfelder: Der Berliner Seniorenplan und seine Realisierung auf Stadt- und Bezirksebene

Referent: Kundt (KT)
(Vorlesung/Plenumsdiskussion) III/E (3) 2,5 Std.

1030-1230 h ... ALTENARBEIT/ALTENHILFE
- Supervision/Anleitung:
  Soziale Gruppenarbeit
(2 Gruppen) III/E (5) 2,0 Std.

1400-1630 h ... ALTENARBEIT/ALTENHILFE
- Supervision/Anleitung: Soziale
  Gruppenarbeit
(2 Gruppen) III/E (5) 3,0 Std.

Donnerstag, 17.6.76

0830-1000 h STUDIENGANGSEMINAR
- Evaluation der 8. SW I/G 1,0 Std.
- Programmplanung für den weiteren
  Verlauf des KSG I/B 1,0 Std.
(Plenumsdiskussion)

nachmittags/abends:
Besichtigungsfahrt nach Ost-Berlin
(für Interessenten)
Gartenfest bei einem KT

Freitag, 18.6.76 - Sonntag, 20.6.76

Teilnahme am Kongreß der Deutschen
Gesellschaft für Gerontologie -
Vorträge über:
- Ökologie des Alterns (Freitag, 18.6.)
- Psychologisch-soziologische
  Forschungsergebnisse (Samstag, 19.6.)
- Probleme des Suicids im Alter
  (Samstag, 19.6.)
- Erkrankungen im Alter (Samstag, 19.6.)
- Experimentelle Gerontologie (Samstag, 19.6.)
- Didaktische Probleme bei der praktischen
  gerontologischen Fortbildung (Samstag, 19.6.)
- Methoden und Grenzen der aktivierenden Hilfe
  (Sonntag, 20.6.)
  II/D 8,0 Std.

(2) Wichtige Ergebnisse des Studiengangseminars vom Donnerstag, 17.6.76

Die Berliner SW wird vielfach als informativ und sehr praxisorientiert bezeichnet; es sollten deshalb noch mehr Einrichtungen (z.B. auch ein Hospital) besichtigt werden - wichtig wären dabei vor allem Gespräche mit den Mitarbeitern evtl. auch mit Architekten bzw. Vertretern des Bauamtes.

Anknüpfend an den Hinweis, daß die Exkursionen auf der anderen Seite aber auch viel Unruhe mit sich gebracht hätten, wird von einem KT in Frage gestellt, ob die Exkursionen wirklich so wertvoll gewesen seien; es werden Vor- und Nachteile des Blockunterrichts diskutiert - Themenblöcke mit einem Umfang von ca. 2 Tagen (z.B. das Thema "Wohnen im Alter", womit wohl jeder konfrontiert sei) werden als sinnvoll eingeschätzt.

Soziologisch/sozialwissenschaftliche Themenbereiche seien bisher zu kurz gekommen, auch Bildungsarbeit mit älteren/alten und gesunden Leuten wird von einigen KT vermißt; in diesem Zusammenhang wird die Wiederaufnahme und Fortsetzung des gemeinsamen Kolloquiums gewünscht.

Das Gespräch mit Politikern über Altenpolitik am Montag wird z.T. als schwierig eingestuft, da diese doch nur nach ihrem jeweiligen politischen Konzept argumentierten.

Die Veranstaltungen zum Thema "Heimaufsicht" und zur Frage der "baulichen Grundkonzeption von Seniorenwohnungen ..." werden streckenweise als zu theoretisch gekennzeichnet;
Interesse an der Besichtigung von Heimen, die möglicherweise noch im Rohbau stehen,und Diskussionen mit Architekten über den weiteren Ausbau wären wahrscheinlich ergiebiger gewesen.

Die Vorbereitung zum Klinikbesuch und die Diskussion in der Gerontopsychiatrischen Abteilung der Uni-Klinik seien ausgezeichnet gewesen; besonders hilfreich: die Video-Aufzeichnungen über verschiedene Krankheitsbilder.

Bezüglich der Supervision/Anleitung zur sozialen Gruppenarbeit wird bedauert, daß einige KT keine Protokolle mehr machten; die zeitweilige Überlastung durch die Erwartungen von seiten des KSG wird dabei deutlich; Möglichkeiten einer gewissen Erleichterung werden erörtert: nicht so viele Berichtseiten anfertigen.

Über den Stellenwert des Berichte-Schreibens werden u.a. folgende Stellungnahmen abgegeben:

> "Schon beim Schreiben merkte ich selbst einige Fehler."
> "Durch das Verfassen der Berichte muß man einerseits einiges preisgeben, andererseits bietet man dadurch den anderen KT Lernmöglichkeiten an."
> "Wenn ich keinen Bericht schreibe, verliere ich auch an Lernchancen."
> "Jeder Gruppenbericht ist interessant, ich lerne viel auch von den anderen."

Der PL verweist in diesem Zusammenhang darauf, daß sich bei einzelnen KT im Verlauf des KSG spezifische Arbeitsschwerpunkte herauskristallisiert hätten, die durch die bisherigen Studienangebote nicht genügend abgedeckt worden seien; es wird eine Themenvorschlagsliste ausgegeben, die von den KT gewichtet bzw. ergänzt werden soll - Auswertung bis zur 9. SW.

Die Arbeit in der zusammengelegten Arbeitsgruppe II/III zeigt starke Lähmungserscheinungen; ein brauchbarer Neuansatz für die Arbeit in dieser Gruppe wird nicht gefunden.

(3) Programmplanung für die weiteren Seminarwochen

Vom PL werden für die 9. SW folgende Planungsziele zur Diskussion gestellt:

- Kennenlernen von Rehabilitationsmöglichkeiten einer geriatrischen Klinik
- Zusammenarbeit verschiedener Berufsgruppen in einem Team
- Umgang mit Sterbenden
- Fortbildung von Mitarbeitern
- evtl. Kontakt zum Seniorenrat der Stadt Hannover aufnehmen.

Für die weiteren SW wird von den KT vor allem die Fortsetzung der Klientenstruktur-Analyse gewünscht und die Aufnahme von Themen aus dem Bereich der Erwachsenenbildung mit älteren/alten Menschen (Altenbildung).

Es werden die restlichen Termine bis zur 13. SW im März/April 1977 festgelegt.

5.3.2 Durchführung der 9. Seminarwoche (20.-24. September 1976, Klinik für medizinische Rehabilitation u. Geriatrie in Hannover)

(1) Inhalte

Montag, 20.9.76

0830-0900 h STUDIENGANGSEMINAR
- Programmplanung für die Hannover-Exkursion (Plenumsdiskussion) I/B 0,5 Std.

0900-1230 h KONZEPTE UND GRUNDLAGEN DER SOZIALARBEIT/SOZIALPÄDAGOGIK FÜR DEN BEREICH ALTENARBEIT/ALTENHILFE

- Arbeitsfelder: Probleme der Weiterbildung
  ehrenamtlicher Mitarbeiter
  Referent: Prof. Breloer

(Vorlesung/Plenumsdiskussion/
Kleingruppenarbeit) III/E (3) 4,0 Std.

1400-1530 h ... ALTENARBEIT/ALTENHILFE
- Arbeitsfelder: Fortsetzung
  vom Vormittag

(Vorlesung/Plenumsdiskussion) III/E (3) 2,0 Std.

1545-1630 h ... ALTENARBEIT/ALTENHILFE
- Supervision/Anleitung: Soziale
  Gruppenarbeit

(Gesamtgruppe) III/E (5) 1,0 Std.

Dienstag, 21.9.76

0830-1230 ... ALTENARBEIT/ALTENHILFE
- Arbeitsfelder: Lebensproblematik als
  Organisationsprinzip der Weiterbildung
  älterer Erwachsener (Altenbildung)
  Referent: Prof. Breloer, Münster 4,5 Std.

(Vorlesung/Kleingruppenarbeit) III/E (3)

1400-1630 h ... ALTENARBEIT/ALTENHILFE
- Arbeitsfelder: Fortsetzung
  vom Vormittag

(Plenumsdiskussion) III/E (3) 3,0 Std.

Mittwoch, 22.9.76

0830-1000 h PRAXISORIENTIERTE FORSCHUNG
- Arbeitsgruppen I und II/III

(Kleingruppenarbeit) IV/F (1) 2,0 Std.

1000-1130 h STUDIENGANGSEMINAR
- Stellen- und Finanzsituation des KSG
- Programmentwicklung bis zur 13. SW

(Plenumsdiskussion) I/B 2,0 Std.

1130-1300 h PSYCHOSOZIALE GERONTOLOGIE
- Grenzen und Möglichkeiten der
  Rehabilitation im Alter
  Referent: Chefarzt Dr. Rustemeyer, Hannover
(Vorlesung) II/D 2,0 Std.

14.30-1630 h PSYCHOSOZIALE GERONTOLOGIE
- ... Rehabilitation im Alter
  (Fortsetzung vom Vormittag)
(Vorlesung/Plenumsdiskussion) II/D 2,5 Std.

1800-1930 h ... ALTENARBEIT/ALTENHILFE
- Arbeitsfelder: Umgang mit chronisch
  kranken alten Menschen außerh. der Klinik
  Gesprächsteiln.: Ärzte (Internist,
  Psychiater, Psychotherapeut),
  Krankenschwestern, eine Ergotherapeutin,
  eine Klinik-Sozialarbeiterin,
  ein Vertreter vom kommunalen Sozialamt
  Hannover
(Gemeinsames Kolloquium) III/E (3) 2,0 Std.

1930-2030 h STUDIENGANGSEMINAR
- Stellen- und Finanzsituation des KSG
- Programmentwicklung bis zur 13. SW
(Plenumsdiskussion) I/B 1,0 Std.

Donnerstag, 23.9.76 und
Freitag, 24.9.76 vormittags

0830-0930 h PSYCHOSOZIALE GERONTOLOGIE
- Teilnahme an der Visite
(Gruppe A) II/D ↑ 1,0 Std.

0930-1030 h ... ALTENARBEIT/ALTENHILFE
- Arbeitsfelder: Besichtigung der ↓ im Wechsel
  Rehabilitationseinrichtungen (s.Freitag)
(Gruppe B) III/E (3) 1,0 Std.

Donnerstag, 23.9.76

1030-1230 h PSYCHOSOZIALE GERONTOLOGIE
- Teilnahme an der Klinikkonferenz
(Hospitieren - alle KT) II/D 2,5 Std.

1400-1630 h PSYCHOSOZIALE GERONTOLOGIE
- Sterben/Tod im Alter
  Referenten: Dr. Rustemeyer, Pastor Helbig, Prof. Radebold
(Gemeinsames Kolloquium) II/D 3,5 Std.

Freitag, 24.9.76

0830-1030 h s. Donnerstag (gleiches Programm)

1030-1200 h ... ALTENARBEIT/ALTENHILFE
- Supervision/Anleitung: Soziale Gruppenarbeit
(Gesamtgruppe) III/E (5) 2,0 Std.

1330-1430 h PRAXISORIENTIERTE FORSCHUNG
- Arbeitsgruppen I und II/III
(Kleingruppenarbeit) IV/F (1) 1,0 Std.

1430-1530 h STUDIENGANGSEMINAR
- Evaluation der 9. SW
(Plenumsdiskussion) I/G 1,0 Std.

(2) <u>Wichtige Ergebnisse der Studiengangseminare</u>

Die 9. SW wird von allen KT als außerordentlich angenehm und erfolgreich eingeschätzt; im einzelnen werden diesbezügl. folgende Stellungnahmen abgegeben:

> "Besonders angenehm war, daß wir gemeinsam untergebracht waren, Übernachtung und Seminare in einem Haus."
> "Die Woche hat mir optimal gut gefallen."
> "Vom Verlauf dieser Woche war ich sehr angetan, außer einem Punkt - die Zeiteinteilung. Vereinbarungen, die wir untereinander getroffen hatten, wurden nicht eingehalten" (von anderen KT wird dem entgegnet, daß man im Hause nicht auf festgelegte Zeiten angewiesen war, und daß Pannen bezüglich der Zeiteinteilung meist an den KT selber gelegen haben).

Von den einzelnen Programmpunkten der 9. SW wird vor allem das Kennenlernen des Klinikbetriebes angesprochen; sehr positiv wird auch die Bearbeitung der Themen aus dem Bereich der Erwachsenenbildung (Gerontagogik) gewertet - hier sei eine Fortsetzung unbedingt notwendig.

Stellungnahmen zum Kennenlernen des Klinikbetriebs:

"Das Eintauchen in diese Thematik gab mir sehr viel."
"Die Vermischung von Theorie und Praxis war sehr gut - kam mir entgegen."
"Wir haben uns darüber gewundert, daß bei schönem Wetter der Garten leer war."
"Es wäre gut gewesen, wenn man zum Abschluß mit den Klinik-Leuten nochmals zusammengetroffen wäre, wenn sie jetzt an der Abschlußbesprechung teilnehmen würden."
"Wie hat das Personal aus seiner Sicht unsere 'Besichtigungen' gesehen/erlebt?"
"Mich hätte das angeschlossene Pflegeheim bzw. generell die Auswirkung dieser Klinik auf die sonstigen Einrichtungen des Henriettenstifts interessiert."
"Mich hat der Mut der Klinikleitung beeindruckt, gegenüber Außenstehenden den alltäglichen Ablauf zu zeigen (Klinikkonferenz usw.)."
"Die Klinik war offen für alle. Wir haben überall Einblick gehabt."
"Ein Problem ist die generelle Frage nach dem 'Umgang mit Führungen' - im Anschluß daran die Frage: welche Möglichkeiten hätte man, als Besucher-Gruppe in der Klinik etwas anzustoßen.."
(PL: Zur Fortsetzung der Kontakte - u.a. auch mit den Mitarbeitern der geriatrischen Klinik in Hannover - wäre durchaus ein jährliches Treffen in Kassel/Hannover denkbar).

Die Problematik der Schwesternarbeit im Altenheim/Pflegeheim wird nochmals aufgeworfen, und es wird die Frage gestellt nach dem Unterschied der Arbeit der meist sehr jungen Ergotherapeuten/-innen speziell mit alten Menschen: offenbar ist das einzige Unterscheidungsmerkmal gegenüber jüngeren Patienten lediglich ein langsameres ergotherapeutisches Vorgehen.
Der psychosoziale Aspekt fehlte beim Umgang des Personals mit den Patienten; in diesem Zusammenhang fiel angenehm auf, daß einer der Ärzte bei der Visite dem jeweiligen Patienten die Besucher namentlich vorstellte.

Die Frage des PL, ob speziell im Klinikbereich es evtl. sinnvoll gewesen wäre, einen ganzen Tag in einer bestimmten Abteilung mitzuarbeiten, wird unterschiedlich eingeschätzt; dazu ein KT: "Im Rahmen einer speziellen Fragestellung - z.B. wie werden die Patienten motiviert, mitzuarbeiten an der Rehabilitation? - wäre eine gemischte Arbeitsgruppe (Ärzte, Ergotherapeuten, Sozialarbeiter) einschl. eintägigem Arbeitseinsatz durchaus vorstellbar gewesen."

(3) Studiengangseminar-Diskussion zur Einschätzung der Lage des KSG nach der Kündigung der drei hauptamtlich angestellten Mitarbeiter (BFT und Sekretärin)

Nachdem am Montag zur Lage des KSG (Kündigung zum 31.12.76 und Finanzierungssituation) bereits ein kurzes Informationsgespräch stattgefunden hat, werden am Dienstag durch Aushang der wichtigsten Schreiben die KT über diese Vorgänge in Kenntnis gesetzt. Es wird vereinbart, am Mittwoch vormittag und am Mittwoch abend zwei außerplanmäßige Studiengangseminare einzuschieben (die Aufspaltung wird erforderlich, da der PL erst wieder am Mittwoch abend in Hannover sein kann). Die wichtigsten Diskussionsergebnisse werden nachfolgend wiedergegeben:

Bezogen auf die Situation der KT wird vor allem darauf hingewiesen, daß der Verbleib des Forschungsprojektes an der Uni Ulm bis zum Ablauf der 13. SW schon allein wegen der Förderung durch das Arbeitsamt Ulm wichtig sei.

Im Studiengangseminar am Mittwoch abend teilt der PL mit, daß er trotz mehrfacher Bemühungen das KDA noch nicht erreichen konnte. Dies wird allgemein sehr bedauert, da angesichts des Gütetermins am 27.9.76 vor dem Arbeitsgericht Ulm nun keine Orientierungshinweise vom Drittmittelgeber zur genaueren Einschätzung der Finanzlage vorliegen.

Die Situation des KSG wird vom PL insgesamt folgendermaßen eingeschätzt:

- Es handelt sich im Grunde um ein Nachfolgeproblem der Umstrukturierung der Universität Ulm. Durch die Entscheidung des Kultusministeriums von Baden-Württemberg und des Rektors der Universität Ulm, in Ulm keine Psychosozialen Studiengänge einzurichten, ist alles andere ins Rollen gekommen: Problem des "Mitwanderns" des Projektes, wenn der PL an die GhK geht.
- Die finanzielle Situation des Forschungsprojektes (bis Ende 1976 ist nahezu der gesamte Bewilligungsbetrag aufgebraucht) ist vorrangig darauf zurückzuführen, daß das Projekt auf der Basis von 1973 kalkuliert wurde.
- Selbst im ungünstigsten Fall,
  a) es werden keine weiteren Geldmittel zur Verfügung gestellt und
  b) die Mitarbeiter sind gekündigt,

  ist davon auszugehen, daß die 13. SW ordnungsgemäß durchgeführt und ein korrekter Abschluß

des Kontaktstudiums gewährleistet wird.
- Prinzipiell gibt es bezügl. der Stellensicherung für die Mitarbeiter drei mögliche Zukunftsperspektiven:
  1. Das KDA bewilligt die Mittel für den Nachtragshaushalt (Konsequenz: eine Anstellung in Ulm, in Kassel oder direkt beim KDA wäre somit sichergestellt).
  2. Das KDA bewilligt nur einen Teil der nachträglich beantragten Mittel (Konsequenz: man müßte dann versuchen, bei der GhK entsprechende Gelder locker zu machen).
  3. Das KDA bewilligt keine Mittel mehr (Konsequenz: man müßte dann versuchen, bereits zum 1.1.77 bei der GhK unterzukommen).

(4) Programmplanung für die weiteren Seminarwochen

Die Auswertung der KT-Wünsche zu Themenbereichen, die im Verlauf des KSG noch angeboten werden sollten (8.SW), dient als Grundlage für die gemeinsame Planungsarbeit.

Tabelle 7: Themenbereiche, die im Verlauf des KSG noch angeboten werden sollten (Auswertung der 10 abgegebenen Wunschlisten aus der 8. SW / Rangfolge gewichtet nach der Häufigkeit der "sehr wichtig"- und "wichtig"-Nennungen)

Pos. Nr.	Thema	sehr wichtig und wichtig	Wunsch nach Lit.Hinweis	kein Interesse	keine Angaben
1	Umgang mit Mitarbeitern (z.B. Einstellungsgespräche, Mitarbeiterbesprechung)	9	-	-	1
2	Aus-, Weiter- und Fortbildung (z.B. andere Berufsgruppen, Laienhelfer, Probleme der Anleitung und Supervision)	9	-	-	1
3	Sterben und Tod im Alter	9	-	-	1
4	Alter und Probleme zwischen ca. 70 und 85 Jahren	8	-	-	2
5	Öffentlichkeitsarbeit mit und für ältere/alte Menschen	8	1	-	1
6	Ambulante Aufgabenfelder der Sozialarbeit/Sozialpädagogik (speziell ambulante Institutionen und Einrichtungen)	8	-	-	2
7	Pädagogik im Alter (allgemein)	7	1	-	2
8	Abschluß der sozialen Gruppenarbeit und Vervollständigung der theoretischen Grundlagen dazu	7	-	-	3
9	Durchführung und Abschlußarbeit in den Arbeitsgruppen	7	-	2	1

Tabelle 7 (Fortsetzung):

Pos. Nr.	Thema	sehr wichtig und wichtig	Wunsch nach Lit. Hinweis	kein Interesse	keine Angaben
10	Krankheit im Alter (allgemein)	6	1	1	2
11	Gesamtversorgungssystem für psychisch und körperlich kranke alte Menschen - Erarbeitung sozialarbeiterischer und sozialpädagogischer Aufgaben	6	-	-	4
12	Krankheit im Alter (Aufgaben anderer Berufe und Probleme der Teamarbeit)	6	-	-	4
13	Umgang mit Sterbenden und deren Angehörigen	5	-	-	5
14	Klientenstruktur-Analyse	5	-	-	5
15	Religiöse und moralische Fragen, Rechtsfragen	5	-	-	5
16	Möglichkeiten der Werbung und Ansprache für Ältere	5	1		4
17	Krankheit im Alter (Formen, Versorgung, Rehabilitation, Interaktion)	4	1	-	5
18	Pädagogik im Alter (Grundlagen von Lernprozessen, Modelle der Erwachsenenbildung)	4	1	-	5
19	Pädagogik im Alter (Aufgabenbereiche, Freizeit, Umfang und Inhalt usw.)	4	-	-	6
20	Möglichkeiten der Gemeinwesenarbeit	4	1	3	2

Tabelle 7 (Fortsetzung):

Pos. Nr.	Thema	sehr wichtig und wichtig	Wunsch nach Lit. Hinweis	kein Interesse	keine Angaben
21	Institutionen in der Altenarbeit/ Altenhilfe (z.B. Heim- u. Pflegeeinrichtungen, ambulante Einrichtungen usw.)	4	1	1	4
22	Krankheit im Alter (Umgang im Krankenhaus)	2	1	1	6
23	Der sehr alte Mensch (Ergebnisse der Forschung bei 100-jährigen)	2	5	-	3
24	Theorien über das Alter	1	6	-	3

Der vom Projektleiter und dem Begleitforschungsteam erarbeitete Vorschlag für ein Arbeitsprogramm bis zur 13. SW, in dem die von den KT gewünschten Themen inhaltlich aufeinander abgestimmt wurden, wird im Verlauf des Studiengangseminars vom Mittwoch vormittag diskutiert und in einigen Punkten korrigiert:

10. SW Themenvorschläge/ Diskussionsbeiträge	Pos.Nr. (vgl. Tabelle)
(1) Supervision soziale Gruppenarbeit	8
(2) Alter zwischen 70 und 85 J.	4
(3) Öffentlichkeitsarbeit mit und für Ältere	
a) evtl. Kontakt aufnehmen zum Seniorenrat in Kassel, Gießen, Hannover	5
b) Möglichkeiten der Werbung und Ansprache Älterer	16
(4) Klientenstruktur-Analyse	14

Zu (2):
Alter zwischen 70 und 85 Jahren könnte zusammengefaßt werden mit Theorien über das Alter in der 12./13. SW.

Zu (3b):
Ein möglicher Einstieg könnte sein: Die Berliner-Seniorenbriefe oder auch Einladungen zu Senioren-Veranstaltungen, die von den KT bzw. von anderen Stellen verfaßt worden sind.

Zu (4):
Hierzu sollte möglichst viel Zeit investiert werden.

11. SW Themenvorschläge/ Diskussionsbeiträge	Pos. Nr. (vgl. Tabelle)
(1) Teamarbeit mit Angehörigen anderer Berufe (Fortsetzung zur 9.SW)	2
(2) Einstellung und Anleitung von Mitarbeitern	2
(3) Abschluß der Supervision Gruppenarbeit und theoretische Fundierung der Gruppenarbeit	8
(4) Theorien über das Alter einschl. Forschungsergebnisse über das Leben sehr alter Menschen	23/24

Zu (2):
Das Thema sollte sehr ausführlich aufgegriffen werden - am besten eine ganze SW, mindestens aber mehrere Tage. Insbesondere sollten die im Ausschreibungstext für das KSG erwähnten Themenbereiche "Aufbau und Beratung von Institutionen" aufgegriffen werden. Dafür gebe es bei 2 KT konkrete Bezugspunkte, z.B. Planung einer Tagesklinik und Aufbau von Altenclubs.

Zu (4):
Im Rahmen des Gemeinsamen Kolloquiums sollte der gesamte theoretische Bezugsrahmen des KSG vor allem nochmals in der 12./13. SW deutlich gemacht werden. Es wurde vorgeschlagen, etwa nach dem Muster von Herrn Breloer diesen Themenkomplex vorzubereiten (Formulierung von alternativen Thesen).

12. und 13. SW Themenvorschläge/ Diskussionsbeiträge	Pos.Nr. (vgl.Tab.)
(1) Ambulante Institutionen im Bereich der Altenarbeit/Altenhilfe	6
(2) Gesamtversorgungssystem für psychisch und körperlich kranke alte Menschen	11/12
(3) Möglichkeiten der Gemeinwesenarbeit	20
(4) Viel Zeit für Aufarbeitung und Abschluß bereits behandelter Themen- und Problembereiche	
a) geragogische Thematik (Lernen im Alter - Breloer...)	7/18/19
b) Arbeitsgruppen - Themen u.a.	9

Die Gestaltung der 12. und 13. SW wurde noch nicht weiter diskutiert.

In den Studiengangseminaren vom Mittwoch abend und Freitag nachmittag wurden noch folgende Fragen besprochen:

Wie werden wir in der 10. SW in Kassel untergebracht sein? (Hotel-Unterkunft, Regelung durch den PL).

In welcher Form soll bis zur 13. SW eine Abschlußarbeit erstellt werden? (Bericht über Neuansätze der KT aus ihrer Arbeit).

Wie werden die Zeugnisse für uns aussehen? (Abschluß-Zertifikate der Gesamthochschule Kassel).

5.3.3 Durchführung der 10. Seminarwoche (8.-11. November 1976, Gesamthochschule Kassel)

(1) Inhalte

Montag, 8.11.76

0830-0945 h STUDIENGANGSEMINAR
- Finanz- und Stellensituation des KSG
(Plenumsdiskussion) I/B 1,5 Std.

1000-1230 h KONZEPTE UND GRUNDLAGEN DER SOZIALARBEIT/SOZIALPÄDAGOGIK FÜR DEN BEREICH ALTENARBEIT/ALTENHILFE
- Supervision/Anleitung: Soziale Gruppenarbeit
(2 Gruppen) III/E (5) 3,0 Std.

1230-1600 h ... ALTENARBEIT/ALTENHILFE
- Supervision/Anleitung ... (Fortsetzung)
(2 Gruppen) III/E (5) 3,0 Std.

Dienstag, 9.11.76

0830-1230 h ... ALTENARBEIT/ALTENHILFE
- Theorie: Soziale Gruppenarbeit
(Vorlesung/Plenumsdiskussion) III/E (2) 4,5 Std.

1330-1445 h PSYCHOSOZIALE GERONTOLOGIE
- Probleme älterer und alter Menschen zwischen ca. 70 und 85 Jahren
(Vorlesung/Plenumsdiskussion) II/D 1,5 Std.

1445-1615 h PRAXISORIENTIERTE FORSCHUNG
- Arbeitsgruppen I und II/III
(Kleingruppenarbeit) IV/F (1) 2,0 Std.

Mittwoch, 10.11.76

0830-1230 / 1330-1600 h ... ALTENARBEIT/ALTENHILFE
- Arbeitsfelder: Möglichkeiten der Selbstbestimmung und Selbstorganisation durch Ältere

(1) Erfahrungsberichte von Seniorenvertretern
Referenten: Frau Doetsch und Frau Zeller vom Seniorenbeirat Hannover; Herr Waschkowitz vom DGB Kassel

(2) Bericht über den Ulmer Altentreffpunkt
Referent: Frau Prinzing (KT)

(3) Bericht über Heimbeiräte aus der Sicht der Heimaufsicht
Referent: Herr Fröhlich (KT)

(Gemeinsames Kolloquium) III/E (3) 7,0 Std.

Donnerstag, 11.11.76

0830-1230 h PSYCHOSOZIALE GERONTOLOGIE
- Probleme älterer und alter Menschen zwischen ca. 70 und 85 J.

(Vorlesung/Plenumsdiskussion) II/D 4,5 Std.

1330-1530 h STUDIENGANGSEMINAR
- Aufarbeitung von Themen aus dem Mittwochprogramm I/G 1,0 Std.
- Grundsatzdiskussion zur derzeitigen Situation des KSG

(Plenumsdiskussion) I/B 2,0 Std.

Freitag, 12.11.76

0830-1230 h PRAXISORIENTIERTE FORSCHUNG
- Klientenstruktur-Analyse

(Vorlesung/Plenumsdiskussion) IV/F (2) 4,5 Std.

1330-1445 h PRAXISORIENTIERTE FORSCHUNG
- Klientenstruktur-Analyse

(Plenumsdiskussion) IV/F (2) 1,5 Std.

1545-1615 h STUDIENGANGSEMINAR
- Evaluation der 10. SW I/G 1,0 Std.
- Programmentwicklung zur Abschlußphase I/B 1,0 Std.

(Plenumsdiskussion)

(2) Wichtige Ergebnisse der Studiengangseminare

Der Bericht und die Aussprache über die nach wie vor unverändert bedrohliche Situation für das KSG und die erfolglos verlaufene Güteverhandlung vor dem Arbeitsgericht Ulm, auch die bisher nicht erfolgte Reaktion des KDA auf das Schreiben der KT vom 4.10.76 bewirkt einen sehr verstimmten und resignativen Auftakt zur 10. SW.

Ergänzende und korrigierende Arbeitsplan-Änderungen zu Beginn der 10. SW:

- Erarbeitung von Vorschlägen für eine gezielte Öffentlichkeitsarbeit zur KSG-Absicherung am Dienstag nachmittag durch Mitglieder der AG II/III; Plenumsdiskussion hierüber am Donnerstag nachmittag;

- Mittagspausen werden auf eine Stunde verkürzt und die Nachmittagsprogramme um eine halbe Stunde vorverlegt;

- am Mittwoch, 10.11.76 berichtet Frau Prinzing (KT) aufgrund der Planungen für einen Seniorenrat in Ulm über mögliche Formen von Seniorenräten;

- das Thema "Probleme älterer und alter Menschen ..." (Donnerstag, 11.11.) wird ausgeweitet auf den gesamten Vormittag: 0830-1230 h;

- am Donnerstag nachmittag wird Herr Gruber (BFT) ergänzend zum Bericht der AG II/III über Gespräche mit GhK-Vertretern bezügl. einer möglichen stellenmäßigen Absicherung des KSG an der GhK berichten;

- die Aufarbeitung von Themen aus dem Mittwoch-Programm wird auf Donnerstag nachmittag verschoben.

Der Bericht am Donnerstag nachmittag über die

vorerst vergeblichen Bemühungen um Stellensicherung des BFT und der Einstieg in die Diskussion des Mittwoch-Programms - beides wird zum Anlaß genommen, "einmal ordentlich Dampf abzulassen". Es entwickelte sich thematisch eine Art Studiengangseminar. Da der PL bei dieser Aussprache nicht anwesend war, wird vereinbart, die z.T. bereits artikulierte Unzufriedenheit und Kritik an der Vorbereitung, Organisation und den Inhalten der 10. SW im Studiengangseminar am Freitag und in den Fragebögen nochmals deutlich zur Sprache zu bringen.

Die Evaluation der 10. SW am Freitag nachmittag beginnt mit einer spontanen "Schweigeminute". Inhaltlich richtet sich die Kritik der KT auf die z.T. nicht eingehaltenen Themenwünsche für die 10. SW (vgl. Protokollnotizen des BFT zur 9. SW). Ein wichtiger Faktor für den unmutgeladenen Verlauf der 10. SW waren die allgemeinen studienorganisatorischen Bedingungen, vor allem der ständige Wechsel der Seminarräume mit allen Unterlagen (Tonbandanlage usw.), oft mehrmals an einem Studientag.

(3) Konsequenzen und Vereinbarungen für die Programmgestaltung der Abschlußphase des KSG

Gründliche Planung der SW auf der Basis der dazu vorliegenden Beschlüsse und Vorarbeiten; verstärkt sollen bei diesen Planungen allgemeine studienorganisatorische Rahmenbedingungen einbezogen werden, wie z.B. Seminarraum-Fragen, Unterkunft-Fragen usw.; die KT selber sollen noch intensiver bei den Vorplanungen beteiligt werden.

Der PL regelt die Unterkunft für die 11. SW im

"Haus Sonnenberg" bei Goslar (Harz) und bemüht sich in Kassel um eine gemeinsame Unterkunft im Hotel G. für die 12./13. SW.

Bezügl. des Themas "Einstellung von Mitarbeitern" sollen alle KT, die sich mit diesen Fragen auseinanderzusetzen haben, entsprechende Unterlagen bereitstellen (insbesondere: Verfahren und Kriterien der Auswahl ...).

Der PL gibt die Zusage, daß das KSG unter allen Umständen zu Ende geführt wird; dem Arbeitsamt Ulm werden für 1977 die SW-Termine mitgeteilt.

5.3.4 Studieninhalte - Gesamtüberblick (Entscheidungsraum "mediale Vermittlung")

Aufbauend auf den im Verlauf der Phase der Realisation erworbenen Kenntnissen und Erfahrungen war für die mediale Vermittlung eine Vertiefung vorzugsweise anhand von konkreten Praxisbeispielen vorgesehen. Darüber hinaus sollten Gesichtspunkte der Organisation von sozialen Diensten verstärkt und möglichst praxisnah mit einbezogen werden.

Die gemeinsame Ziel- und Programmentwicklung in dieser Phase wurde durch folgende Arbeits- und Informationspapiere unterstützt:

- Anregungen zur Diskussion über die Konzeption des KSG (8.SW: Freire-Pädagogik und Illich-Thesen, Vorschläge eines KT aus der Studiengangseminar-Diskussion der 7. SW)

- Themenvorschläge des PL für die noch verbleibenden SW (8.SW: Diskussionsgrundlage für das Studiengangseminar)

- Auswertung der Wunschlisten über Themenbereiche, die noch angeboten werden sollten

(9. SW: Ergebnis des Studiengangseminars der 8. SW)

- "Die Sondersprache der Pädagogen - man sitzt da, wie ein dummer Junge. Die Fremdwortinflation entfernt die Experten immer weiter von Kindern, Eltern und Lehrern"
(9. SW: Artikel aus der ZEIT vom 23.7.76, Nr. 31 - ein kritischer Beitrag eines KT zur Curriculum-Terminologie)

- Zwei Aktennotizen bezügl. der Kündigung des BFT (10. SW: Gespräch mit dem Personalrat und dem Rechtsanwalt des BFT)

- Informationspapier über den eingeleiteten Arbeitsrechtsstreit gegen die Uni Ulm
(10. SW: befristete Beschäftigungsverhältnisse in Hochschule und Forschung; Auszüge aus einer Broschüre der GEW-Baden-Württemberg).

Die nachfolgende Tabelle veranschaulicht die thematischen Schwerpunkte der medialen Vermittlung.

Tabelle 8: Studien- und Arbeitsprogramm der Phase III / 8. - 10. SW (Unterrichtsstunden zu den curricularen Strukturelementen des KSG)

Curriculare Strukturelemente	8.SW	9.SW	10.SW	Σ
Strukturbereich I: Selbsterfahrung, Studiengangplanung und Begleitforschung				
I/A	-	-	-	-
I/B	1,5	3,5	4,5	9,5
I/G	1	1	2	4
I/H	-	-	-	-
Strukturbereich II: Psychosoziale Gerontologie				
II/C	-	-	-	-
II/D	10,5	11,5	6	28
Strukturbereich III: Konzepte und Grundlagen der SA/SP für den Bereich Altenarbeit/Altenhilfe				
III/E (1)	-	-	-	-
III/E (2)	-	-	4,5	4,5
III/E (3)	16,5	16,5	7	40
III/E (4)	-	-	-	-
III/E (5)	5	3	6	14
Strukturbereich IV: Praxisorientierte Forschung				
IV/F (1)	-	3	2	5
IV/F (2)	-	-	6	6
Zusammen:	34,5	38,5	38	111

In der Phase der medialen Vermittlung ist eine deutliche Verlagerung der Studieninhalte in Richtung "Arbeitsfelder der Altenarbeit/Altenhilfe" (III/E (3) = 40 Unterrichtsstunden) festzustellen. Die Behandlung weiterer wichtiger Problem- und Themenbereiche zur Psychosozialen Gerontologie wird in dieser Projektphase unter Einbeziehung konkreter Praxiserfahrungen weitergeführt und abgeschlossen.

Die zwischen den SW am Arbeitsplatz der KT durchgeführte Gruppenarbeit mit älteren/alten Menschen war in der Phase der medialen Vermittlung im Hinblick auf den Erwerb einer fundierten Handlungskompetenz von zentraler Bedeutung. Mit einem Anteil von 14 Stunden "Supervision/ Anleitung: Soziale Gruppenarbeit" kommt dies in den Arbeitsplänen entsprechend zur Geltung. Die Schwerpunktverlagerung in Richtung "Arbeitsfelder" in Verbindung mit vielfältigen und z.T. unterschiedlichen Praxis-Kontakten mag u.a. dazu geführt haben, daß die kontinuierliche Forschungsarbeit während der Exkursions-SW nicht mehr in vollem Umfang wie vorgesehen aufrecht erhalten werden konnte (IV/F (1) = 5 u.IV/F (2) = 6 Unterrichtsstunden).
Hinzu kam aber vor allem, daß durch das Verhalten der Universität Ulm (Kündigung des BFT) alle verfügbaren Kraftreserven für den Erhalt des Gesamtprojektes eingesetzt werden mußten. Aus dieser Situationseinschätzung resultierte die verstärkt einsetzende gemeinsame und flexible Ziel- und Programmentwicklung (I/B= 9,5 Unterrichtsstunden) ab der 9. SW unter zwangsweiser Vernachlässigung anderer wichtiger Projektansätze.

5.3.5 Einschätzung und Bewertung der Lern- und Arbeitsprozesse (Auswertung der St.-Frageb.)

Teil I: Inhaltsanalyse

Die Auswertung der St.-Frageb. aus der Phase III (mediale Vermittlung: 8. - 10. SW) gemäß dem in 4.2.4 beschriebenen Verfahren ergibt folgende Ergebnisse.

Tabelle 9: Relative Häufigkeit der KT-Aussagen zu den Untersuchungseinheiten der drei Innovationsebenen in den St.-Frageb. der 8. - 1O. SW

a) Positive Äußerungen einschl. der posit. Äußerungen mit Vorbehalten (KT-Aussagen der Kateg. A und B)

b) Negative Äußerungen einschl.d.Häufigkeit d. Fehlens v.Äußerungen (KT-Aussagen der Kateg. C und D)

	8.SW	9.SW	1O.SW		8.SW	9.SW	1O.SW
			Verfahrensebene				
V	O,9	5,4	O,9		9,1	4,5	9,1
PD	2,7	5,5	1,8		7,3	4,5	8,2
KA	-	1,8	O,9		-	8,2	9,1
KG	5,4	8,2	-		4,5	1,8	-
S	1,4	1,9	O,9		8,6	8,2	9,O
SG	-	-	-		-	-	-
E	3,6	8,2	-		6,3	1,8	-
			Inhalts- und Angebotsebene				
(1)	O,9	6,4	1,8		9,1	3,6	8,2
(4)	3,3	2,3	9,1		6,6	7,7	O,9
(4)	2,7	8,2	O,9		7,2	1,8	9,O
(4)	7,2	9,1	-		2,7	O,9	-
(5.1)	-	-	-		-	-	-
(5.2)	6,3	6,3	6,4		3,6	3,6	3,6
(6)	3,6	O,9	O,O		6,3	9,1	O,O
(6)	2,3	6,3	8,2		7,8	3,6	1,8
(6)	O,6	8,1	6,3		9,4	1,8	3,6
(6)	5,4	7,2	-		4,5	2,7	-
(6)	2,7	7,3	-		7,2	2,7	-
(7)	8,2	5,4	2,3		1,8	4,5	7,7
			"Atmosphärisches Klima"				
I	1,8	1O,O	2,7		8,2	O,O	7,2
II	1,8	7,3	1,8		8,2	2,7	8,2
III	O,9	6,4	1,8		9,1	3,6	8,2
IV	-	O,9	-		-	9,1	-
V	-	-	-		-	-	-

Anmerk. zu Tabelle 9: Ergänzende Hinweise bezügl. der Studieninhalte

8.SW:

4/1 Der Berliner Seniorenplan / bauliche Grundkonzeptionen / Auswirkungen des Heimgesetzes
4/2 Aus- und Fortbildung von Mitarbeitern
4/3 Aufgabe, Funktion und Arbeitsweise der gerontopsychiatrischen Abteilung der FU Berlin
4/4 Umfang, Möglichkeiten und Schwierigkeiten der Altenarbeit/Altenhilfe auf bezirklicher Ebene
6/1 Allgemeine Einschätzung des Kongresses
6/2 Kongreß - Freitagsprogramm (18.6.76): Ökologie des Alterns
6/3 Kongreß - Samstagsprogramm (19.6.76): Experimentelle Gerontologie, psychologisch/soziologische Forschungsergebnisse, Suicid im Alter
6/4 Kongreß - Samstagsprogramm (19.6.76): Didaktische Probleme bei der praktischen gerontologischen Fortbildung
6/5 Kongreß - Sonntagsprogramm (20.6.76): Ziele, Methoden und Grenzen der aktivierenden Hilfe

9. SW:

1/1 Krankheiten im Alter
4/1 die Konzeption des Henriettenstifts ... / Umgang mit chronisch kranken alten Menschen
4/2 Besichtigung der Rehabilitationseinrichtungen
4/3 Probleme der Weiterbildung ehrenamtlicher Mitarbeiter
4/4 Vorbereitung auf das Alter und Bildung im Alter
6/1 Kleingruppenarbeit in den AGs I-III
6/2 Rehabilitation bei kranken alten Menschen
6/3 Teilnahme an der Visite
6/4 Teilnahme an der Klinikkonferenz
6/5 Problematik: Sterben/Tod

10. SW:

1/1 Probleme ... zwischen ca. dem 70. u. 85. Lebensj.
4/1 Möglichkeiten zur Selbstbestimmung und Selbstorganisation durch Ältere
4/2 Öffentlichkeitsarbeit in der Altenarbeit/Altenh.
6/1 Kleingruppenarbeit in den AGs I-III
6/2 Klientenstruktur-/Arbeitsplatz-Analyse
6/3 Theorie des method. Arbeitens: Gruppenarbeit

Zu Tabelle 9a:

Von den drei Exkursions-SW ist die 9. SW nach der Sommerpause in Hannover mit Abstand am erfolgreichsten verlaufen. Innovatorische Ansätze finden sich hier in methodisch/didaktischer Hinsicht bei der Durchführung der Gemeinsamen Kolloquien (GK) und der Exkursionen (E) - jeweils: 8,2 von 10 KTA.

In inhaltlich/thematischer Hinsicht kann in der 8. SW der Besuch in der gerontopsychiatrischen Abteilung der Freien Universität Berlin als ein gewisser Höhepunkt angesehen werden (7,2 von 10 KTA), vor allem aber der Verlauf des Studiengangseminars (8,2 von 10 KTA). In der 9. SW waren die folgenden Veranstaltungen besonders erfolgreich:

- Probleme der Weiterbildung ehrenamtlicher Mitarbeiter
  (4/3 = 9,1 von 10 KTA)
- Besichtigung der Rehabilitationseinrichtungen
  (4/2 = 8,2 von 10 KTA)
- Teilnahme an der Visite
  (6/3 = 8,1 von 10 KTA)
- Thema "Sterben/Tod"
  (6/5 = 7,3 von 10 KTA)
- Teilnahme an der Klinikkonferenz
  (6/4 = 7,2 von 10 KTA)

In der 10. SW wird von den KT die Veranstaltung mit den Seniorenvertretern "Möglichkeiten zur Selbstbestimmung und Selbstorganisation durch Ältere" (4/1 = 9,1 von 10 KTA) und die Arbeit an der Klientenstruktur-/Arbeitsplatz-Analyse positiv bewertet (6/2 = 8,2 von 10 KTA).

Bezügl. des "Atmosphärischen Klimas" wird für die 9. SW von allen KT die Tatsache positiv hervorgehoben, daß Unterkunft und Lehrveranstaltungen erstmals in einem Hause möglich waren (I = 10,0 von 10 KTA). Auch der gute Kontakt unter den KT (II = 7,3 von 10 KTA) war für das Gelingen dieser SW sehr bedeutsam und ebenfalls - wenn auch nicht gar so ausgeprägt - der gute Kontakt zur Seminarleitung und den Dozenten (III = 6,4 von 10 KTA).

Zu Tabelle 9b:

Schwierigkeiten und Probleme bei der Durchführung der Exkursions-SW gab es vor allem in den beiden SW in Berlin und Kassel (8. und 10. SW), die gekennzeichnet waren durch unterschiedliche thematisch z.T. wenig zusammenhängende Veranstaltungsangebote und den Zwang des häufigen Raum- und Ortswechsels. Es gab jedoch auch in der 9. SW einige weniger erfolgreich verlaufende Programmpunkte, wie z.B. die Kleingruppenarbeit (KA) und das Selbststudium (S) - jeweils 8,2 von 10 KTA. Bezügl. der Kleingruppenarbeit in den AGs I-III (6/1 = 9,1 von 10 KTA) wird dies besonders deutlich. Auch die Erarbeitung des Themas "Umgang mit kranken alten Menschen" und die Darstellung der Konzeption der Klinik wird eher kritisch bewertet (4/1 = 7,7 von 10 KTA). Insgesamt aber war die 9. SW eine der erfolgreichsten. Problembereiche, die man noch hätte aufarbeiten sollen, wurden praktisch nicht genannt (IV = 9,1 von 10 KTA).

Die 8. und 10. SW wird in vielen Punkten eher negativ beurteilt. Nachfolgend angeführte Rangfolge veranschaulicht, wo im Vergleich jeweils Schwachstellen und "Pannen" oder für die KT einfach uninteressante Studienangebote zu suchen sind:

Untersuchungs-einheit	8. SW X(1OKTA)	1O. SW X(1OKTA)
Kleingruppenarbeit der AGs I-III(6/1)		1O,O
Gerontologie-Kongreß: Experimentelle Gerontologie ff. (6/3)	9,4	
Vorlesung (V)	9,1	9,1
Medizin/Psychiatrie/ Psychologie (1)	9,1	
Kleingruppenarbeit (KA)		9,1
Kontakt zur Seminarleitung und den Dozenten (III)	9,1	8,2
Öffentlichkeitsarbeit (4/2)		9,O
Selbststudium (S)	8,6	9,O
Kontakt unter den KT (II)	8,2	8,2
Unterkunft/Verpflegung (I)	8,2	7,2
Gerontologie-Kongreß: Ökologie des Alterns (6/2)	7,8	
Studiengangseminar (7)		7,7
Plenumsdiskussion (PD)	7,3	8,2
Aus- und Fortbildung von Mitarbeitern (4/2)	7,2	9,O (Öffentlichkeitsarb.)
Altenarbeit/-hilfe auf bezirklicher Ebene (4/4)	7,2	
Berliner Seniorenplan ff. (4/1)	7,1	

Teil II: Verlaufsanalyse

Die Bewertung der einzelnen SW der Phase III mit Hilfe der sechs ausgewählten Eigenschaftsgegensatzpaare ergibt folgendes Bild.

Darstellung 5:

Relative Häufigkeit der Bewertungseinstufungen bei den 6 ausgewählten Eigenschaftsgegensatzpaaren - St.-Frageb. 8.-10. SW (SW = Seminarwoche, KTB = KSG-Teilnehmer-Bewertung, gestrichelte Linienführung = Verlauf der neutralen Bewertungseinstufungen)

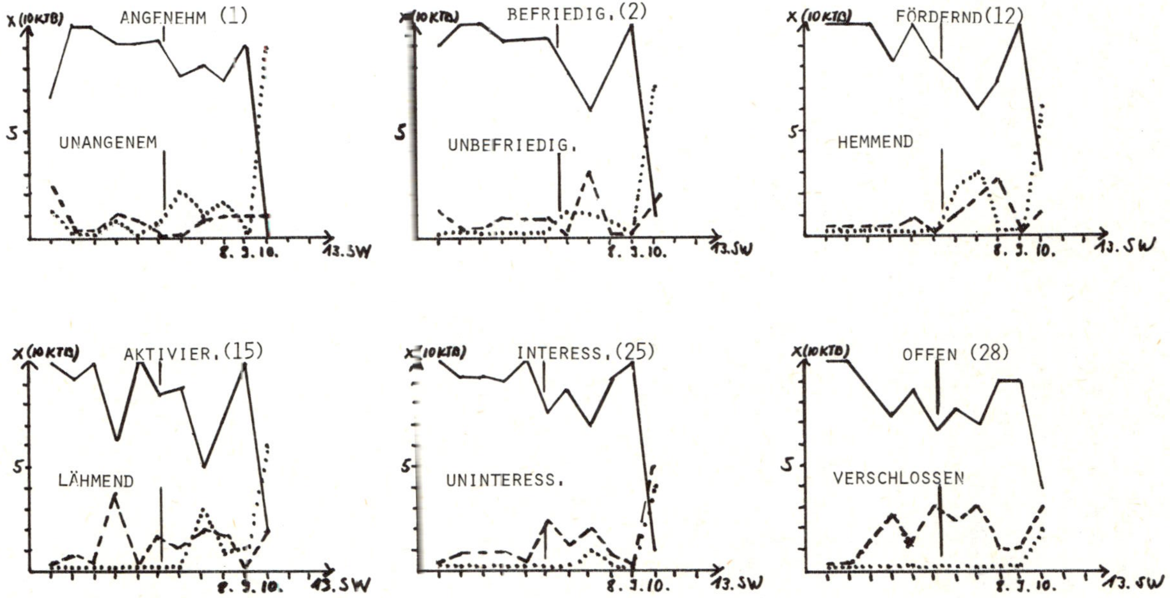

Die 8. SW ist zwar im Vergleich zu den bisher durchgeführten SW am wenigsten angenehm, aber inhaltlich kann von dieser ersten Exkursions-SW nach Berlin von einer doch recht erfolgreichen Unternehmung gesprochen werden. Es ist ein deutlich ansteigender positiver Trend zu verzeichnen, der in der 9. SW seinen absoluten Höchststand erreicht.

Bewertungsdimension (positiver Anteil)	7. SW X(10)KTB	8. SW X(10)KTB	9. SW X(10)KTB
angenehm (1)	8,0	7,3	9,0
offen (28)	7,0	9,0	9,0
aktivierend (15)	5,0	7,2	10,0
fördernd (12)	6,0	7,2	10,0
befriedigend (2)	6,0	9,1	10,0
interessant (25)	7,0	9,1	10,0

Die Verlagerung des KSG in den Studienbetrieb der Gesamthochschule Kassel in Verbindung mit einer ganzen Reihe von Unannehmlichkeiten interner und externer Art (s.4.1.4) führt in der 10. SW zu einer außerordentlichen Belastungsprobe, deren Ausmaß in der Darstellung deutlich zu erkennen ist:

Von fast allen KT wird die 10. SW als "unangenehm" gekennzeichnet (9,0 von 10 KTB).

Mehr als zwei Drittel aller KT charakterisieren die 10. SW als "unbefriedigend" (7,0 von 10 KTB).

Für die Mehrheit der KT ist die 10. SW "hemmend" und "lähmend" (jeweils 6,0 von 10 KTB).

Bereits für mehr als ein Drittel der KT ist die 10. SW "uninteressant" und "verschlossen" (jeweils 4,0 von 10 KTB).

Genaueren Aufschluß über die Ursachen der in vieler Hinsicht wenig erfolgreich verlaufenen 10. SW liefern die Gesichtspunkte, die bei der Negativ-Bewertung der 10. SW ...

... besonders häufig genannt werden:	X(10KTB)	... weniger häufig genannt werden:	X(10KTB)
unangenehm (1) unkoordiniert (16)	9,0 8,0	kompliziert (19) feindlich (23) althergebracht (22)	1,0
unbefriedigend (2) labil (8) gespannt (21)	7,0	dogmatisch (5) starr (10) einseitig (14) statisch (18) konservativ (20) autoritär (26)	2,0
hemmend (12) lähmend (15)	6,0	verschwommen (4) abstoßend (6) ungesteuert (13) verschult (24)	3,0
oberflächlich (3) stagnierend (9) rivalisierend (22)	5,0	repressiv (7) unsicher (11) unbequem (17) uninteressant (20) verschlossen (28)	4,0

Insgesamt gesehen wurde die 10. SW von keinem einzigen KT als "angenehm" (1), "stabil" (8), "progressiv" (9), "sicher" (11), "koordiniert" (16), "bequem" (17), "gelöst" (21) und "kooperativ" (22) gekennzeichnet. Andererseits war für die Überwindung dieser Krise in den nachfolgenden SW die Tatsache sicherlich von entscheidender Bedeutung, daß doch immerhin fast die Hälfte aller KT - der höchste Anteil an Positiv-Bewertungen - jeweils 4,0 von 10 KTB - die 10. SW als "aufgeschlossen" (15) und "offen" (28) kennzeichnen. Darüber hinaus bleibt erwähnenswert, daß ca. ein Drittel aller KT selbst die 10. SW noch als "beweglich" (10), "fördernd" (12), "vielseitig" (14), "liberal" (20) und "demokratisch" (26) bewerten - jeweils 3,0 von 10 KTB.

5.4 Phase IV - Bestandsaufnahme und Präsentation (11. - 13. SW: Januar bis April 1977)

Die Erarbeitung noch ausstehender Themen- und Problembezüge, die Weiterarbeit an der Klientenstruktur-Analyse sowie den anderen praxisorientierten Forschungsansätzen und die kritische Gesamtauswertung und Präsentation von wichtigen Projektergebnissen bildeten den Kern der Abschlußphase des KSG. Diese Bestandsaufnahme zielte darauf ab, im Rahmen einer ersten gemeinsamen Gesamtbilanz den Stellenwert des curricularen Forschungsprojektes für die Berufs- und Ausbildungssituation in der Altenarbeit/Altenhilfe (s.3.1-3.3) einzuschätzen.

In der Abschlußveranstaltung wurde anläßlich der Zertifikatsübergabe vom Präsidenten der Gesamthochschule und anderen Hochschulvertretern, von der Geschäftsführung des KDA und von den Absolventen des Kontaktstudiums die Weiterführung der Projektarbeit und die institutionelle Verankerung eines Forschungs- und Ausbildungsschwerpunktes "Soziale Gerontologie" angesprochen bzw. in Aussicht gestellt.

5.4.1 Durchführung der 11. Seminarwoche (11. Januar - 4. Februar 1977, Internationales Haus Sonnenberg, St. Andreasberg/Harz)

(1) <u>Inhalte</u>

Montag, 31.1.77

Vormittag: STUDIENGANGSEMINAR
- Bericht zur gerichtlichen Auseinandersetzung mit der Uni Ulm
- Planung der Abschlußphase des KSG
(Bericht/Plenumsdiskussion) I/B 2,0 Std.

Vormittag/Nachmittag: KONZEPTE UND GRUNDLAGEN DER SOZIALARBEIT/SOZIALPÄDAGOGIK FÜR DEN BEREICH ALTENARBEIT/ALTENHILFE
- Theorie: Soziale Gruppenarbeit
  (1) Theorieentwicklung (vorm.)
  (2) Ablaufphasen (nachm.)
  (3) Problemorientierte Vorgehensweise (nachm.) III/E (2) 5,0 Std.

Dienstag, 1.2.77

Vormittag/Nachmittag: ... ALTENARBEIT/ ALTENHILFE
- Theorie: Soziale Gruppenarbeit (Fortsetzung)
  (4) Erfahrungsaustausch (vorm.)
  (5) Strukturelemente problemorientierter Gruppenarbeit (vorm./nachm.)
  (6) Ansätze zur Auswertung der im Verlauf des KSG geleisteten Gruppenarbeit (nachm.)
(Vorlesung/Plenumsdiskussion) III/E (2) 6,0 Std.

Nachmittag: STUDIENGANGSEMINAR
- Besprechung über die Art der KSG-Abschlußarbeit
- Besprechung des Arbeitsplanes für die 11. SW
(Plenumsdiskussion) II/B 1,0 Std.

Mittwoch 2.2.77

Vormittag/Nachmittag: ... ALTENARBEIT/ ALTENHILFE
- Arbeitsfelder: Einstellung und Anleitung

von Mitarbeitern
(Vorlesung/Plenumsdiskussion) III/E (3) 4,0 Std.
(2) Einstellung von Mitarbeitern
(3) Aus- und Fortbildung von ehrenamtlichen Mitarbeitern
(2 Arbeitsgruppen) III/E (3) 3,0 Std.

Donnerstag, 3.2.77

Vormittag/Nachmittag: ... ALTENARBEIT/ ALTENHILFE
- Arbeitsfelder: Einstellung und Anlernung von Mitarbeitern (Forts.v. Mittwoch)
(4) Ergebnisse der Arbeitsgruppen vom Mittwoch
(Berichte/Plenumsdiskussion) III/E (3) 1,0 Std.
(5) Supervision und Beratung von Mitarbeitern
(Vorlesung/Plenumsdiskussion) III/E (3) 3,0 Std.
(6) der Einsatz ehrenamtlicher Mitarbeiter aus soziologischer Sicht
(Vorlesung/Plenumsdiskussion) III/E (3) 1,5 Std.

Nachmittag: PRAXISORIENTIERTE FORSCHUNG
- Klientenstruktur-Analyse
(Berichte über neue Untersuchungen)
IV/F (2) 1,5 Std.

Freitag, 4.2.77

Vormittag: PRAXISORIENTIERTE FORSCHUNG
- Klientenstruktur-Analyse: Vorbereitung des Abschlußberichtes
(Vorlesung/Plenumsdiskussion) IV/F (2) 4,0 Std.

Nachmittag: STUDIENGANGSEMINAR
- Evaluation der 11. SW I/G 1,0 Std.
- Programmentwicklung für die Abschluß-SW in Kassel
(Plenumsdiskussion) I/B 1,0 Std.

(2) <u>Wichtige Ergebnisse der Studiengangseminare</u>

Der Bericht über den erfolgreichen Verlauf der arbeitsrechtlichen Auseinandersetzung mit der Universität Ulm und die Tatsache, daß das KSG weiterhin von Ulm aus vorbereitet und ausgewertet werden kann, wird von den KT mit Freude zur Kenntnis genommen. Der PL weist darauf hin, daß dieses Ergebnis vor allem auf die Bewilligung des beantragten Nachtragshaushaltes zurückzuführen sei, und daß das Schreiben der KT an das KDA diesbezügl. von besonders großer Bedeutung gewesen sei.

Im Studiengangseminar vom Dienstag wird der ursprünglich vorgesehene Themenkomplex "Theorie und Praxis der Gemeinwesenarbeit" mit Hinweis auf die in Berlin erstellte Themen-Wunschliste abgelehnt; stattdessen wird der oben angeführte Arbeitsplan i.S. eines Grobzeitplanes vereinbart.

Bei der Auswertung der 11. SW am Freitag nachmittag wird nachdrücklich darauf hingewiesen, daß es ähnlich wie in der 9. SW sehr positiv gewesen war, alles wieder einmal unter einem Dach zu haben (Unterkunft/Verpflegung/Seminare); man habe sich im Haus Sonnenberg überaus wohl gefühlt.

Kritik wird daran geübt, daß das Thema "Gemeinwesenarbeit" für diese SW eingeplant wurde; die flexible Art der Dozenten und des BFT, sich auf die Interessen der KT einzustellen und entsprechend umzudisponieren, wird anerkennend vermerkt.

Da aus gesundheitlichen Gründen 4 KT in dieser SW verhindert waren, wird vereinbart, über den Verlauf und die gemeinsamen Planungsvorbereitungen für die beiden Abschluß-SW ein ausführliches Arbeitsprotokoll zu erstellen.

(3) <u>Programmplanung für die beiden Abschluß-Seminarwochen</u>

Prof. Breloer wird am 28./29.3.77 die pädagogisch/didaktischen Themenbereiche aus der 9. SW fortsetzen.

Es wird vereinbart, daß jeder KT zum Abschluß des KSG einen Arbeitsbericht anfertigt, in dem er einen neuen Arbeitsansatz aus seinem Tätigkeitsgebiet zur Diskussion stellt.

Bezügl. der Vorbereitung einzelner Programmpunkte werden folgende Vereinbarungen getroffen:

- Anstellung von Mitarbeitern/Einstellungsgespräch (auf der Basis des von der Arbeitsgruppe erarbeiteten Orientierungsrasters ist in Kassel ein Erfahrungsaustausch geplant; hierzu wird allen KT baldmöglichst das Arbeitsergebnis der AG zugeschickt)

- Abschluß Supervision/Anleitung "Soziale Gruppenarbeit" (der Abschluß der Supervision"G" ist geplant auf der Basis von Erfahrungsberichten; diese Erfahrungsberichte sollen folgenden Fragen nachgehen:
a) Was ist allgemein in der Gruppe passiert?
b) Was ist bei einzelnen Gruppenmitgl. passiert?
c) Hatte die Gruppenarbeit Auswirkungen auf die Gesamteinrichtung - z.B. Altenheim - welche ... ?)

- Arbeitsgruppe Erst- und Kurzkontakte (über den Fortgang der Arbeitsgruppe wird die AG ihre verhinderten Gruppenmitglieder selbst informieren; dem Plenum werden die Arbeitsergebnisse in Kassel vorgestellt)

- Institutionsberatung
(dieses Thema soll mehr unter dem Aspekt "Teamarbeit/Mitarbeiterbesprechung" abgehandelt werden; soweit vorhanden, sollen hierzu jeweils aus dem eigenen Arbeitsbereich Protokolle nach Kassel mitgebracht werden; es wird der Wunsch geäußert, daß es gut wäre, wenn Prof. Breloer miteinbezogen werden könnte in diese Thematik)

Die gemeinsame Diskussion um die Erstellung eines Arbeitsplanes für die 12./13. SW ist geprägt von dem Bedürfnis der KT, möglichst alle wichtigen Themen zu einem gewissen Abschluß zu bringen; der Programmpunkt "Öffentlichkeitsarbeit" wird als einzige neue, bisher nicht bearbeitete Thematik in das Programm aufgenommen.

(4) Tonbandabschrift - Studiengangseminar vom 4.2.77

KT (3)
Kinder, wir haben jetzt schon 'nen ganzen Haufen ... 'Mitarbeiterbesprechung', die wir haben wollen, 'Abschluß der Arbeitsgruppen', 'Klientenstruktur-Analyse' kommt, 'Pädagogik im Alter' - es kommt praktisch die ganze Geschichte wieder.
KT (6)
Es läge in meinem Interesse, daß man noch ein bißchen Luft läßt, grad, wenn so viel noch zum Abschluß kommt ... Zunächst ist allerdings wichtig zu wissen, was eigentlich noch so an Gruppenbedürfnissen da ist, weil ich mir vorstellen könnte, daß bei der Vielzahl, was noch zum Abschluß kommen soll, ... daß da sicherlich einige Zeiten überschritten werden.
KT (1)
Ja, das finde ich auch. Das füllt sicher schon die 14 Tage aus. Aber wenn noch irgendwas drin ist, dann wäre mein Wunsch, über Öffentlich-

keitsarbeit und Umgang mit der Presse zu arbeiten. Also ich hab' da immer Schwierigkeiten, wenn die zu uns kommen und interviewen wollen und so. Ich weiß aber nicht, ob das genügend Interesse hier findet.

KT (3)

Ich hab da auch Interesse, aber das können wir nur als Ersatzthema nehmen. Wenn wir dafür jemand haben - aber ich glaube nicht mehr dran...

BFT (1)

Wenn ihr das als Sozialarbeiter in die Hand nehmen würdet ...

KT (1)

Du läßt immer uns die Sachen, die ich am schwierigsten finde - die sollen wir nun machen.

KT (11)

Ich will nur dran erinnern, daß ihr unsere Selbstdarstellung auch mündlich hören wollt. Das gehört ja dann noch irgendwo hier hinein... (viele Stimmen)

KT(3)

Kinder hört doch auf hier! ... Gelächter ... Kinder, das gehört doch auch zur Arbeit, daß man hier ist, die Zeit einzuteilen ...

KT (2)

Mir wär's jetzt sympathisch zu sagen, an 2 Tagen ist der Breloer da, ein halber Tag Supervision und zack, zack, die anderen Themen auch einigermaßen aufteilen. Dann wissen wir ungefähr wieviel Zeit bleibt ...

Mit dieser Zielperspektive wird dann gemeinsam ein entsprechender Grobzeitplan erarbeitet. Als noch etwas Spielraum bleibt, kommt das Thema "Öffentlichkeitsarbeit" wieder in die Diskussion.

KT (6)

... also machen wir einen Tag Öffentlichkeits-

arbeit.
KT (1)
Ich weiß nicht, wie man da an dieses Thema rangehen soll. Ob da vielleicht noch jemand von uns einen Vorschlag bringt? Also Umgang mit Journalisten, das finde ich unheimlich schwierig. Die bringen dann einfach irgendetwas, machen Ausschnitte daraus und senden's öfters ...
KT (2)
Also, hier eine Pressekonferenz zu machen, finde ich illusorisch. Was mich interessieren würde: ich könnte mir gut vorstellen, daß wir mit Frau Wagner, weil sie ja den Altenbereich abdeckt und den Journalismus, das Problem Öffentlichkeitsarbeit "bearbeiten".

5.4.2 Durchführung der beiden Abschluß-Seminarwochen (21. März - 1. April 1977, Gesamthochschule Kassel)

(1) Inhalte der 12. und 13. SW

Montag, 21.3.77

Vormittag: STUDIENGANGSEMINAR
- Gestaltung der beiden Abschluß-SW
(Plenumsdiskussion) I/B — 1,0 Std.

Vormittag/Nachmittag: KONZEPTE UND GRUNDLAGEN DER SOZIALARBEIT/SOZIALPÄDAGOGIK FÜR DEN BEREICH ALTENARBEIT/ALTENHILFE
- Supervision/Anleitung:
  Soziale Gruppenarbeit
(2 Gruppen) III/E (5) — 4,0 Std.

Nachmittag: STUDIENGANGSEMINAR
- Auswertung der Gruppenarbeit/
  Erfahrungsberichte
(Plenumsdiskussion) I/H — 2,0 Std.

Dienstag, 22.3.77

Vormittag/Nachmittag: ... ALTENARBEIT/ ALTENHILFE
- Supervision/Anleitung:
  Soziale Gruppenarbeit
(2 Gruppen) III/E (5) 5,0 Std.

Nachmittag: STUDIENGANGSEMINAR
- Auswertung der Gruppenarbeit/
  Erfahrungsberichte
(Plenumsdiskussion) I/H 2,0 Std.

Mittwoch, 23.3.77

Vormittag/Nachmittag: ... ALTENARBEIT/ ALTENHILFE
- Arbeitsfelder: Umgang mit Mitarbeitern
  (Forts. aus der 11. SW)
  (1) Einstellung und Anleitung von Mitarbeitern
  (2) Durchführung von Mitarbeiterbesprechungen
  (3) Aus- und Weiterbildung von Mitarbeitern
(Plenumsdiskussion) III/E (3) 7,0 Std.

Donnerstag, 24.3.77

Vormittag/Nachmittag: ... ALTENARBEIT/ ALTENHILFE
- Arbeitsfelder: Öffentlichkeitsarbeit
  Referent: Frau Wagner, Kuratorium
  Deutsche Altershilfe (KDA), Köln
(Vorlesung/Kleingruppenarbeit/
Plenumsdiskussion) III/E (3) 7,0 Std.

Freitag, 25.3.77

Vormittag/Nachmittag: PRAXISORIENTIERTE FORSCHUNG
- Klientenstruktur-Analyse: Erstellung
  eines Abschlußberichtes (Kleingruppenarbeit/Plenumsdiskussion) IV/F (2) 7,0 Std.

Samstag, 26.3.77

Vormittag: PRAXISORIENTIERTE FORSCHUNG
- Klientenstruktur-Analyse: Forts.
(Vorlesung/Plenumsdiskussion) IV/F (2) 3,0 Std.

Montag, 28.3.77

Vormittag/Nachmittag: ... ALTENARBEIT/ALTENHILFE
- Arbeitsfelder: Lebensproblematik als Organisationsprinzip der Weiterbildung älterer Erwachsener (Altenbildung - Fortsetzung aus der 11. SW)
  Referent: Prof. Breloer, Münster
(Vorlesung/Kleingruppenarbeit) III/E (3) 7,0 Std.

Dienstag, 29.3.77

Vormittag: ... ALTENARBEIT/ALTENHILFE
- Arbeitsfelder: Forts. vom Montag
(Plenumsdiskussion) III/E (3) 5,0 Std.

Nachmittag: ... ALTENARBEIT/ALTENHILFE
- Arbeitsfelder: Aus- und Weiterbildung von Mitarbeitern
(Vorlesung/Plenumsdiskussion) III/E (3) 2,0 Std.

Mittwoch, 30.3.77

Vormittag: STUDIENGANGSEMINAR
- Berichte der KT über Neuansätze in ihrem Arbeitsbereich
(Abschlußkolloquium) I/H 4,0 Std.

Nachmittag: PRAXISORIENTIERTE FORSCHUNG
- Arbeitsgruppen
  (1) Erst- und Kurzkontakte (AG I)
  (2) Öffentlichkeitsarbeit (AG II/III: Erarbeitung eines Entwurfs für eine Pressemitteilung über das KSG)
IV/F (1) 3,0 Std.

Süddeutscher Rundfunk

Donnerstag, 31.3.77

Vormittag/ Nachmittag: STUDIENGANGSEMINAR
- Berichte der KT über Neuansätze in ihrem Arbeitsbereich
(Abschlußkolloquium) I/H 6,0 Std.

Nachmittag: STUDIENGANGSEMINAR
- Auswertung des KSG
(Plenumsdiskussion) I/H 1,0 Std.

Freitag, 1.4.77

Vormittag: STUDIENGANGSEMINAR
- Evaluation der beiden Abschluß-SW
(Plenumsdiskussion) I/G 0,5 Std.
- Gesamtauswertung des KSG I/H 2,5 Std.
(Evaluationsbericht/Plenumsdiskussion)

Nachmittag: ABSCHLUSS DES KSG
- Rückblick und Zukunftsperspektive für eine Weiterentwicklung der Projektarbeit
- Ausgabe der Hochschul-Zertifikate I/H 2,0 Std.

(2) Wichtige Ergebnisse der Studiengangseminare

In den Studiengangseminaren der Abschluß-SW steht die kritische Gesamtauswertung und damit Präsentation der wichtigsten Ergebnisse des KSG im Mittelpunkt (I/H). In der 12. SW ist diese Gesamtauswertung vornehmlich auf die unter Supervision durchgeführte Gruppenarbeit mit älteren/alten Menschen ausgerichtet. In der 13. SW geht es um die Darstellung und Diskussion von Neuansätzen in der Arbeit der KT (die Ergebnisse hierzu werden unter 6.1 "Das Abschlußkolloquium, Auswirkungen des KSG und Neuansätze ..." vorgestellt). Eine Präsentation der wichtigsten Projektergebnisse erfolgt durch die im Verlauf der 12. und 13. SW erstellte Pressenotiz der KT für das Kuratorium Deutsche Altershilfe (KDA). Dieses Arbeitsergebnis ist hervorgegangen aus der Veranstaltung zum Thema "Öffentlichkeitsarbeit in der Altenarbeit/Altenhilfe" vom 24.3.77. Im Schlußwort der KT vom 1.4.77 anläßlich der Übergabe der Hochschul-Zertifikate werden wichtige Projektergebnisse, Erfahrungen und Erwartungen bezügl. einer Weiterentwicklung der in diesem ersten Kontaktstudium erarbeiteten Ausbildungs- und Forschungsansätze vorgetragen.

(3) <u>Pressenotiz der KSG-Teilnehmer (KT)</u>

An einem zweijährigen berufsbegleitenden Kontaktstudium "Psychsoziale Gerontologie" nahmen von 1975 - 1977 vierzehn Sozialarbeiter/Sozialpädagogen aus der Bundesrepublik Deutschland einschl. West-Berlin teil.

Der Modellversuch wurde an der Universität Ulm und später an der Gesamthochschule Kassel mit Mitteln des KDA durchgeführt. Die Teilnehmer kamen von Kommunen, Verbänden der freien Wohlfahrtspflege, einer Poliklinik und freien Trägern. Sie arbeiteten dort überwiegend als leitende Mitarbeiter in Ämtern und Beratungsstellen der offenen Altenhilfe, in Vermittlungszentralen für ambulante Dienste oder Heimplätze, in Altenheimen, in der Altenpsychiatrie und in der Aus- und Fortbildung von haupt-, neben- und ehrenamtlichen Mitarbeitern der Altenhilfe.

Die Teilnehmer strebten für diese Arbeitsgebiete eine Qualifizierung und Spezialisierung an, die durch die unzureichende Fort- und Weiterbildungssituation in der Altenarbeit bisher nicht möglich war.

Die Inhalte des Kontaktstudiums bezogen sich auf:

1. Die Aufarbeitung des beruflichen Erfahrungswissens sowie Vermittlung von theoretischen und praxisbezogenen Kenntnissen der Gerontologie und den speziellen Aufgaben der Sozialarbeit/Sozialpädagogik in diesem Bereich.

2. Darstellung und Diskussion der Konzepte der Alternsforschung.

3. Training in den spezifischen Arbeitsformen der Sozialarbeit/Sozialpädagogik mit älteren Menschen. (Einzel-, Gruppen- und Gemeinwesenarbeit.)

4. Kennenlernen von Arbeitsansätzen und Methoden anderer Berufsgruppen im Bereich der Psychosozialen Gerontologie, z.B. Geriater, Psychiater, Pflegekräfte, Ergotherapeuten, Rehabilitationsfachkräfte und deren Einrichtungen. (Gerontopsychiatrie, Poliklinik, Geriatrische Rehabilitationsklinik, offene Einrichtungen.)

5. Kennenlernen des eigenen Verhaltens, seiner Kontrolle und Veränderung (Selbst- und Gruppenerfahrung).

6. Einführung in und Durchführung von Berufsfeldforschung für Sozialarbeit mit alten Menschen.

Den Beteiligten wurde deutlich, daß das Spektrum der Altenarbeit/Altenhilfe heute schon so weitgefächert ist, daß trotz der Dauer und Intensität der gemeinsamen Arbeit nicht alle wichtigen Gebiete genügend berücksichtigt werden konnten. Hier wären Altenbildungsarbeit/Gemeinwesenarbeit, Mitarbeiterführung und -fortbildung, Öffentlichkeitsarbeit sowie wirtschaftliche, finanzielle und rechtliche Grundlagen der Altenarbeit zu nennen...

(4) <u>Schlußwort der KSG-Teilnehmer (KT) anläßlich der Übergabe der Hochschul-Zertifikate</u>

In der letzten Woche des Kontaktstudiums haben sich die Teilnehmer noch einmal zusammenfassend Gedanken über dieses Studium gemacht.

Wir kommen aus dem gesamten Bundesgebiet und sind alle seit längerer Zeit in leitenden Positionen im Bereich der Altenarbeit tätig. Neben der Arbeit mit älteren Menschen gehören die Beratung und Fortbildung von Mitarbeitern zu unseren Aufgaben. Von daher werden besondere Anforderungen an uns gestellt.

In anderen Bereichen der Sozialarbeit gibt es seit Jahren eine qualifizierte Fortbildung. Für den Bereich der Sozialarbeit/Sozialpädagogik mit älteren Menschen wurden langfristige Fortbildungsmaßnahmen bisher nur spärlich und wenig zielgerichtet angeboten.

Das mag damit zusammenhängen, daß Aktivitäten im Alter lange Zeit nicht für notwendig erachtet wurden und statt dessen vorwiegend betreuende und bewahrende Aufgaben im Vordergrund standen.
Wurde früher vom Defizitmodell ausgegangen, nach dem der alte Mensch systematisch abbaut, wissen wir heute, daß Veränderungen im Alter auf den Lebenslaufprozeß und die gesellschaftlichen Einflüsse zurückzuführen sind. Daraus folgert, daß die Ziele der Sozialarbeit sich geändert haben. Durch aktivierende Beratung soll der ältere Erwachsene befähigt werden, seine Lebenssituation zu erkennen und zu gestalten.

Auf diesem Hintergrund wird verständlich, wie notwendig diese langfristige und gezielte Fortbildung für uns war. Dies um so mehr, als die Teilnehmer des Kontaktstudiums als Multiplikatoren in der Altenarbeit tätig sind.

Die Inhalte des Kontaktstudiums bezogen sich u.a. auf: ... (vgl. hierzu die Pressenotiz der KT, s.5.4.2 (3)).

Das gezielte Training in methodischer Arbeit mit Älteren, die Erprobung und Anwendung des gerontologischen Fachwissens zwischen den SW erforderte erhebliches persönliches Engagement der Teilnehmer an ihrem Arbeitsplatz.

Die umfangreichen beruflichen Verpflichtungen in den verschiedenen Arbeitsbereichen der Teilnehmer mußten ohne Vertretung bzw. Freistellung oder Entlastung weiterhin erfüllt werden. Viele Teilnehmer hatten zusätzlich zu der Doppelbelastung durch Beruf und Studium erhebliche finanzielle Aufwendungen zu leisten und Verdienstausfall hinzunehmen.
Dennoch haben bis auf einen Teilnehmer, der aus persönlichen Gründen das Studium aufgeben mußte, alle Studierenden durchgehalten.

Den Beteiligten wurde deutlich, daß das Spektrum der Altenarbeit heute so weitgefächert ist, daß trotz der Dauer und Intensität der gemeinsamen Arbeit nicht alle wichtigen Gebiete genügend berücksichtigt werden konnten.
Aus diesem Grund wünschen wir uns, daß unsere Qualifizierung durch weitere Studienmöglichkeiten fortgeführt werden kann.

Die KSG-Teilnehmer hoffen, daß diese Form der beruflichen Qualifizierung der Praktiker nach Abschluß des ersten Kontaktstudiums "Psychosoziale Gerontologie" weiterbestehen bleibt, ausgeweitet und als Studiengang an der Gesamthochschule Kassel fest verankert wird. Darüber hinaus erscheint es uns notwendig, daß die praxisorientierte Forschung im Bereich der Psychosozialen Gerontologie weiterentwickelt wird.

Wir Teilnehmer des ersten Kontaktstudiums danken der Gesamthochschule Kassel für die Übernahme des Studiengangs und die Bereitschaft, diesen in das allgemeine Hochschulangebot zu integrieren und weiterzuführen. Damit dokumentieren Sie Ihre Weitsicht im Hinblick auf die wachsenden Aufgaben in der Altenarbeit ...

5.4.3 Studieninhalte - Gesamtüberblick (Entscheidungsraum "Bestandsaufnahme und Präsentation")

In der 11. SW begann die Bestandsaufnahme bezüglich der Arbeits- und Forschungsergebnisse des KSG. Das vom BFT erstellte Protokoll von dieser SW diente als Grundlage für die weiteren "Inventur-Arbeiten" in den beiden Abschluß-Seminarwochen. Das Protokoll umfaßte folgende Arbeits- und Planungsergebnisse:

- KSG-Planung / Studiengangseminare
(1) Planung der Abschlußphase des KSG
(2) Besprechung über die Art der Abschlußarbeit und Vereinbarungen bezügl. der Inhalte für die 11. SW
(3) Evaluation der 11. SW

- Soziale Gruppenarbeit: Ansätze einer theoretischen Fundierung
(1) Theorieentwicklung
(2) Ablaufphasen
(3) Problemorientierte Vorgehensweise

(4) Schwierigkeiten, Probleme und Konflikte - ein Erfahrungsaustausch
(5) Protokoll zur Supervision - Versuch einer generalisierten Problemsicht
(6) Vereinbarungen zur weiteren Auswertung der geleisteten Gruppenarbeit

- Einstellung und Anleitung von Mitarbeitern
(1) Einsatz von ehren-, neben- und hauptamtlichen M.
(2) Einstellung von Mitarbeitern, Aus- und Fortbildung von M.
(3) Supervision und Beratung von M.
(4) Einsatz ehrenamtlicher M. aus soziologischer Sicht

- Klientenstruktur-Analyse
(1) Vorstellung neuer, bisher noch nicht besprochener Untersuchungen
(2) Vorbereitung des Abschlußberichtes
(3) Gliederungsentwurf

Weitere, das KSG und insbesondere seine Schlußphase charakterisierende Arbeitsschwerpunkte werden in der nachfolgenden Übersicht zur Verteilung der Studieninhalte in den drei letzten SW deutlich.

Tabelle 10: Studien- und Arbeitsprogramm der Phase IV / 11. - 13. SW (Unterrichtsstunden zu den curricularen Strukturelementen des KSG)

Curriculare Strukturelemente	11.SW	12.SW	13.SW	Σ
Strukturbereich I: Selbsterfahrung, Studiengangplanung und Begleitforschung				
I/A	-	-	-	-
I/B	4,0	1,0	-	5,0
I/G	1,0	-	0,5	1,5
I/H	-	4,0	15,5	19,5
Strukturbereich II: Psychosoziale Gerontologie				
II/C	-	-	-	-
II/D	-	-	-	-
Strukturbereich III: Konzepte und Grundlagen der SA/SP für den Bereich Altenarbeit/Altenhilfe				
III/E (1)	-	-	-	-
III/E (2)	11,0	-	-	11,0
III/E (3)	12,5	14,0	14,0	40,5
III/E (4)	-	-	-	-
III/E (5)	-	9,0	-	9,0
Strukturbereich IV: Praxisorientierte Forschung				
IV/F (1)	-	-	3,0	3,0
IV/F (2)	5,5	10,0	-	15,5
Zusammen:	34,0	38,0	33,0	105,0

Der auffallend hohe Anteil des Themenbereiches "Arbeitsfelder" kann als ein Indiz dafür angesehen werden, daß bis zur Abschlußphase einige wichtige praxisrelevante Arbeitsgebiete noch unzureichend inhaltlich abgedeckt worden waren. Dies gilt offenbar besonders für die Themenbereiche

- Umgang mit Mitarbeitern (einschl. Aus- und Fortbildungsfragen) 26,5 Std.
- Weiterbildung älterer Erwachsener (Altenbildung) 7,0 Std.
- Öffentlichkeitsarbeit 7,0 Std.

Auch die Tatsache, daß die Klientenstruktur-Analyse bis zum Ablauf der 13. SW nicht mehr ganz abgeschlossen werden konnte (IV/F (2) = 15,5 Unterrichtsstunden), deutet darauf hin, daß in einigen wichtigen Teilbereichen das angestrebte Arbeitsziel nicht ganz erreicht wurde. Eine überwiegend positive Bestandsaufnahme ergibt sich hinsichtlich des Abschlusses und der Auswertung der am Arbeitsplatz durchgeführten und während der SW eingeleiteten Sozialen Einzelhilfe (3.-7.SW) und der Sozialen Gruppenarbeit mit älteren/alten Menschen (5.-12. SW). Die Auswertung der Gruppenarbeit und die Präsentation von Neuansätzen in der Arbeit der KT (I/H = 19,5 Unterrichtsstunden) machte deutlich, daß sich die methoden- und trainingsbezogenen Projektansätze des KSG in Verbindung mit der theoretischen Aufarbeitung wichtiger Problem- und Themenbereiche in vielfältiger Hinsicht bereits positiv auf die Praxis der Altenarbeit/Altenhilfe auswirkten (s.6.1).

5.4.4 Einschätzung und Bewertung der Lern- und Arbeitsprozesse (Auswertung d. St.-Frageb.)

Teil I: <u>Inhaltsanalyse</u>

Die Auswertung der St.-Frageb. der drei letzten SW ergibt folgende Ergebnisse.

Tabelle 11: Relative Häufigkeit der KT-Aussagen zu den Untersuchungseinheiten der drei Innovationsebenen in den St.-Frageb. der 11. - 13. SW

a) Positive Äußerungen einschl. der posit. Äußerungen mit Vorbehalten (KT-Aussagen der Kateg. A und B)

b) Negative Äußerungen einschl. der Häufigkeit d. Fehlens v. Äußerungen (KT-Aussagen der Kateg. C und D)

	a) 11.SW	a) 12.SW	a) 13.SW	b) 11.SW	b) 12.SW	b) 13.SW
Verfahrensebene						
V	-	-	-	-	- -	
PD	5,7	3,3	5,4	4,3	6,7	4,5
KA	7,1	1,6	7,3	2,8	8,3	2,7
GK	-	1,6	3,6	-	8,3	6,4
S	3,6	2,3	2,3	6,4	7,8	7,8
SG	-	-	-	-	-	-
E	-	-	-	-	-	-
Inhalts- und Angebotsebene						
(4)	7,2[1]	2,5[1]	9,1[1]	2,9	7,5	0,9
(4)	-	9,1[2]	-	-	0,8	-
(5.2)	7,1	5,0	-	2,9	5,0	-
(6)	4,3[1]	4,3[1]	5,4[1]	5,7	5,7	4,5
(6)	10,0[2]	5,8[2]	-	0,0	4,2	-
(7)	3,6	1,3	3,6	6,4	8,8	6,4
"Atmosphärisches Klima"						
I	10,0	8,3	8,2	0,0	1,6	1,8
II	5,7	5,0	4,5	4,3	5,0	5,4
III	8,6	5,0	4,5	1,4	5,0	5,4
IV	-	-	-	-	-	-
V	-	-	-	-	-	-

Anmerk. zu Tabelle 11: Ergänzende Hinweise bezüglich der Studieninhalte

11. SW:

4/1 Einstellung und Anleitung von ehrenamtlichen und hauptamtlichen Mitarbeitern

6/1 Klientenstruktur-Analyse

6/2 Theorie des method. Arbeitens: Soziale Gruppenarbeit

12. SW:

4/1 Umgang mit Mitarbeitern

4/2 Öffentlichkeitsarbeit in der Altenarbeit/Altenhilfe

6/1 Klientenstruktur-Analyse

6/2 Theorie des methodischen Arbeitens: Soziale Gruppenarbeit (Auswertung anhand der Erfahrungsberichte)

13. SW:

4/1 Probleme der Aus- und Weiterbildung von M./Erwachsenenbildung für ältere und alte Menschen

6/1 Abschlußkolloquium

Zu Tabelle 11a:

In methodisch/didaktischer Hinsicht wird die Kleingruppenarbeit (KA) in der 11. und 13. SW besonders positiv bewertet: 7,1 und 7,3 von 10 KTA.

Bezüglich der erarbeiteten Inhalte und Themenbereiche sind insbesondere in der 11. SW einige gelungene Arbeitsansätze zu verzeichnen. So wird die Erarbeitung des Themenbereiches "Theorie des methodischen Arbeitens: Soziale Gruppenarbeit" von allen KT positiv hervorgehoben (6/2 = 10,0 von 10 KTA). Auch die gemeinsame Bearbeitung der Thematik "Einstellung und Anleitung von ehren- und hauptamtlichen Mitarbeitern" (4/1 = 7,2 von 10 KTA) und der Abschluß der Supervision zur Sozialen Gruppenarbeit wird überwiegend positiv bewertet (5.2 = 7,1 von 10 KTA). In der 12. SW wird das Thema "Öffentlichkeitsarbeit" (4/2 = 9,1 von 10 KTA) als besonders wichtig eingestuft, und als ebenso wichtig werden in der 13. SW pädagogische Themen wie z.B. "Probleme der Aus- und Weiterbildung" und "Erwachsenenbildung für ältere und alte Menschen" (4/1 = 9,1 von 10 KTA) beurteilt.

Zum "Atmosphärischen Klima" wird in allen drei SW der Bereich Unterkunft/Verpflegung sehr anerkennend erwähnt (I/11.SW = 10,0; I/12.SW = 8,3 und I/13.SW = 8,2 von 10 KTA). Insbesondere gilt dies für die 11. SW, wo Unterkunft und Lehrbetrieb wiederum im gleichen Hause untergebracht werden konnten. In dieser SW ist im übrigen der Kontakt zur Seminarleitung und den Dozenten besonders gut (III/8,6 von 10 KTA), was zweifelsohne auch mit den besseren Möglichkeiten des Kontaktes in einem solchen Tagungshaus zusammenhängen dürfte.

Zu Tabelle 11b:

Von den drei Abschluß-SW nimmt die 12. SW eine besondere Stellung ein. Offenbar muß in dieser SW der methodisch/didaktische Ansatz insgesamt problematisch gewesen sein. Sowohl das Gemeinsame Kolloquium als auch die Kleingruppenarbeit (GK und KA jeweils = 8,3 von 10 KTA), das Selbststudium (S = 7,8 von 10 KTA) und die Plenumsdiskussion (PD = 6,7 von 10 KTA) werden überwiegend negativ bewertet. Von den Inhalten wurden vor allem das Studiengangseminar (7 = 8,8 von 10 KTA) und die Erarbeitung des Themenbereiches "Einstellung und Anleitung von neuen Mitarbeitern / Planung und Durchführung von Mitarbeiterbesprechungen" - im Gegensatz zur 11. SW - (4/1 = 7,5 von 10 KTA) kritisch beurteilt.
Bei der 11. und 13. SW fällt auf, daß sich die KT mit Ausnahme des Selbststudiums, das in der Abschlußphase sowieso mehr in den Hintergrund getreten war, bei keiner einzigen Untersuchungseinheit überwiegend i.S. des gesetzten Kriteriums negativ äußern.

Teil II: Verlaufsanalyse

Auf dem Hintergrund der sehr schwierig und problematisch verlaufenen 10. SW ergibt die Auswertung der Polaritätenprofile in den St.-Frageb. der 11. - 13. SW folgendes Bild:

Darstellung 6:

Relative Häufigkeit der Bewertungseinstufungen bei den 6 ausgewählten Eigenschaftsgegensatzpaaren - St.-Frageb. 11.-13. SW
(SW = Seminarwoche, KTB = KSG-Teilnehmer-Bewertung, gestrichelte Linienführung = Verlauf der neutralen Bewertungseinstufungen)

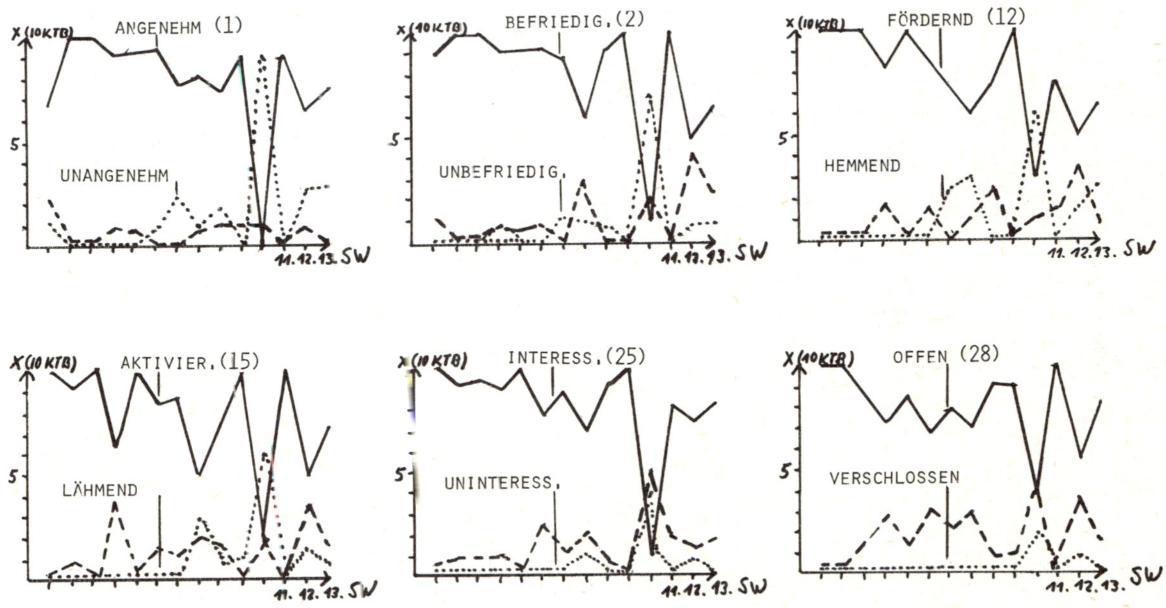

Bei allen sechs Bewertungsdimensionen kann nach dem "Tief" der 10. SW von einer generellen - wenn auch akzentmäßig unterschiedlichen - Verbesserung gesprochen werden. Die 11. SW im Harz (ohne Hektik und mit ausreichender Freizeit zur Entspannung) hat sicherlich viel dazu beigetragen. Die drei letzten SW werden wieder von mehr als zwei Drittel der KT als "angenehm" (1) und "interessant" (25) empfunden. Daran wird erkennbar, daß trotz der enormen Schwierigkeiten das KSG einen insgesamt positiven Abschluß findet. Allerdings gibt es - wie die Darstellung zeigt - in der 12. SW noch einen gewissen Rückschlag, der teilw. bis zur 13. SW nicht wieder vollständig aufgefangen werden kann. Nur knapp unter zwei Drittel aller KT bewerten die 13. SW in den St.-Frageb. als "befriedigend" (6,3 von 10 KTB) und "fördernd" (6,4 von 10 KTB). Das Bedeutet, daß bezügl. dieser Bewertungskriterien das gesetzte Anspruchsniveau (2/3 Positiv-Bewertungen!) nicht mehr ganz erreicht werden konnte. Demgegenüber kann bezügl. der vier anderen Bewertungskriterien festgehalten werden, daß auch die 13. SW von den KT wieder überwiegend "offen" und "interessant" (28 und 25; jeweils 8,1 von 10 KTB), "angenehm" und "aktivierend" (1 und 15; jeweils 7,2 von 10 KTB) eingeschätzt wurde.

5.5 Besondere Aspekte der Projektdurchführung

5.5.1 Selbsterfahrung innerhalb des KSG

Von der Vorplanung des KSG (s.4.3.1) an war eine psychoanalytisch orientierte Selbsterfahrungsgruppe vorgesehen, welche über die Gesamtdauer laufen sollte. Aufgrund der Verlegung des Projektes an die GhK mußte sie in der 7. SW abgeschlossen werden.

Von der Zielsetzung her sollte sie eine Hilfestellung für die KT (u.U. themenzentrierter Ablauf) sein, insbesondere für:

- Verbesserung der Gruppenfähigkeit innerhalb der Gruppe der KT für das KSG;
- Zugang zu bewußten und unbewußten Anteilen der Motivation zur Berufsfindung und des beruflichen Handelns;
- Auseinandersetzung mit Einstellung und Verhalten gegenüber älteren und alten Menschen;
- Auseinandersetzung mit dem eigenen Älterwerden resp. Altern;
- Entwicklung von Wahrnehmungsfähigkeit für Gruppenphänomene und Gruppenablauf.

Die Selbsterfahrungsgruppe umfaßte insgesamt 42 Stunden. Sie wurde von einer Psychoanalytikerin (H. Kühn) und einer Sozialarbeiterin (A. Durner) geleitet.

Die nachfolgende Auswertung erfolgte durch A. Durner:

(1) Verlauf

Die ersten Gruppensituationen waren gekennzeichnet durch einen erheblichen Widerstand gegen die Gruppenarbeit. Anhand des Themas "Soll die Selbsterfahrungsgruppe auf Tonband aufgenommen werden?" wurde in den ersten 3 Sitzungen die Frage Vertrauen gegen Mißtrauen eingebracht. Hilflosigkeit zeigte sich vor allem angesichts der Tatsache, daß kein Inhalt vorgegeben war. Der Wunsch nach themenzentrierter Selbsterfahrung (Ruth COHN) hatte deutlichen

Widerstandscharakter. Aggressive Tendenzen wurden vor allem von den Männern der Gruppe dargestellt, die Aggressionsobjekte jedoch blieben außerhalb der Gruppe, schlechte Unterbringung, starrer Stundenplan etc.

In der 4. bis 10. Sitzung wurde das Thema Außenseiter (angekündigt hatte sich dieses Problem schon in der 2. Stunde) eingebracht. Verstärkt durch ein Gruppenmitglied (sehbehindert) konnten Fragen der Identifikation mit Behinderung und Außenseiterposition von den Gruppenmitgliedern herausgearbeitet werden. Gleichzeitig versuchten die Einzelnen, sich gegen die unmittelbare Gruppenerfahrung zu schützen, indem immer wieder Themen von außerhalb hereingebracht wurden. In gleichem Maße war es trotz des deutlichen Widerstandes möglich, die Ängste vor der unmittelbaren Erfahrung zu benennen; es wurde von den sog. "Ulmer Leichen" gesprochen. Wünsche nach Intensität von Gefühlen und Intimität wurden unter den Begriffen "menschlich und natürlich" eingebracht. Mit der Zunahme von intensiven aggressiven und libidinösen Impulsen, "den Deckel auf den Problemen lassen", wurde deutlich, daß die Mitglieder sich am Gruppenprozeß beteiligen konnten. In dieser Phase erfolgte auch die Auseinandersetzung mit der Rolle des Sozialarbeiters in der Gruppe. "Es fällt schwer, den Kittel des Sozialarbeiters an den Nagel zu hängen".

In der 9. bis 12. Sitzung konnte dann das Problem von Untergruppen angegangen werden. Angesichts der Beendigung einer Studienwoche kam dem Thema der Trennung und der damit verknüpften Schwierigkeiten mit Wünschen nach Kontinuität von Beziehungen besondere Bedeutung zu. Positive Erfahrungen im örtlichen Gebundensein werden am Beispiel eines gemeinsamen Festes deutlicher, indem gegenseitige Übernahme von Verantwortung geprobt und geübt wird. In der Gruppe wurde versucht, Fragen von Autonomie und Gruppengefühl, Gruppenbewußtsein gegeneinander abzuwägen.

Das Thema "Alter" wurde zwar immer wieder eingebracht, jedoch erst jetzt im Hinblick auf das eigene berufliche Handeln verstärkt bearbeitet. Aktualisiert wird es durch die Äußerung eines Gruppenmitglieds, das bisher die Arbeit mit alten Menschen als befriedigend erlebte und plötzlich Ablehnung gegenüber dieser Personengruppe spürte. Dabei zeigte sich, daß die emotionale Nähe der Gruppe zum Älterwerden jetzt viel unmittelbarer als zuvor mit den eigenen Ängsten vor dem Älterwerden in Zusammenhang gebracht werden konnte. Die Distanzierung, die ansonsten möglich war, insbesondere bei anderen Klientengruppen der Sozialarbeit, wie Obdachlose, Straffällige, ließ sich jetzt nicht mehr aufrecht erhalten. An diesen Beispielen wurde die Beschränkung der eigenen Möglichkeiten durch das Älterwerden angesprochen; z.B. Festlegung des eigenen beruflichen Handelns, "Spezialisierung in der Arbeit" und das eigene Erleben im Umgang mit alten Menschen wird herausgestellt, "man erlebt sich alter- und geschlechtslos". Die Überlegungen gipfelten letztlich in der Frage, ob es möglich ist, die negativen Anteile des Altwerdens und Alterns bei sich selbst und bei anderen positiv zu beeinflussen.

Das Thema des Altwerdens wurde dann fortgesetzt verstärkt unter der Frage von Behinderungen und Schwierigkeiten in der Beziehungsaufnahme mit dieser Personengruppe. Die bereits in den ersten Stunden wichtige Klärung des Spannungsverhältnisses zwischen Klient und Sozialarbeiter wird am Beispiel eines ausgeschiedenen Gruppenmitglieds (sehbehindert) reflektiert. Der Umgang mit dem Gefühl von Hilflosigkeit angesichts intensiver Wünsche nach Umsorgung und Hilfestellung löste Betroffenheit und depressive Gefühle aus, gleichzeitig konnte aber damit ein in der Gruppe bestehender Konflikt konstruktiv bearbeitet werden.

In der Schlußphase wurden anhand der vorgelegten Studienkonzeption deren Inhalte und Ziele, die damit verknüpften Probleme am Thema Autorität, Fachautorität, Eigenbeteiligung konstruktiv geklärt.

(2) Zugang zu bewußten - unbewußten Motiven im Hinblick auf das berufliche Handeln;
Klärung von Fähigkeiten und Eigenschaften im Umgang mit einzelnen und Klientengruppen;
Sensibilisierung für nicht verbalisierte Bedürfnisse;
Befähigung zur Übernahme situationsgerechter Rollen als Sozialarbeiter

Die Erwartung, zu den bewußten und unbewußten Motiven des beruflichen Handelns Zugang zu bekommen, wurde in der 1. Stunde mit negativen Einfällen beantwortet, z.B. "ein Sozialarbeiter hat nach einer Selbsterfahrungsgruppe den Beruf an den Nagel gehängt und kocht jetzt". Dieses Thema trat dann immer wieder auf, wenn eigene unbewußte und vom einzelnen abzulehnende Anteile deutlich wurden. Vorherrschend war in der 1. Phase die Abwehrformation von Rationalisierung und Verleugnung.
Aber auch Berufung auf berufsspezifische Kompensationsmöglichkeiten, wie z.B. Verantwortung gegenüber sozialen Problemen und Notwendigkeit zu helfen, können als positive Elemente gesehen

werden. Die Mechanismen der Verleugnung und Verschiebung im Umgang mit dem Gefühl der Hilflosigkeit können von den Gruppenmitgliedern erarbeitet werden.
Am Thema, "es tun sich Risse (d.h. im eigenen Selbstverständnis) auf", werden Wünsche nach Harmonisierung in konflikthaften Auseinandersetzungen deutlich. Individualität via Gruppenarbeit/Teamarbeit können im Hinblick auf die Bedürfnisse der einzelnen Personen mit angesprochen werden.

(3) Funktion der Selbsterfahrungsgruppe im Hinblick auf die eigene Gruppenfähigkeit und Teamfähigkeit;
Befähigung zur Gruppenarbeit;
Entwicklung von Wahrnehmungsfähigkeiten für Gruppenphänomene und Gruppenprozesse;
Autoritätsproblematik durch sinnvolle Auseinandersetzung mit den Gruppenleitern

Die Verhaltensweisen der Mitglieder in der Anfangsphase waren durch individuelle Erwartungen und Ängste gekennzeichnet. Dabei wurde die Autonomie der einzelnen extrem betont; z.B. "Ich brauche keinen emotionalen Austausch in dieser Lerngruppe". Der Versuch, die Privatsphäre zu schützen, wird vor allem durch die männlichen Teilnehmer dargestellt. Nach einer ersten Klärungsarbeit ist es jedoch dann noch möglich, die einzelnen Gruppenmitglieder zu motivieren, ein besseres Verständnis für den Gruppenprozeß zuzulassen.
Es werden unmittelbare Beobachtungen ausgetauscht, wie die Gruppenmitglieder hier erlebt werden. Die Vorgänge zeigen sich zunächst in Form von Schuldgefühlen, den anderen durch derartige Mitteilungen allzusehr zu belasten. Erst im späteren Verlauf wird diese offene Kommunikation über Empfindungen gewünscht und zugelassen. Typische Abwehrkämpfe in Gruppen können am

Problem der Außenseiter der Selbsterfahrungsgruppe verdeutlicht werden. In der Abschlußphase können auch die autoritären Vertreter Ansätze zu kooperativem Verhalten einbringen. Gleichzeitig werden dann in der Gruppe Wahrnehmungen averbaler Äußerungen von den Gruppenmitgliedern selbst aufgegriffen, in der eigenen Gruppenarbeit überprüft, teilw. wird damit experimentiert. Am Beispiel von Sitzordnungen und den damit verfolgten Zielen (auch die Therapeuten werden herausgefordert, indem einmal zwei Stühle nebeneinander freigelassen, ein anderes Mal die Gruppenleiter getrennt werden) versuchen die Mitglieder in der Gruppe, Zugang zu den Phänomenen des Agierens in der Gruppe zu bekommen. Gleichzeitig werden Verhaltensweisen wie Überfürsorglichkeit gegenüber Älteren als Ausdruck eigener aggressiver Impulse deutlich. Die eigene Gruppensituation, z.B. alleinstehende Frau, gescheiterte Ehe, gestörte Partnerschaft, Krankheit und die damit verknüpften individuellen Probleme werden ebenfalls eingebracht. Am Beispiel der Arbeit mit der Gruppe alter Menschen werden positive Aspekte, i.S. eigener Anteile im Altwerden, für möglich gehalten.

(4) Spezifisch sozialarbeiterische Aspekte bei der Wahrnehmung von Abspaltungstendenzen in der Gruppe, Aspekte der Außenseiter-und Randgruppenbildung

Die Abspaltungstendenzen von Anteilen, die von den Gruppenmitgliedern als "fremd"erlebt werden, spielten in der Selbsterfahrungsgruppe eine sehr wichtige Rolle, ebenso wie sozialpsychologische Phänomene zur Randgruppenbildung. Am Beispiel der Kontaktaufnahme zu Behinderten wurde die Notwendigkeit gesehen, sich besonders stark um ein kognitives "Verstehen" dieser

Probleme zu bemühen.

(5) Bedeutung der Selbsterfahrungsgruppe im Rahmen des Kontaktstudiums und Vorschläge zur Verbesserung

Im Rahmen des Studienkonzepts werden auf der kognitiven Ebene sozialarbeiterische Inhalte vermittelt. Sozialarbeit im engeren Sinn jedoch ist nie von den eigenen emotionalen Anteilen zu trennen, d.h. in der kognitiven Wissensvermittlung werden, je nach Inhalt, mehr oder weniger eigene Anteile der Person angesprochen. Die in der Selbsterfahrungsgruppe geschaffene Kontinuität, emotionale Anteile während des Kontaktstudiums bearbeiten zu können, scheint aus meiner Sicht deshalb unbedingt erforderlich. Ebenso gehört zur Befähigung für die eigene Gruppenarbeit die Selbsterfahrung unbedingt dazu, insbesondere im Hinblick auf die Sensibilisierung in der Wahrnehmung von Abwehr und Widerständen in der Gruppe. Die Tatsache, daß die eigene Person in der Lernsituation Gegenstand einer Lernveranstaltung ist, entspricht dem Anspruch der Sozialarbeit. Außerdem ist es möglich, Gruppenkonflikte, die in anderen Arbeitsgruppen während des Kontaktstudiums nicht angesprochen werden können aus Gründen des Lernziels, hier einzubringen.

Zur Frage der Organisation der Selbsterfahrungsgruppe im Rahmen des Kontaktstudiums erscheint es sinnvoll, wie zunächst geplant, bei Blockseminaren wöchentlich zweimal das Angebot der Selbsterfahrungsgruppe zu geben, und - sofern von den Gruppenmitgliedern akzeptiert - je nach Gruppenverlauf und Gruppenprozeß ein Kompakt- bzw. Klausurangebot von 2 bis 3 Tagen anzubieten.

U.E. hat die Selbsterfahrungsgruppe trotz des anfänglich beschriebenen ausgeprägten Widerstandes entscheidend zur Stabilität der Gruppe der KT und damit zum Ablauf des KSG beigetragen (s.5.1.5,5.2.5,5.3.5,5.4.5 und 5.5.2).

Bei der Auswertung der Protokolle der Gruppensupervision zur Einzelarbeit und Gruppenarbeit wurde deutlich, daß die Bearbeitung des Bereiches Altern und Alter resp. Einstellung, Verhalten und Interaktion zu älteren und alten Menschen neben der Selbsterfahrungsgruppe auch zu einem großen und wichtigen Teil innerhalb der Gruppensupervision erfolgte. So wurde z.B. aufgrund der zunehmenden Beunruhigung der Teilnehmer eine Gruppensupervision anläßlich der Erörterung der Situation und Verzweiflung einer schwer erkrankten an Krebs leidenden Klientin unterbrochen, um zunächst über fast einen ganzen Nachmittag ein Stück weit eigene Ängste und Vorstellungen bearbeiten zu können.

Weitere Beziehungsaspekte, besonders zu den weiteren KSG-Beteiligten, wurden z.T. in den Studiengangseminaren (s.5.5.2) geklärt.

5.5.2 Praxisorientierte Forschung innerhalb des KSG

Ausgerichtet auf die unter 3.2 zusammengefaßten praxisorientierten Aufgabenstellungen sozialgerontologischer Forschung wurde im Verlauf des KSG mit den KT als Praxisexperten eine diesbezügliche Forschungsarbeit in Teilbereichen versucht.
Bei der Realisierung ergaben sich folgende Schwierigkeiten:

- teilw. unzureichender Kenntnisstand über sozialarbeiterisch relevantes Wissen;
- mangelnde Kenntnisse und Erfahrungen in wissenschaftlichem Arbeiten;
- unsystematisches und z.T. wenig reflektiertes berufliches Handeln bei unzureichender Standortbestimmung eigener Arbeitsvollzüge;
- nicht ausreichend vorgegebene Forschungsstruktur mit Teilprojekten vor Ort, die eine befriedigende angeleitete Mitarbeit ermöglicht hätten;
- Abzug wissenschaftlichen Potentials während des KSG aufgrund der Auflösung der Forschungsinfrastruktur (s.4.1.4).

Die beobachteten Schwierigkeiten auf seiten der KT lassen sich u.a. auf den meist sehr langen Abstand zur eigenen Ausbildung (s.4.2.2) und die damalige Ausbildungssituation (Fachhochschulausbildung erst ab 1971) zurückführen.

Praxisorientierte Forschung als Studieninhalt und Arbeitsversuch konzentrierte sich auf die drei folgenden Inhaltsbereiche:

(1) <u>Anleitung zum wissenschaftlichen Arbeiten</u>
Parallel zur Aufarbeitung des berufspraktischen Erfahrungswissens und der Einführung/Vertiefung sozialarbeiterisch relevanten Wissens aus den geriatrisch/gerontologischen und sozialwissenschaftlichen Wissensbereichen erfolgte in der Phase I (Inhaltsbestimmung) eine erste Einführung zur systematisch-wissenschaftlichen Arbeit (u.a. Hilfestellung durch entsprechende Literatur, Umgang mit der Systematik der Ulmer Uni-Bibliothek, Einführung in Techniken des Selbststudiums, Arbeiten in Gruppen).
Empirische Grundlagenkenntnisse wurden im Zuge der Erstellung von Arbeitsplatz-Analysen (2.-3.SW) und im Rahmen der Auswertung der St.-Frageb. (4.-7.SW) vermittelt und entsprechende

Forschungsansätze diskutiert.

(2) Entwicklung praxisorientierter Forschungsansätze

Die Systematisierungsversuche bezügl. einer Strukturierung und Gewichtung der dringlichsten Praxis-Probleme in der 2. SW führten zur Einführung fester Arbeitsgruppen. Ziel dieser Arbeitsgruppen war es, praxisorientierte Forschungsprobleme zu formulieren und erste Ansätze für eine zielgerichtete Bearbeitung zu entwickeln (s.5.1.2). Die Arbeitsgruppe I "Erst- und Kurzkontakte" (4 KT) erbrachte interessante Forschungsergebnisse. Die Fragestellung stand in unmittelbarer Beziehung zu den täglichen Anforderungen der KT in der Praxis. Es wurden jeweils Erstgespräche und Kurzkontakte mit ca. 10 Älteren in verschiedenen Beratungseinrichtungen untersucht und im Vergleich zueinander ausgewertet. (Publikation in Vorbereitung).
Bei den beiden anderen Arbeitsgruppen gab es jedoch z.T. große Schwierigkeiten. In der AG II "Gruppenarbeit" (5 KT) war es zu Abgrenzungsproblemen gekommen mit der ab der 6. SW anlaufenden Gruppenarbeit unter Gruppensupervision. Auch institutionell bedingte Verständigungsschwierigkeiten (die KT kamen aus sehr unterschiedlichen Arbeitsfeldern) erschwerten eine Einigung auf eine gemeinsame Arbeitskonzeption. In der AG III "Personalprobleme, Rollenkonflikte und Fortbildung von Mitarbeitern in der Altenhilfe" (4 KT) kam es nach einer anfänglichen Arbeitshemmung aufgrund unüberbrückbar erscheinender Gegensätze bezügl. Stil- und Selbstverständnis von Sozialarbeit erst in der Schlußphase des KSG (11. SW) unter Mitarbeit aller KT zu umsetzbaren Arbeitsergebnissen bezügl. Einstellung und Anleitung von Mitarbeitern.
Neben den Arbeitsansätzen in den Arbeitsgruppen

war die Durchführung der Klientenstruktur-Analyse, die jeder KT im Zuge der Phasen II und III (4.-10.SW) vorgenommen hat, ein weiterer wichtiger Bestandteil des Versuchs, praxisorientierte Forschung während des KSG zu praktizieren. Jeder KT hat in seinem Arbeitsbereich anhand eines gemeinsam entwickelten Fragebogens ältere Klienten befragt, z.T. in Totalerhebung oder als Zufallsstichprobe (Publikation in Vorbereitung).

(3) Entwicklung innovativer Praxisansätze

Die im Verlauf des 2jährigen Kontaktstudiums entwickelten und erprobten, teilw. bereits ansatzweise in die Praxis umgesetzten Handlungs- und Arbeitskonzepte der KT werden ausführlich unter 6.1 beschrieben. Von den KT liegen darüber hinaus umfangreiche Unterlagen über ihre Arbeitsvollzüge (z.B. Soziale Einzelhilfe und Soziale Gruppenarbeit) vor, die derzeit weiter ausgewertet werden (Publikation in Vorbereitung).

Gleichzeitig ermöglichten die entwickelten Praxisansätze jener KT, die in Forschungseinrichtungen (Modellversuch "Altentreffpunkt", gerontopsychiatrische Universitätsklinik) mitarbeiten, einen gezielteren Transfer von praxisrelevanten Fragestellungen in den wissenschaftlichen Bereich.

5.6 Zusammenfassung

5.6.1 Studieninhalte

Die Zuordnung der Studieninhalte des KSG zu den curricularen Strukturbereichen I-IV wurde unter 4.3.1 (sachlogische Sequenzbildung) dargestellt. Die entsprechende Verteilung der Unterrichtsstunden in den einzelnen SW ist in den Tabellen 3, 5, 8, 10 wiedergegeben.
Einen zusammenfassenden Überblick über die Verteilung der verschiedenen Studieninhalte im Phasenablauf gibt nachfolgende Tabelle:

Tabelle 12: Curriculum Psychosoziale Gerontologie (Studieninhalte zu den curricularen Strukturelementen Unterrichtsstunden à 45 Minuten).

Curriculare Studieninhalte	Phase I 1.-3.SW	Phase II 4.-7.SW	Phase III 8.-10.SW	Phase IV 11.-13.SW	Phasen	Strukt. Bereich
Strukturbereich I: Selbsterfahrung, Studiengangplanung und Begleitforschung					zusammen:	105,5 (=23,2%)
I/A	12	30	-	-	42,0	
I/B	6	8,5	9,5	5	29,0	
I/G	5,5	4	4	1,5	15,0	
I/H	-	-	-	19,5	19,5	
Strukturbereich II: Psychosoziale Gerontologie					zusammen:	79,5 (=17,5%)
II/C	17	-	-	-	17,0	
II/D	12	22,5	28	-	62,5	
Strukturbereich III: Konzepte und Grundlagen der SA/SP für den Bereich Altenarbeit/Altenhilfe					zusammen:	216,0 (=47,5%)
III/E (1)	6	2,5	-	-	8,5	
III/E (2)	6	3,5	4,5	11	25,0	
III/E (4)	10,5	30	-	-	40,5	
III/E (5)	6	10	14	9	39,0	
Strukturbereich IV: Praxisorientierte Forschung					zusammen:	54,0 (=11,9%)
IV/F (1)	4	16	5	3	28,0	
IV/F (2)	-	4,5	6	15,5	26,0	
Zusammen:	92,0 +	147,0 +	111,0 +	105,0	=	455,0 (=100%)

Von den insgesamt 455 Unterrichtsstunden (Std.) entfallen 105,5 Std. (23,2%) auf den Strukturbereich I "SELBSTERFAHRUNG, STUDIENGANGSPLANUNG UND BEGLEITFORSCHUNG":

- Die Selbsterfahrungsgruppe (I/A = 42 Std.) und die Studiengangseminare mit den Schwerpunkten Planung (I/B = 29 Std.) und Prozeßevaluation (I/G = 15 Std.) sind als durchlaufende, strukturierende und stabilisierende Elemente des Gesamtstudienablaufs anzusehen. Nach dem Gesamtverlauf des KSG ist zu vermuten, daß eine Fortsetzung der Selbsterfahrungsgruppe über die 7. SW hinaus eine wichtige Stabilisierungshilfe für die Schwierigkeiten der 8. und 10. SW (s.5.3) gewesen wäre.

- Der zunehmende Zeitaufwand für die gemeinsame Studiengangsplanung (I/B = 29 Std.) verweist auf die sich verstärkende Mitbeteiligung bei der Gestaltung des KSG durch die KT. Aspekte der Begleitforschung im Rahmen der Prozeßevaluation (I/G = 15 Std.) nehmen dazu einen vergleichsweise geringen Zeitaufwand in Anspruch.

Auf den Strukturbereich II "PSYCHOSOZIALE GERONTOLOGIE" entfallen 79,5 Std. (17,5%):

- In der Phase der Inhaltsbestimmung kommt der Aufarbeitung des beruflichen Erfahrungswissens (II/C = 17 Std.) für die gemeinsame Bedürfnisermittlung und Zielentwicklung eine entscheidende Bedeutung zu.

- Aufgrund der teilnehmerorientierten Projektdurchführung ergibt sich allmählich insgesamt eine Schwerpunktverlagerung der Studieninhalte - dies wird vor allem ab der 3. Phase deutlich. Die Vermittlung wissenschaftsbezogener gerontologischer Basiskenntnisse (II/D = 62,5 Std.) tritt zugunsten des mehr praxisbezogenen Strukturbereiches III zurück.

Der Strukturbereich III "KONZEPTE UND GRUNDLAGEN DER SOZIALARBEIT/SOZIALPÄDAGOGIK FÜR DEN BEREICH ALTENARBEIT/ALTENHILFE" umfaßt 216 Std. (47,5%):

- Der ständig ansteigende Anteil von III/E (3) "Arbeitsfelder" mit insges. 103 Std. (22,6% der Gesamtstundenzahl des KSG) dokumentiert die Bedeutung dieses Bereiches für die KT.

- Der Vergleich von theoretischer Grundlagenvermittlung bezügl. Einzelhilfe (III/E (1) = 8,5 Std.) und Gruppenarbeit (III/E (2) = 25,o Std.) macht das Defizit an Vorwissen vor allem für den letztgenannten Bereich deutlich.

- Supervision erweist sich als unabdingbare Voraussetzung für eine innovatorische Praxisveränderung. Deshalb war die kontinuierliche Gruppensupervision zur Einzelhilfe (III/E (4) = 40,5 Std.) und zur Gruppenarbeit (III/E (5) = 39,0 Std.) ein wichtiger Bestandteil in allen 4 Ablaufphasen (die Arbeit am Einzelfall wurde nach der 7. SW beendet).

Auf den Strukturbereich IV "PRAXISORIENTIERTE FORSCHUNG" entfallen 54 Std. (11,9%):

- Der Zeitaufwand für die in den Kleingruppen angestrebten Arbeitsansätze (insg.:IV/F (1) = 28 Std.) geht in der Phase III des KSG erheblich zurück. Auch hier spielen die veränderten distalen Rahmenbedingungen (s.4.1.4) eine wesentliche Rolle. Vor allem die Arbeitsgruppen II und III hätten einer stärkeren Anleitung zum wissenschaftlichen Arbeiten bedurft.

- Die kontinuierliche Anleitung im Rahmen der Klientenstruktur-Analyse (IV/F (2) = 26 Std.) erbrachte demgegenüber fundiertere Arbeitsergebnisse bei z.T. sehr großem Engagement der KT.

Interessant sind in diesem Zusammenhang die Hinweise der KT auf diejenigen Studieninhalte, die sie im Rückblick anläßlich des Abschlußkolloquiums als bedeutsam für die Entwicklung von Neuansätzen in ihren Arbeitsbereichen benannten (s.6.1.6).

Tabelle 13: Rangfolge der Studieninhalte, die für die Entwicklung von innovatorischen Arbeitsansätzen besonders hilfreich waren

Rang	Studieninhalte	Anzahl der Hinweise in den Referatunterlagen zum Abschlußkolloquium
1	Gruppenarbeit (2.3)	11
2	Einzelhilfe (2.2)	10
3	Erfahrungsaustausch und Kontakte zu Kollegen (3.4)	7
4	Psychologie und Gerontopsychiatrie / Tiefenpsychologie und Lebenszykluskonzept (1.3)	6
5	Wissensstoff, allgemein (1.1)	5
	Medizin/Geriatrie (1.2)	5
	Klientenstruktur-Analyse (3.1)	5
	AG: Erst- und Kurzkontakte (3.2)	5
	Selbsterfahrungsgruppe (3.3)	5
6	Gruppensupervision, allgemein	4
7	Sozialwissenschaftlicher Bereich (1.4)	3
	Sterben und Tod (1.9)	3
	Bildungsarbeit mit älteren und alten Menschen (2.4)	3
	Exkursionen: Besichtigungen und Veranstaltungsbesuche (3.6)	3
8	Rehabilitation (1.6)	2
	Arbeitsplatz-Analyse (2.5)	2
	Fortbildung und Anleitung (ehrenamtlicher) Mitarbeiter (2.6)	2
	Erfahrungsaustausch und Kontakte zu Dozenten (3.5)	2

5.6.2 Arbeitsformen

Die Beurteilung der angewandten Arbeitsformen wurde bereits bei den Inhaltsanalysen zu den einzelnen Phasen (s. Tabellen Nr. 4, 6, 9, 11) dargestellt.

Zusammengefaßt werden die Arbeitsformen[1)] aus der Sicht der Teilnehmer in den St.-Frageb. folgendermaßen bewertet:

(1) Vorlesung, Plenumsdiskussion und Gemeinsames Kolloquium

Die Vorlesung hat in der Phase der Inhaltsbestimmung in Verbindung mit der Plenumsdiskussion ihren besonderen Stellenwert. Die Informationsvermittlung durch die Projekt-Initiatoren (Projektkonzeption, Ziel- und Planungsvorstellungen, Vermittlung von Grundlagenkenntnissen) steht in den ersten SW im Vordergrund (1.-4.SW: überaus hohe Positiv-Bewertung).
Auf der Basis der gemeinsamen Verständigung über die KSG-Konzeption wird in der 3.SW die Arbeitsform des Gemeinsamen Kolloquiums eingeführt (9,0 von 10 KT-Positivaussagen). Dieser Arbeitsstil vermag ein Stück weit die allgemeine Depression der 5. SW (Ende der Psychosozialen Studiengänge in Ulm) aufzufangen. Nach einem gewissen Tief in der 6. SW (nur noch ein Drittel der KT bewerten das Gemeinsame Kolloquium positiv) führt u.a. diese Arbeitsform in zunehmender Aufwertung durch die KT zum eindeutigen Höhepunkt des KSG in der 9. SW. In der Schlußphase wird die Plenumsdiskussion allmählich zur dominierenden und stabilisierenden Arbeitsform.

---

1) Anmerk.: Die Arbeitsform "Kleingruppenarbeit" wurde in der Zusammenfassung nicht aufgeführt, da sie durch die KT nahezu deckungsgleich mit den unterschiedlichen Inhalten der Praxisorientierten Forschung (Arbeitsgruppen I-III) bewertet wurde. Eine zusammenf. Ges.Bewertg. ist deshalb wenig sinnvoll.

(2) Selbsterfahrungsgruppe und Studiengangseminar

In der 3. SW bewerten die KT - zusammen mit der Plenumsdiskussion - auch die Selbsterfahrungsgruppe außerordentlich positiv (9,0 von 10 KTA). Sie vermag die krisenhafte Verstimmung der 5. und 6. SW zu überwinden. Das zwangsweise Ende der Selbsterfahrungsgruppe nach der 7. SW erschwerte den KT eine Gesamteinschätzung dieser Arbeitsform. Festzuhalten bleibt, daß die KT ihr anfänglich (1. und 2. SW) mit deutlicher Skepsis und Ablehnung gegenüberstanden und sie erst ab der 3. SW akzeptierten. Die Gegenüberstellung der Selbsterfahrungsgruppe mit dem Studiengangseminar läßt die Vermutung aufkommen, daß sie in einem komplementären Verhältnis zueinander stehen. Dies wird deutlich, wenn man den Verlauf der Positiv-Bewertungen bis zur 7. SW beobachtet. Bis zur 4. SW, und von der 6. zur 7. SW handelt es sich um ein der Tendenz nach negativ-reziprokes Verhältnis der beiden Arbeitsformen zueinander: Steigt die Positivbewertung der einen Arbeitsform, so sinkt gleichzeitig der Positivwert der anderen. Es ist anzunehmen, daß durch die Beibehaltung der Selbsterfahrungsgruppe das Studiengangseminar eine gewisse Entlastung erfahren hätte hinsichtlich der Konfliktbewältigung vorwiegend in der 10. SW. Gleichzeitig tritt durch die Übernahme von nicht genügend bearbeiteten Konflikten aus der Selbsterfahrungsgruppe eine gewisse Polarisierung unter den KT ein, die teilw. bis zum Abschluß des KSG bestehen blieb. Das Studiengangseminar erreicht als Instrument der Studiengangsplanung und Begleitforschung in der 8. SW seine beste Form. Dies zeigt sich insbesondere auch im Erfolg der 9. SW.

(3) Selbststudium

Das Selbststudium während der SW wird von den

KT aufgrund der umfangreichen Arbeitsplanung kaum realisiert (die KT hätten diesbezügl. mehr Hilfestellung benötigt). Die Motivation für das Selbststudium zwischen den SW zu Hause und am Arbeitsplatz dürfte abgesehen vom Lernerfolg aus der vorangegangenen SW auch noch durch andere Gründe beeinflußt sein. So ist z.B. ein längerer Zeitraum zwischen den SW förderlich für das Selbststudium: Die Abstände zwischen Juni und September (3. und 4. SW / 8. und 9. SW) erbringen stets ein Ansteigen der Bewertung des Selbststudiums. Andererseits wird aber auch deutlich, daß aufgrund der angestauten Arbeit nach der Sommerpause und des relativ knappen Zeitabstandes zwischen Ende September und Anfang November die Nov.-SW (5. und 10. SW) für die KT immer besonders belastend waren. Es wäre interessant zu wissen, inwiefern die beiden großen Krisen des KSG (5./6. und 10. SW) auch von solchen Einflußfaktoren mitgeprägt waren.

(4) <u>Exkursion</u>
Aus dem Verlauf und der Bewertung der Exkursions-SW in Berlin (8. SW) und Hannover (9. SW) durch die KT ist zu schließen, daß derartige mediale Vermittlungsformen generell sehr positiv aufgenommen werden. In Berlin führt allerdings die Abfolge der z.T. recht unterschiedlichen Programmpunkte zu einer großen Unruhe und Verunsicherung. Demgegenüber ist es in Hannover in idealer Form möglich, Unterkunft/Verpflegung, Seminarveranstaltungen und mediale Vermittlung im unmittelbaren Praxisfeld der Geriatrischen Rehabilitationsklinik miteinander zu verknüpfen. Es entwickelt sich ein überaus gutes atmosphärisches Klima. Erstmals wird deutlich, wieviel Energie bisher allein aufgrund unzureichender äußerer Umstände aufgewendet werden mußte, z.B. Unterkunft mit weiter Ent-

fernung zu den Seminarräumen usw.

(5) Gesamtüberblick
Die Darstellung auf S.243 zeigt die Bewertung der wichtigsten Arbeitsformen im Verlauf der 13. SW durch die KT.

5.6.3 Atmosphärisches Klima

Bei der Programmentwicklung und Durchführung des KSG kam der Teilnehmer-Orientierung mit dem Ziel der Intensivierung des Professionalisierungsprozesses besondere Bedeutung zu. Daraus erfolgte für das Gesamtprojekt eine verstärkte Hinwendung vom Unterricht zum "Lernfeld" (Curriculum als Sozialisationsmodell, s.4.3.2).
Im Blick auf diese konzeptionelle Ausweitung wurde als 3. Komponente der Begleitforschung und Prozeßinnovation die Beobachtung und Bewertung von Veränderungen im organisatorischen und personellen Bereich aufgenommen (s.4.3). Hierzu wurden mit Hilfe des Studiengangseminar-Fragebogens (s.4.3.4) Prozeßdaten erhoben, die über das atmosphärische Klima während des KSG aufschlußreiche Informationen lieferten.

Darstellung 7:

Verlaufsanalyse bezügl. der Bewertung der Arbeitsformen durch die KT (Zusammenfassung der Aussage-Kategorien A und B = Positivbewertungen; Ergänzung z.S.242 Arbeitsformen-Gesamtüberblick)

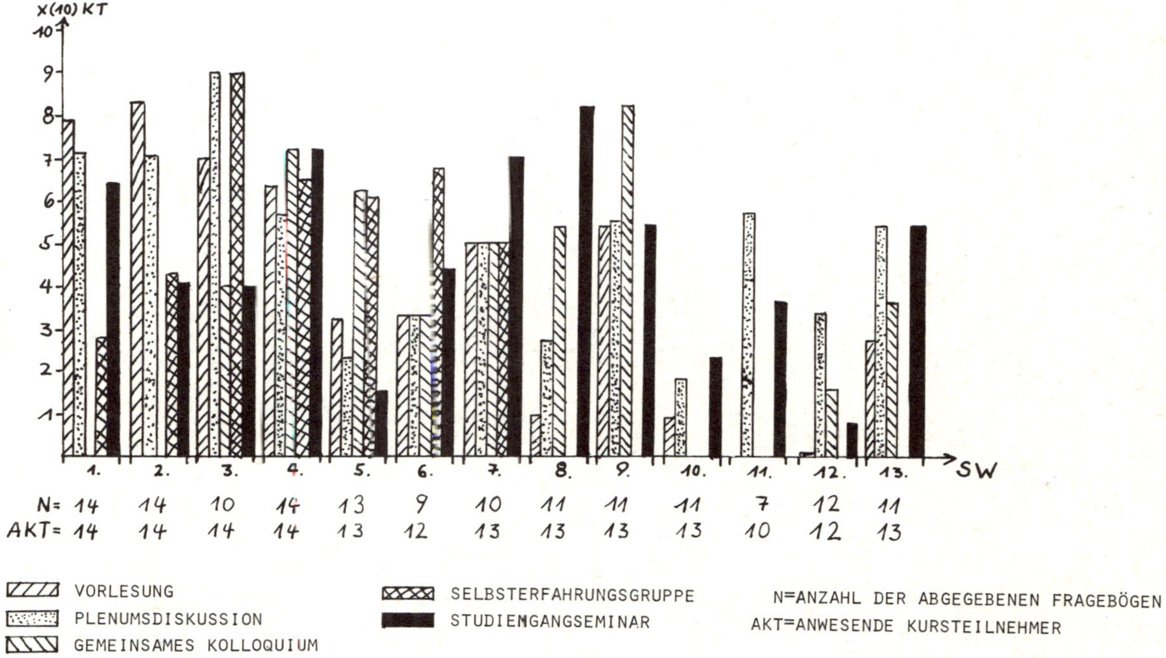

(1) Unterkunfts- und Verpflegungsverhältnisse

Nach anfänglichen Schwierigkeiten mit dem Hotel, in dem die KT untergebracht waren, haben sich die Unterkunfts- und Verpflegungsverhältnisse[1] in Ulm im großen und ganzen zufriedenstellend eingespielt. In der 8. SW in Berlin führt der ständige Wechsel zwischen den z.T. weit voneinander entfernt gelegenen Exkursions- und Veranstaltungsorten dazu, daß eine gewisse Unruhe und Hektik aufkommt. Es fällt vielen KT offensichtlich schwer, sich irgendwo "zu Hause" zu fühlen. Ähnliches gilt für die 10. SW in Kassel, wo das Hotel weit von der Hochschule entfernt liegt. Demgegenüber zeichnen sich die 9. und 11. SW dadurch aus, daß beide SW jeweils in einem Tagungshaus durchgeführt werden. Die positiven Auswirkungen auf das Lernklima (s.5.5.1 und 5.5.2) sprechen hier für sich!

Die 12. und 13. SW wird größtenteils in den Nebenräumen des Hotels durchgeführt, in dem die KT untergebracht sind. Die Tatsache, daß man in diesem an sich sehr angenehmen Hotel wegen ständigen Umtriebs doch nicht so ganz als Gruppe unter sich sein kann, und daß aus Kostengründen z.B. eine gemeinsame Verpflegung im Hotel nicht in Frage kommt, führte sicherlich dazu, daß diese Regelung nicht als so optimal eingeschätzt wird, wie zuvor die 11. SW im Internationalen Haus Sonnenberg im Harz. Andererseits bleibt anzumerken, daß mit der Durchführung der Seminare im Hotel doch eine Fülle von Annehmlichkeiten verbunden sind. Dies wird von den KT überwiegend positiv vermerkt, wie aus dem Vergleich mit den übrigen SW deutlich zu ersehen ist.

---

1) Anmerk.: Aufgrund der räumlichen Arbeitsbedingungen war eine Gemeinschaftsverpflegung z.B. an der Uni-Mensa nicht möglich.

(2) Interpersonelle Beziehungen zwischen KSG-Beteiligten

In den St.-Frageb. haben sich die KT über ihre Beziehungen zu den anderen KT (Merkmalsdimension II) und über ihre Beziehungen zur Seminarleitung und den Dozenten (Merkmalsdimension III) geäußert. Der Vergleich und die Gegenüberstellung der Positiv- und Negativbewertungen verdeutlicht den Verlauf der dynamischen interpersonellen Beziehungen während der dreizehn SW des KSG. Nach Überwindung einer gewissen Verstimmung in der 2. SW (ein Großteil der KT hat das Wochenende in Ulm verbracht; es zeigen sich erste Anzeichen von Untergruppen und "Fraktionen") finden die KT untereinander bis zur 5. SW zunehmend ein besseres Verhältnis zueinander. Auch der Seminarleitung/den Dozenten gegenüber gibt es in der 2. SW eine gewisse Reserviertheit. Bis zur 5. SW ist ein im großen und ganzen zufriedenstellendes atmosphärisches Klima zwischen KT und Seminarleitung/Dozenten festzustellen. In der 6. SW, dem Ausscheiden eines KT, kommt es zu einer ernsthaften Verstimmung (welche Kriterien waren ausschlaggebend bei der Auswahl der KT?). Auch das teilw. noch im Experimentierstadium befindliche Konzept zur Begleitforschung[1] trägt zu dieser Verunsicherung bei.

In der 7. SW werden diesbezügliche Schwierigkeiten durch die ausgiebige Studiengangseminar-Diskussion weitgehend überwunden. Allerdings kommt es unter den KT anläßlich dieser Klärungsbemühungen eher wieder zu einer gewissen Polarisierung (Ansteigen der Negativ-Bewertungen). Davon einmal abgesehen kann im übrigen

---

1) Anmerk.: Ein zuvor mit den KT nicht abgesprochener Versuch eines Mitglieds des BFT, Interaktionsvorgänge während einer Gruppendiskussion kategorial zu erfassen ("Strichliste"), führt zu einer Verunsicherung einiger KT, die darin eine Mißachtung der vereinbarten Verfahrensregelungen sehen.

bis zum Abschluß des KSG von einer weitgehend gleichlaufenden Bewertung der Beziehungen unter den KT einerseits und zur Seminarleitung/den Dozenten andererseits gesprochen werden. Diese Entwicklung deutet darauf hin, daß es für die KT offensichtlich diesbezügl. keine prinzipiellen Unterschiede mehr gibt.
Die Beziehungen der KSG-Beteiligten werden in der medialen Vermittlungsphase in vieler Hinsicht von den spezifischen Organisationsbedingungen der Exkursionsseminarwochen beeinflußt. So haben z.B. die ungünstigen Unterkunfts- und Verpflegungsverhältnisse in der 8. und 10. SW kaum eine stimulierende Wirkung auf die Interaktionsbeziehungen. Demgegenüber ermöglicht die 9. SW (Hannover) mit ihren optimalen äußeren Rahmenbedingungen, daß alle KSG-Beteiligten sich untereinander näherkommen.

Die 11. SW ist ähnlich wie die 9. SW gekennzeichnet durch die überwiegend positiven Beziehungen unter den KSG-Beteiligten. Es fällt hier aber auf, daß sich in der Abgeschiedenheit des gewählten Tagungshauses im Harz die Beziehungen der KT zur Seminarleitung und den Dozenten besonders positiv entwickeln.(Hinzu kommt, daß Seminarleitung und Dozenten ohne weitere Verpflichtungen außerhalb des KSG ständig anwesend sind.) Andererseits ist hier aber bereits ein erstes Ansteigen von Negativ-Bewertungen bezüglich der Beziehungen unter den KT zu verzeichnen, das in der 12. und 13. SW weiter ansteigt und zu einer deutlich polarisierten Beziehungsstruktur unter den KT zum Abschluß des KSG führt. Während in der Beziehung zur Seminarleitung und den Dozenten der 6. und 10. SW gewisse Belastungen zu verzeichnen sind, gestalten sich die Beziehungen unter den KT in der 2., 7. und kontinuierlich ansteigend in der Abschlußphase des KSG (Zunahme des Konkurrenzdenkens im Zuge der Präsentation) als zum Teil schwierig. Die Fortführung der Selbsterfahrungsgruppe wäre für diese Phase wahrscheinlich von Nutzen gewesen.

Zusammenfassend zeigen die Bewertungseinschätzungen durch die KT an, wie sehr bei einem langfristig und intensiv angelegten Arbeitsprogramm das allgemeine atmosphärische Klima von den konstitutiven Rahmenbedingungen (z.B. Unterkunft- und Verpflegungsverhältnisse) abhängt.

(3) Gesamtüberblick
Die nachfolgende Darstellung gibt einen Überblick über die Entwicklung des atmosphärischen Klimas im Verlauf des KSG (Positiv-Bewertung: Aussagekategorie C).

Darstellung 8: Verlaufsanalyse bezügl. der Bewertung des atmosphärischen Klimas (Auswertung der Äußerungen der KT in den St.-Frageb.)

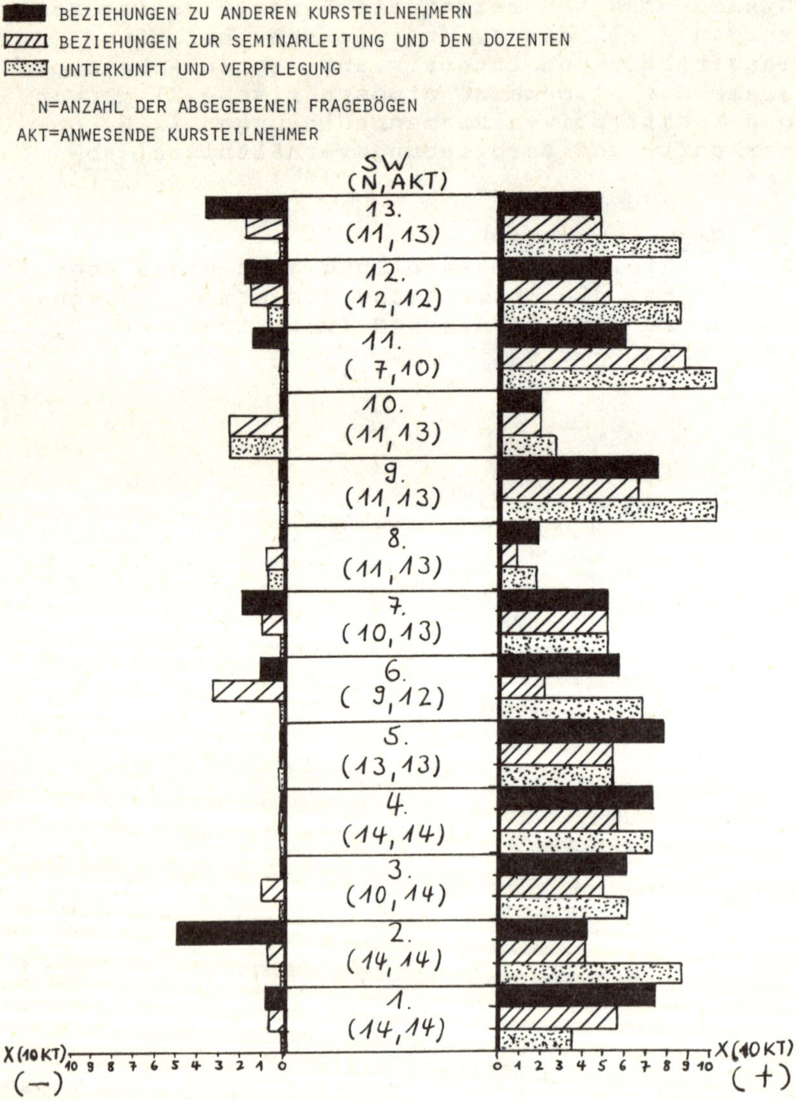

5.6.4 Gesamtbewertung des KSG

Die ausgiebige Diskussion des umfangreichen (nur z.T. in der vorangegangenen Prozeßanalyse dargestellten) Datenmaterials aus der Begleitforschung erfolgte weitgehend bereits in den vorangegangenen Kapiteln der Beschreibung der teilnehmerorientierten Projektdurchführung: (s.5.1-5.4). Insgesamt würde das gesamte vorliegende Datenmaterial eine gute Ausgangsbasis bieten für eine vergleichende Studie nach Durchführung weiterer Kontaktstudiengänge.

Einen zusammenfassenden Eindruck bezügl. der Gesamtbewertung des Studienablaufs spiegelt nachfolgendes Polaritätenprofil wider.
Es ergibt sich aus der Auswertung der subjektiven Einschätzungen der SW durch die KT mit Hilfe der 28 Eigenschaftsgegensatzpaare (semantisches Differential, s.4.3.4).

Darstellung 9: Gesamtbewertung des KSG (semantisches Differential - Auswertung der Profile des Eingangsfragebogens und der St.-Frageb. von der 1.-13. SW; insg.jew.ca. 159 Wertungen pro Eigenschaftspaar)

		$\bar{x}$	s
1	unangenehm -angenehm	3,9	1,4
2	unbefriedigend-befriedigend	4,0	1,3
3	oberflächlich -gründlich	3,9	1,3
4	verschwommen -klar	3,9	1,3
5	dogmatisch -aufgeschlossen	4,1	1,2
6	abstoßend -anziehend	4,0	1,0
7	repressiv -tolerant	3,8	1,2
8	labil -stabil	3,6	1,3
9	stagnierend -progressiv	3,4	1,5
10	starr -beweglich	3,9	1,2
11	unsicher -sicher	3,5	1,4
12	hemmend -fördernd	4,1	1,3
13	ungesteuert -gesteuert	3,6	1,3
14	einseitig -vielseitig	4,0	1,3
15	lähmend -aktivierend	4,0	1,3
16	unkoordiniert -koordiniert	3,6	1,5
17	unbequem -bequem	2,2	1,4
18	statisch -dynamisch	3,9	1,1
19	kompliziert -einfach	2,8	1,4
20	konservativ -liberal	3,4	1,2
21	gespannt -gelöst	3,1	1,7
22	rivalisierend -kooperativ	3,5	1,4
23	feindlich -freundlich	4,2	0,9
24	verschult -frei	3,3	1,6
25	uninteressant -interessant	4,3	1,1
26	autoritär -demokratisch	3,6	1,4
27	althergebracht-modern	3,9	1,1
28	verschlossen -offen	4,2	1,1

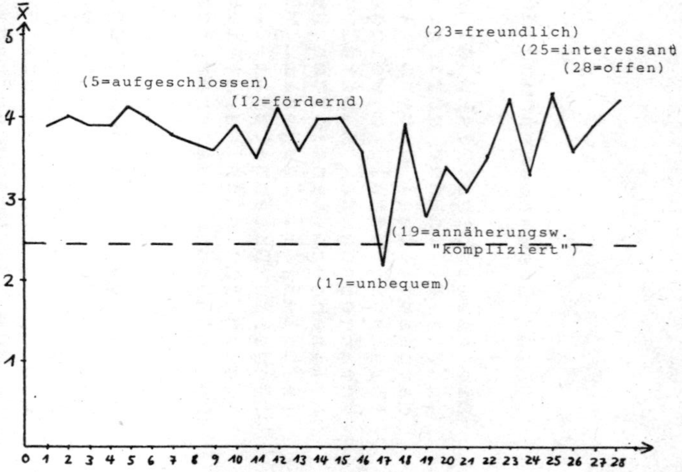

In der Gesamtbewertung wird das KSG bezügl. der vorgegebenen Bewertungsintervalle als eindeutig positiv eingestuft. Die einzige Ausnahme ($\bar{x}$/17 =2,2: unbequem!) weist u.E. auf die erheblichen Belastungen durch das KSG hin: z.T. weite Anreise; Unterbringungsprobleme; private, berufliche und studienbezogene Überbeanspruchung usw.

Die Kennzeichnung des KSG als bereits schon fast "kompliziert" ($\bar{x}$/19 = 2,8) verweist auf die Vielzahl der gleichzeitig zu verarbeitenden Anforderungen in mehreren Studienbereichen und das ungewohnte Studienmilieu mit seinen intensiven Lernanforderungen in den Seminarwochen.

Bei der Frage, ob das KSG eher gelöst oder gespannt gewesen sei, gehen die Ansichten der KT relativ weit auseinander (s/21 = 1,7), ebenso bei der Frage, ob es mehr verschult oder frei gewesen sei (s/24 = 1,6). Andererseits sind sie sich darüber sehr einig, daß eine überwiegend freundliche Atmosphäre vorgeherrscht habe (s/23 = 0,9), und daß das KSG anziehend (s/6 = 1,0) gewesen war.

Insgesamt belegt die überdurchschnittlich positive Kennzeichnung des KSG als

1. interessant ($\bar{x}$/25 = 4,3),
2. freundlich ($\bar{x}$/23 = 4,2) und offen ($\bar{x}$/28 = 4,2)

und schließlich

3. aufgeschlossen ($\bar{x}$/5 = 4,1) und fördernd ($\bar{x}$/12 = 4,1)

das überwiegend gute atmosphärische Klima während des zweijährigen Kontaktstudiums.

6 Projektauswertung

6.1 Das Abschlußkolloquium (Auswirkungen des KSG und Neuansätze in der Arbeit der KT)

6.1.1 Konzeptioneller Ansatz zur gemeinsamen Auswertung des KSG mit den KT

In dem ursprünglichen Planungsentwurf war vorgesehen, nach Abschluß des KSG für einen längeren Zeitraum am Arbeitsplatz der KT in Form einer teilnehmenden Beobachtung den Praxistransfer zu überprüfen. Aufgrund der veränderten distalen Rahmenbedingungen (s.4.1.4) ließ sich dieses Vorhaben nicht verwirklichen.

Deshalb wurde im Hinblick auf die Zielsetzung des KSG als praxis- und teilnehmerorientierter curricularer Modellversuch das Abschlußkolloquium als angemessene Form der Präsentation des individuellen Lernerfolgs gewählt. Jeder KT stellte in einem ca. 15minütigen Referat ihm wichtig erscheinende Neuansätze dar, die im Zusammenhang mit der Teilnahme am KSG erarbeitet wurden. In der anschließenden Diskussion mit dem Projektleiter, den Dozenten, dem Begleitforschungsteam und den Kollegen wurden die Ausführungen kritisch hinterfragt und überprüft.

Nachfolgend werden die von den KT vorgetragenen Neuansätze in strukturierter Form (anhand der Referatunterlagen und von ausgewerteten Tonbandabschriften) vorgestellt.

6.1.2 Darstellung von Arbeitsansätzen im Bereich der offenen Altenarbeit, der Beratung und Therapie

A <u>Leitung des Referats Nachbarschaftshilfe</u> (Anstellungsträger: Caritasverband e.V. in einer Großstadt)

A/1 Ausgangslage
Zwischen 1972 und 1973 wurden Arbeitsplatz-Analysen durchgeführt und Stellenpläne für die in der Dienststelle tätigen Sozialarbeiter erstellt. Die Einteilung der Aufgabenbereiche erfolgte daraufhin in fünf Abteilungen. Die Abteilung Altenhilfe wurde in sechs Referate unterteilt

- Aufnahme in Heime
- Betreuung in Heimen
- Essenszubringerdienst
- Altenclubs
- Altenfreizeiten
- Nachbarschaftshilfe, Sozialstation und Krankenpflege.

Im Referat "Nachbarschaftshilfe" lag der Hauptanteil der Arbeit bei leichten pflegerischen Diensten (bei ca. 80% handelt es sich um alte, kranke Menschen). Unterstützt und getragen wurde die Nachbarschaftshilfe von ca. 25 aktiven Helfern im Alter zwischen 65 und 78 Jahren. Weniger brauchbar war bei der Übernahme des Referates die Kartei "Hilfesuchende". Es mußte ein völlig neu strukturierter Arbeitsansatz entwikkelt werden.

A/2 Hinweise über Neuansätze
"Innerhalb unserer Referate können wir völlig selbständig arbeiten und planen; d.h., wir treffen uns in den Abteilungen jede Woche zu einer Dienstbesprechung ... Außerdem findet jede Woche eine Fallbesprechung mit einem Psycho-

therapeuten statt."

A/2.1 Allgemeine Hinweise
Mitarbeiter-Besprechung mit den Sozialarbeitern: wöchentlich / Treffen mit dem Psychotherapeuten: 14-tägig.
Eigeninitiativen zu Beginn: Besuch der Nachbarschaftshilfen aller Wohlfahrtsverbände und Besuch aller 44 Kirchengemeinden (gutes Echo, gute Voraussetzung für jetzige Arbeit - Belastungsgrad usw.).
Arbeitsschwerpunkte: Vermittlung von Diensten, Fortbildung, Werbung (Kontakte zu Ärzten, Telefonseelsorgern).

A/2.2 Arbeitsschritte bezügl. Vermittlung von Diensten
Der persönliche Kontakt (Termin für einen Hausbesuch - Hausbesuch als Relevanz-Filter: Einschätzung der Eignung für Hilfsdienste oder Weitervermittlung).
Das Gespräch mit der Nachbarschaftshelferin (ist sie bereit/geeignet?).
Zu dritt abklären, was geleistet, wie gearbeitet/geholfen werden kann, und Festlegung des Arbeitsplanes.

A/2.3 Konzeption bezügl. Fortbildung ehrenamtlicher Helfer
Einstieg: Bedürfnisabklärung mittels Fragebogen (zuvor bestand das Treffen vorrangig zum gemeinsamen Kaffeetrinken).
Einrichtung einer regelmäßigen Fortbildung (jeden ersten Dienstag im Monat 1400-1800 h).
Lernschritte - Zielperspektive
(da anfangen, wo die Leute stehen / den älteren Menschen ernst nehmen / beim Gespräch mit dem Älteren zuhören lernen / nicht Wünsche wecken, die dann nicht befriedigt werden können / Kontakt mit der Gemeindeschwester suchen / Training von Aktivierungsübungen).

A/2.4 Konzeption bezügl. Werbung
Berichte in Gemeindeblättern u.a. Medien (Intention im Rahmen der Fortbildung: wer etwas Positives erlebt, soll das erzählen, um gemeinsam daraus einen Artikel zu machen)
Prospekte, Flugblätter, Postwurfsendungen für Ältere (Problem: wie kommt man an jene heran, die wirklich Hilfe brauchen?)
Rundfunk-Interview im Regionalprogramm (bisher eine Sendung)

A/2.5 Sonstige Planungsperspektiven
Absicht bezügl. einer längerfristigen Gesamtplanung (Bündelung der Gemeindekrankenpflege / Integrieren der Nachbarschaftshelferinnen / Schwierigkeiten, für die Fortbildung Referenten zu finden).
Auswahl von Nachbarschaftshelfern (Vorgespräch/ obligatorische Teilnahme an der Fortbildung / Problem der Kompensation: "der geht's ja noch schlechter als mir" / Entlohnung: DM 6,-- pro Stunde).
Beschränkung der Gremienarbeit (kein Sozialarbeiter soll bei mehr als zwei Gremien außerhalb des Verbandes mitwirken / Mitarbeit der Sozialarbeiterin A: Vertretung des Bereichs Haus- und Krankenpflege auf Ligaebene und im Sozialausschuß der Stadt).

B <u>Mitarbeit und eigenverantwortliche Wahrnehmung von Beratungsaufgaben in einem vom Bundesministerium für Familie, Jugend und Gesundheit geförderten Modellversuch "Altentreffpunkt"</u>

B/1 Ausgangslage
Initiierende und beratende Mitwirkung in dem durch Selbstverwaltung der Älteren geleiteten Altentreffpunkt in einer Stadt von ca. 100.000 Einwohnern.

B/2 Hinweise über Neuansätze

"Ich gewann Sicherheit innerhalb des gesamten Entwicklungsprozesses des Altentreffs ... Meine Aufgabenstellung betrifft die Hilfe zur Aktivierung der Älteren auf den verschiedensten Gebieten - z.Zt. bei der Gründung des Seniorenrates der Stadt."

Die Arbeitsschwerpunkte in der Beratung umfassen: Einzelhilfe, Gruppenarbeit und Fortbildung.

B/2.1 Einzelhilfe

Arbeit an Schwierigkeiten und Problemen der Klienten auf der äußeren Ebene unter Berücksichtigung tiefenpsychologischer Aspekte (Psychodynamik des Alterns, Übertragung und Gegenübertragung, Abwehrmechanismen usw.)

"In diesem therapeutischen Prozeß ist es besonders wichtig, Abwehrmechanismen des Klienten zu beobachten und darauf entsprechend einzugehen ..."

B/2.2 Gruppenarbeit

Arbeit in der Gruppe an gemeinsamen Schwierigkeiten und Problemstellungen des Alterns insbesondere hinsichtlich von Interaktions- und Kommunikationsstörungen (Gruppe als Ganzes unter Berücksichtigung psychodynamischer Prozesse)

"Ich habe die Erfahrung gemacht, daß gemeinsame Probleme auf einen gemeinsamen unbewußt ablaufenden Prozeß hinweisen."

"Mit Klienten, die in ihrer Beziehung zur Umwelt nicht so sehr gestört sind, und die selbst auch Interesse am Kontakt zu anderen haben, arbeite ich dann in der Gruppe."

B/2.3 Seniorenorientierte Gemeinwesenarbeit

Zielperspektive: Abbau von Ängsten und Unsicherheit als Voraussetzung von Selbstorganisation und Selbstverwaltung und diesbezügliches

Training von Verhaltensweisen bei der Durchführung von Fortbildungsveranstaltungen und dem Aufbau des Seniorenrats.
"Die Teilnahme am KSG war bei mir mit der Übernahme eines neuen Arbeitsgebietes im Altentreff ... verbunden. Meine Aufgabe ist in dieser Einrichtung, mit dazu beizutragen, daß die Älteren aktiv werden und selbständig bleiben können. Ich arbeite ... in der Einrichtung in der Weise mit, daß ich den Vorstand (Senioren des Altentreff) berate ... und dabei mitwirke, daß die Konzeption, die auf das Selbständigwerden hinzielt, erfüllt werden kann."

B/3 Zusammenfassende Einschätzung der Auswirkungen des KSG
"Ich möchte insgesamt sagen, daß ich sowohl die Einzelhilfe als auch die Gruppenarbeit und ebenso die Arbeit mit dem Vorstand des Altentreff, bei dem ich jetzt eine viel sicherere Position habe, als zu Beginn, nur dadurch so machen konnte, da ich sehr vielseitige Hilfen im KSG erhalten habe ... Insgesamt war das KSG für mich auf breiter Basis Lern- und Trainingsfaktor im persönlichen und beruflichen Bereich."

C Leitung der Geschäftsstelle für Seniorenhilfe (Anstellungsträger: Stadtverwaltung, direkt dem Sozialdezernenten unterstellt)

C/1 Ausgangslage
Als Teilergebnis einer Befragung aller älteren und alten Mitbürger (ab dem 63. Lebensjahr) wurde von der Stadtverwaltung die o.g. Beratungs-, Informations- und Koordinationsstelle eingerichtet.
"Ich möchte vorausschicken, daß ich seit 3 J. in H. (=ca. 50.000 Einwohner) bin, und daß dort so lange bei der Kommune keine Sozialarbeit durchgeführt wurde. Vor drei Jahren begann dann die Arbeit mit 2 Sozialarbeiterinnen im Bereich

des Außendienstes. Durch die Fragebogenaktion ist das Bedürfnis nach Beratung herauskristallisiert worden. Dann gab es zunächst intern noch einige Schwierigkeiten, ... bis eine neue Stelle im Amt eingerichtet und ein Sozialarbeiter freigestellt wurde für diese Aufgabe."

C/2 Hinweise über Neuansätze

C/2.1 Einzelhilfe
Arbeit mit älteren und alten Menschen als Teilaufgabe im Rahmen der Beratertätigkeit in der Geschäftsstelle und regelmäßige monatliche Beratung in allen Lebenslagen zusammen mit einem Rechtsberater und gegebenenfalls einem Arzt.

C/2.2 Gruppenarbeit
Durchführung einer Spiel- und Gesprächsrunde (wöchentlich) in einem Städt. Altenheim: 10-14 Teilnehmer zwischen 75 und 89 Jahren.
Vorbereitung zur Einrichtung einer ähnlichen Gruppe in der vorhandenen Altenbegegnungsstätte:"... da ist mir ein Stück weit die Klientenstruktur-Analyse zu Hilfe gekommen, denn es bestand bei uns innerhalb der Verwaltung die Behauptung: die fühlen sich wohl, und die wollen nichts anderes, die sind mit ihrem Kartenklopfen und Häkeln zufrieden. Bei der Befragung hat sich aber herausgestellt, daß dies gar nicht zutraf, sondern, daß sie durchaus eigene Wünsche angemeldet haben ..."

C/2.3 Öffentlichkeits- und Gemeinwesenarbeit
Als besonders wichtig erscheinen: Zusammenarbeit mit der örtlichen Presse (es erscheint wöchentlich einmal, stets am gleichen Wochentag und auf der gleichen Seite "Unsere Seniorenecke"): "Neben dem Veranstaltungskalender werden meinerseits überwiegend Informationen, Anregungen, Wissenswertes in Kurzfassungen gebracht."
Zusammenarbeit mit Lehrern, die das Thema Alter

verstärkt in den Unterricht einbringen wollen. (Die bisherige Projektarbeit wurde unter dem Titel "Das Alter - ein Lerngegenstand? Versuche, Möglichkeiten, Erfahrungen für Schule und andere Bildungsbereiche" veröffentlicht).

C/3 Zusammenfassende Einschätzung der Auswirkungen des KSG

"Das KSG förderte mich in meiner gesamten Arbeit und machte mich sicherer ... Besonders hilfreich empfand ich die Einzelhilfe und Gruppenarbeit durch die hierbei erfolgte Supervision ... Das KSG hat sich für mich gelohnt."

D <u>Sozialarbeit in d. Gerontopsychiatrischen Abteilung einer Universitätsklinik</u>
(Anstellungsträger: Universitätsverwaltung)

D/1 Ausgangslage

"Bei uns in der Poliklinik gab es schon ziemlich viele Gruppen: z.B. Werkgruppen, Gymnastikgruppen ... Immer wieder meinte jemand, wir müßten auch noch eine Gesprächsgruppe haben. Aber keiner traute sich da so richtig ran. Und dann wurde einmal der Versuch gemacht ... Aufgrund dieser negativen Vorerfahrungen hatte ich nun besondere Sorge, eine solche Gesprächsgruppe anzufangen. Ich hatte auch die Vorstellung, daß - wenn ich jetzt depressive Patienten nehme - man ja nicht weiß, wie sich solche Gespräche auf deren Psyche auswirken, und daß es dann eher schlimmer wird, als besser. Ich hatte ziemlich viele Ängste dabei. Außerdem wird das auch sehr kritisch beobachtet von den Kollegen - insofern war das eine ziemlich ungünstige Ausgangsposition für mich."

D/2 Hinweise über Neuansätze

Arbeit im Bereich der Einzelhilfe, der Gesprächsgruppenarbeit und Entwicklung von neuen Fortbildungsangeboten.

D/2.1 Einzelhilfe

Neben einer systematischen Einführung und Anleitung wird als besonders bedeutsam angesehen, daß man durch die Supervision herausgefordert wurde, das eigene Vorgehen ständig zu begründen und zu reflektieren.

D/2.2 Gruppenarbeit

Die eigenen Erfahrungen in der Selbsterfahrungsgruppe werden als hilfreich für das Verständnis des Gruppenprozesses in der Gruppenarbeit mit älteren und alten Menschen hervorgehoben.

"Für mich war die Gesprächsgruppenarbeit das wichtigste Ergebnis des KSG ... Ich fand gut, daß wir hier erst mal so ein bißchen Theorie dafür bekamen, und daß auch die praktischen Dinge durchgesprochen wurden ..., wie man solche Gruppen anfängt im Detail. An und für sich bekam ich dann mit der Zeit mehr Sicherheit, und ich merkte, daß die Patienten nicht kranker wurden, sondern daß sich das gut auswirkte und ein Gruppengefühl entstand. Ich fand das manchmal frappierend, wie sich so nach und nach die Theorie auch verwirklichte."

D/2.3 Erstellung einer gerontopsychiatrischen Sozialdokumentation

Aufgrund der Erfahrungen mit der Klientenstruktur-Analyse war eine bessere Mitarbeit bei der Weiterentwicklung und Auswertung der Sozialdokumentation möglich.

D/2.4 Durchführung von Fortbildungsveranstaltungen

Interne Fortbildung in der Arbeitsgruppe der Klinik (Theorie der Gesprächsgruppenarbeit / Vorstellung der eigenen Konzeption zur Gruppenarbeit)

Fortbildung für Sozialpädagogen (Vorstellung der Konzeption von Sozialarbeit in einer geron-

topsychiatrischen Uni-Klinik)
Mitarbeit bei der Nachqualifikation von Altenheimleitern.

D/3 Zusammenfassende Einschätzung der Auswirkungen des KSG
"Bei allem Streß, den die berufsbegleitende Zusatzausbildung mit sich brachte, glaube ich doch, sagen zu können, daß eine berufsbegleitende Ausbildung mit ständigem Praxisbezug den Lernprozeß intensiviert. ... Das KSG halte ich für ein gelungenes Experiment; es sollte meines Erachtens auch in Zukunft fortgeführt werden."

<u>Hilfreich für die Entwicklung von Neuansätzen erwiesen sich bei den KT:</u>

A Lebenszykluskonzept / Alterspsychologie und Krankheiten im Alter / Einzel- und Gruppenarbeit unter Supervision / Arbeitsgruppe Erst- und Kurzkontakte / Fachgespräche mit Kollegen

B Fachwissen, insbesondere tiefenpsychologische Kenntnisse / Selbsterfahrungsgruppe / Gruppensupervision / Beziehungen zu Dozenten und Kollegen / Einzel- und Gruppenarbeit / Arbeitsgruppe: Erst- und Kurzkontakte i.S. der Erarbeitung und Erforschung neuer Möglichkeiten

C Einzelhilfe und Gruppenarbeit / Gruppensupervision / Klientenstruktur-Analyse / Fachwissen

D Aufarbeitung des Erfahrungswissens / Vermittlung von theoretischen Kenntnissen, insbesondere:
- Probleme der Berentung/Pensionierung
- deviantes Verhalten im Alter
- Problematik von Sterben und Tod

Gruppensupervision für einen Einzelfall /

Selbsterfahrungsgruppe / Klientenstruktur-Analyse / Gesprächsgruppenarbeit

6.1.3 Darstellung von Arbeitsansätzen bei Wohlfahrtsverbänden

E <u>Leitung der Bezirksstelle eines kirchlichen Wohlfahrtsverbandes</u> (Anstellungsträger: Caritasverband)

E/1 Ausgangslage
Zuständig für 9 Pfarreien in einem großstädtischen Einzugsgebiet mit ca. 300.000 Einw., davon sind ca. 22% Ältere (11% der Gesamtbevölkerung: katholisch).
Aufgabe: Verbindung des Caritasverbandes und der einzelnen Kirchengemeinden zur Kommunalbehörde, Betreuung offener Beratungsstellen, Vermittlung zwischen Hauspflege und Krankenhaus.
Mitarbeiterstab: 1 1/2 kaufm.-schreibtechn. Hilfskräfte, 100 Hauspflegerinnen, ca. 300 Pflegestellen mit ca. 5.000 Pflegestunden im Monat.
"In meinem Handeln in der Bezirksstelle bin ich grundsätzlich ziemlich frei. Der Verband hat keine Arbeitsplatz-Analysen erstellt und macht auch keine Vorschriften, außer der, daß mindestens 50% der Arbeit in den Pfarreien (gleich ob als Einzelhilfe, Gruppenarbeit oder Beratung) geschehen soll. Das hängt damit zusammen, daß die Bezirksstellenleiterinnen überwiegend vom Ordinariat bezahlt werden."

E/2 Hinweise über Neuansätze
Verlagerung der Arbeit in Gruppen, gezielte Gesprächsführung vor allem bei Hausbesuchen, Intensivierung der Zusammenarbeit mit Kollegen.

E/2.1 Arbeit in Gruppen
"Vor dem Beginn des KSG habe ich mich sehr auf

Einzelhilfe spezialisiert, weil ich eine Gruppenarbeit für unergiebig hielt, und ich davor auch selbst zurückschreckte. In der Zwischenzeit erfolgt umfangreiche Arbeit in Gruppen."
Arbeit und Mitwirkung in folgenden Gruppen: in der Bezirksstelle eine Gruppe mit Älteren, die jede Woche tagt / Fortbildung für ehrenamtliche Mitarbeiter aus den Altenkreisen der Pfarreien / monatliche Gruppenberatung von Gemeinderatsvorsitzenden der Gemeinden mit dem Dekan des Bezirks / Planung einer Fortbildung für Hauspflegerinnen / Praktikanten-Anleitung in einer geschlossenen Gruppe.

E/2.2 Hausbesuche
"Bevor wir Hauspflegerinnen einsetzen, habe ich sehr viel Hauskontakte. Da wir jetzt anhand unseres Struktur-Rasters, das wir uns erarbeitet haben, (AG: Erst- und Kurzkontakte), die Möglichkeit haben, uns selber besser zu kontrollieren und die Gespräche intensiver und tiefergehend zu führen, ist es mir nun eher möglich, den Patienten und Klienten besser zu helfen."

E/2.3 Zusammenarbeit mit Kollegen
"Insbesondere hat sich das KSG auch auf die Zusammenarbeit mit Kollegen ausgewirkt. Jüngere Kollegen, die noch nicht so lange in der Arbeit stehen, suchen häufiger meinen Rat."

E/2.4 Gremienarbeit
Vertretung von Altersfragen in verschiedenen Gremien (u.a. Mitglied in einer Arbeitsgemeinschaft, die von der evang. Kirche initiiert wurde / Mitglied im Katholikenausschuß des Bezirks, von dort entsandt in den Diözesanrat).

F <u>Leitung des Ressorts "Gruppenarbeit mit älteren Menschen" eines kirchlichen Wohlfahrtsverbandes in einer Großstadt</u>
(Anstellungsträger: Ev. Gesellschaft e.V.)

F/1 Ausgangslage
Im Verlauf des KSG Stellenwechsel im Rahmen der kirchlichen Altenarbeit.

F/2 Hinweise über Neuansätze
"Mögliche Neuansätze meiner Arbeit wurden erkennbar vor allem in einer Gruppenarbeit mit pflegebedürften alten Menschen. Sie wurde durchgeführt im Alten- und Pflegeheim der Samariterstiftung ... Bei Einzelgesprächen und bei Besuchen des Altenclubs unserer Pfarrgemeinde, bei Fortbildungsseminaren für Altenpflegerinnen und bei meiner Unterrichtstätigkeit an der Krankenpflegeschule ... sehe ich gute Möglichkeiten, die erworbenen Kenntnisse anzuwenden und zu vertiefen."

F/2.1 Gruppenarbeit mit pflegebedürftigen alten Menschen
Zielperspektive: Reaktivierung der Pflegeheimbewohner mit Verbesserung von Kontakten; Hilfestellung bei der Formulierung eigener Wünsche und Interessen, deren Umsetzung und Durchsetzung im Heim.
"Wir haben im KSG sehr ausführlich die Vorbereitung zur Gruppenarbeit besprochen, und ich ging dann von meiner Arbeitsstelle davon aus, ein Heim zu suchen, in dem eine solche Gruppenarbeit möglich und erwünscht ist. Das war nicht leicht und nicht so, daß die Heimleiter alle gleich davon begeistert gewesen wären.
Ich hab' in verschiedenen Heimen angefragt, und da war aber sehr viel Ablehnung - bringt das nicht mehr Unruhe und Durcheinander? Für mich war von Anfang an sehr wichtig, daß der Heimleiter meine Bemühungen unterstützt."

F/2.2 Fortbildung für Altenpflegerinnen
"Man ist an mich herangetreten, weil man von meiner (o.g.) Arbeit erfahren hatte. Motiviert wurde die Notwendigkeit dieser Fortbildung da-

mit, daß es recht große Spannungen innerhalb der Mitarbeiterschaft geben würde, über die man nicht sprechen könnte. Auch wurde darüber geklagt, daß die jungen Schwestern kaum mit den Patienten umgehen könnten, daß ein "Feldwebelton" usw. herrsche. Es war von der Leitung aus die Vorstellung da, daß also die ganze Fortbildung unter dem Begriff 'Umgang der Mitarbeiter untereinander' laufen sollte. Ich hab' das ziemlich problematisch gefunden ... Wir haben uns dann geeinigt, daß das Thema der Fortbildung 'Einführung in Gesprächsführung' lauten sollte, weil ich auch ganz gut die Möglichkeit eines Transfers sah, zwischen dem, was zwischen Patienten und dem, was unter den Mitarbeitern läuft."

F/3 Zusammenfassende Einschätzung der Auswirkungen des KSG

"Zusammenfassend möchte ich sagen, daß die Teilnahme am KSG mir neben neuen theoretischen Kenntnissen vor allem die Möglichkeit gebracht hat, diese mit weniger Angst und mehr Selbstsicherheit in die Praxis umzusetzen."

G Leitung des Referates Altenhilfe
(Anstellungsträger: Arbeiterwohlfahrt)

G/1 Ausgangslage

Lehrgangsarbeit/Fortbildungsveranstaltungen (ehrenamtliche und hauptamtliche Mitarbeiter insbesondere: Durchführung von Heimleiter-Nachqualifizierungskursen)

Gremien (Verbandseigener Ausschuß "Altenhilfe" mit Unterausschuß "Berufsbild Heimleiter")

G/2 Hinweise über Neuansätze

"Aufgrund der Arbeitsplatz-Analyse vom Sommer 1975 Verlagerung der schwerpunktmäßigen Gewichtung in der Lehrgangskonzeption und Umsetzung."

G/2.1 Lehrgangsarbeit
Einbringung eigener Praxiserfahrung (Einzelhilfe / Gruppenarbeit) und Berücksichtigung der Supervisionserfahrung für die eigene Tätigkeit. ("Damit wurde ich für die Lehrgangsteilnehmer ein voll akzeptierter Gesprächspartner.")
Entwicklung eines auf die Praxis-Bedürfnisse der Teilnehmer ausgerichteten Lehrgangskonzeptes und Erprobung desselben.

G/2.2 Gremienarbeit
Qualifiziertere Wahrnehmung der Gremienarbeit insbesondere durch fundiertere Kenntnisse über den Altenbereich.
Größere Sicherheit in der Zusammenarbeit mit Vertretern anderer Berufsgruppen.

G/3 Zusammenfassende Einschätzung der Auswirkungen des KSG
"Wenn ich ein Resümee aus zwei Jahren KSG ziehe, kann ich sagen, daß es im fachlichen wie im persönlichen Bereich deutliche Auswirkungen zeigte. Kritisch möchte ich anmerken:
- lang mißglückter Integrationsversuch in den Hochschulbereich;
- langsamer Lernprozeß des Teams im Bereich 'Soziales Lernen';
- aus der Sicht des Ausschreibungszieles (für leitende Sozialarbeiter in der Altenarbeit) einseitige Stoffgewichtung zugunsten der Medizin."

<u>Hilfreich für die Entwicklung von Neuansätzen erwiesen sich bei den KT:</u>

E vielseitiger Einblick in die Problematik des Alterns / Selbsterfahrungsgruppe / Gruppensupervision / Arbeitsgruppe Erst- und Kurzkontakte / Fortbildung ehrenamtlicher Mitarbeiter / das gemeinsame Gespräch mit den

Teilnehmern am KSG / Kontakte zu den Dozenten

F Supervision zur Gruppenarbeit und Einzelhilfe / Auseinandersetzung mit der eigenen Haltung zum Alter / Selbsterfahrungsgruppe / neue theoretische Kenntnisse.

G Sozialwissenschaftliche Informationen / Erfahrungen der Supervisionsgruppen Einzelhilfe und Gruppenarbeit / Selbsterfahrungsgruppe / Kennenlernen der Arbeitssituationen der anderen KSG'ler / Kongreß-Besuch in Berlin.

6.1.4 Darstellung von Arbeitsansätzen im Bereich der kommunalen Altenhilfe (Sozialadministration)

H <u>Beratung von Heimplatzsuchenden</u>
(Anstellungsträger: Stadtverwaltung in einem Großstadtbezirk)

H/1 Ausgangslage
Zunächst zuständig für die Aufsicht über 40 gewerbliche und 10 caritative Altenheime mit insgesamt ca. 3.500 Klienten.
Später verantwortlich für die Beratung von Heimplatzsuchenden des betreffenden Stadtbezirkes und für die Bewohner der gewerblichen Altenheime; zusätzlich als Ausbildungsleiter in der Sozialarbeiter-Praktikanten-Ausbildung tätig (ca. 1/3 der Arbeitszeit als festgesetzte Regelung).

H/2 Hinweise über Neuansätze
Aufbau und Ausbau von Gruppenarbeit in Alten- und Pflegeheimen.
Entwicklung, Wahrnehmung systematischer Beratung von Heimplatzsuchenden.
"Konkurrenzsituation, die sich daraus ergeben hat, daß einer aus diesem Kreis eine zusätzliche Ausbildung an einer Hochschule machte: Die

Süddeutscher Rundfunk

war oft hinderlich."

H/2.1 Beratung von Heimplatzsuchenden
Erprobung des in der AG "Erst- und Kurzkontakte" entwickelten Gesprächskonzeptes und Übertragung bzw.Modifizierung auf die spezifische Situation von Heimplatzsuchenden.
Berücksichtigung der sozialen und psychischen Bedingungen und Auswirkungen des beabsichtigten Umzuges in ein Altenheim; Ansprechen von Erleben, Verarbeiten v. Abhängigkeit und Versorgung im Heim und möglicher sich abzeichnender Konflikte.
Beratung von Heimbewohnern und Heimleitung im Konfliktfall.

H/2.2 Praktikantenberatung
"... ist für mich sehr wichtig, weil ich dort auch selbst neue Anregungen bekomme und eben nicht nur mit alten Leuten allein arbeite."
"In meinem speziellen Arbeitsgebiet habe ich die Praktikanten in Gruppen zusammengefaßt ... und da ist mein Ziel, den Praktikanten zu zeigen, daß man mit alten Leuten arbeiten kann. In diesen Besprechungen sind die Erfahrungen, die ich in der Gruppenarbeit gemacht habe - im Sehen, Überschauen von gruppendynamischen Zusammenhängen - sehr wichtig. Ich kann sehr gut so Dinge, die ich in meiner Gruppe mit den alten Leuten erlebt habe, übertragen, und es gelingt mir jetzt leichter, damit umzugehen."
"Dann ist es auch so, daß mich die jüngeren Kollegen in zunehmendem Maße zu Beratungen holen. Mein Vorteil: daß ich nicht Vorgesetzter bin ..., und daß ich selber im KSG Erfahrungen gemacht habe, wie es ist, wenn man beraten wird, und ich glaube, ich konnte das ganz gut übertragen."

H/2.3 Durchführung von Fortbildungsveranstaltungen

Zusammen mit zwei anderen KT Durchführung von F. über Altersfragen: Darstellung des eigenen Arbeitsgebietes, Einführung in Gruppenarbeit zur Motivierung von Kollegen.
Mitarbeit bei überregionalen Weiterbildungskursen über Altersfragen (z.B. Gesprächsführung).

H/3 Zusammenfassende Einschätzung der Auswirkungen des KSG

"Was hat das KSG gebracht? - Die Frage steht für mich im kausalen Zusammenhang mit der Frage, was habe ich erwartet, und wie war das KSG. Meine hohen Erwartungen wurden in der ersten Phase enttäuscht. Ich hatte mit Vorträgen und reiner Wissensvermittlung gerechnet und mußte erst lernen, meinen eigenen Anteil einzubringen ... Eine weitere Schwierigkeit, mit der ich mich auseinandersetzen mußte, war das Zurückgehen in die Praxis. Nach einer abgeschlossenen Seminarwoche standen an meinem Arbeitsplatz ganz andere Dinge im Vordergrund. Mein neuer Anspruch an die Arbeit wurde auf das "Machbare" zurückgeschraubt. Dennoch ... glaube ich, daß das kritische Auseinandersetzen mit dem Gelernten und das Ausprobieren in der Praxis für mich sehr wichtig war, um den Stoff zu verarbeiten. ... Die Frage nach den Neuansätzen und nach dem, was das KSG gebracht hat, läßt sich - glaube ich - noch nicht abschließend beantworten, weil ich davon ausgehe, daß einiges sich noch im Laufe der Zeit einstellen wird ... Ganz wesentlich sind für mich die Erfahrungen, die ich mit der Gruppenarbeit gemacht habe ... Vieles, was ich in meiner Seniorengruppe gelernt habe, kann ich sehr gut auf die Gruppe meiner Praktikanten oder Kollegen übertragen."

I <u>Sachgebietsleitung für den Bereich geschlossene Altenhilfe des Sozialamtes</u>
(Anstellungsträger: Stadtverw.ein.Großst.)

I/1 Ausgangslage

"Seit 1960 besteht bei uns ein Altenplan, der inzwischen zwei Neuauflagen erfahren hat. Seit dieser Zeit existiert auch die Fachabteilung Altenhilfe, die unmittelbar der Sozialamtsleitung unterstellt ist. Als ich 1967 diese Stelle der Sachgebietsleitung übernahm ... hatte die Altenhilfe vorwiegend die Aufgabe, den zentralen Bettennachweis zu führen einschl. Beratung und Vermittlung. Die Aufgabe der Sachgebietsleiterin war insbesondere die Zusammenarbeit mit den Heimen."

Zentraler Bettennachweis: ca. 1.700 Anträge bezüglich Heimaufnahme und etwa 1.300 Unterbringungen pro Jahr.

Beratung und Vermittlung zur Heimunterbringung: 3 x wöchentlich Sprechstunde, dazu Haus- und Nachbetreuung der Heimbesuche.

I/2 Hinweise über Neuansätze

Ausbau des Sachgebiets Altenhilfe im Heimbereich (geschlossene A.) mit Wahrnehmung einer Schwerpunktverlagerung in Richtung Beratung, Interessen- und Aktivitätsförderung von Heimbewohnern. Günstig wirkte sich dabei die Gewinnung von drei jüngeren und für die Altenarbeit interessierten Kollegen aus (Ausscheiden der Vorgänger durch Pensionierung/Versetzung).

Dazu wurde die indirekte Beteiligung der Mitarbeiter am berufsbegleitenden Kontaktstudium zu einem wichtigen Anliegen:

"Von Anfang an war ich bemüht, meine Mitarbeiter so weit als möglich an meiner Ausbildung teilnehmen zu lassen. Dies geschah durch laufende Informationen, Literaturhinweise, Einrichtung einer Fachbücherei, Abonnement von Fachzeitschriften ... Anregungen aus dem KSG wurden übernommen: z.B. Einzelfallhilfe (Konzept der psychosozialen Anamnese), Fragekatalog der Arbeitsgruppe 'Erst- und Kurzkontakte',

Gruppenarbeit im Heim."
Erarbeitung eines Fragebogens zur Arbeitsplatz- und Aufgabenanalyse in der Dienststelle. Die Ergebnisse dienten der gemeinsamen Entwicklung einer Arbeitskonzeption für den Dienststellenbereich. Anhand der Äußerungen von Mitarbeitern des KT lassen sich dessen Versuche, Neuansätze in seinem Arbeitsbereich zu entwickeln, dokumentieren:

I/2.1 Dienstbesprechungen (Mitarbeiter-Äußerungen)

"Die Dienstbesprechungen haben meistens einen großen Teil Informationen durch die Sachgebietsleiterin oder eines anderen Mitarbeiters; danach werden im Gruppengespräch die Meinungen der einzelnen Gruppenmitglieder angehört."
"Es werden alle interessierenden Sonderfälle und Gedanken von jedem Mitarbeiter vorgebracht. Gemeinsame Stellungnahmen werden erarbeitet. Protokolle werden geführt, und es gibt eine Tagesordnung."

I/2.2 Praxisanleitung (Mitarbeiter-Äußerungen)

"Praxisanleitung erfolgt im Einzelgespräch, 1 mal die Woche (eine halbe Stunde)"
"Jeder Mitarbeiter der geschlossenen Altenhilfe ist bemüht, einem 'Neuling' den Einstieg in die Arbeit zu erleichtern (Diskussionen, genaue Einführung und Praktika in den Heimen)."

I/2.3 Arbeitseinteilung und Planung (Mitarbeiter-Äußerungen)

"Die A. erfolgt bei mir jetzt noch genauer und besser auch in Drucksituationen. Ich plane noch mehr die Einzelheiten in der Arbeit."
"Grobe Einteilung durch wiederkehrende Termine (Dienstbesprechung, Heimbesuch, Sprechzeiten, Arzttermin usw.); Terminkalender für nachgehende Betreuung (Wohnungsauflösung, Geburtstage usw.); der größte Teil geschieht aber ad hoc

und ist nicht planbar (Beratungen, Hilfevermittlungen)."
"Für die Stadtbezirke individuell durch Sozialarbeiterinnen je nach Fähigkeiten und Vermögen, ansonsten allgemeine Jahresplanung im Teamwork (Wobei jede einzelne Sozialarbeiterin einen Jahresplan für sich entwickelt)."

I/3 Zusammenfassende Einschätzung der Auswirkungen des KSG
"Aus der vorliegenden Darstellung wird deutlich, daß Gruppen- und Teamarbeit notwendige Voraussetzungen einer arbeitsfähigen Abteilung sind. Die Gruppenarbeit und ihre Auswirkungen war eine der für mich wichtigsten Erfahrungen. Die Teilnahme am KSG hat mein Fachwissen vertieft und erweitert, mir wertvolle Anregungen vermittelt, mich zur ständigen Reflexion angeregt ... Nicht unerwähnt sollte allerdings die große zusätzliche persönliche Belastung bleiben. Die eigene Psycho-Hygiene hat in diesen beiden Jahren sehr gelitten - trotzdem: Es scheint sich gelohnt zu haben."

K <u>Leitung des Amtes "Soziale Einrichtungen und Angebote - insbesondere für Senioren" in der Abteilung Sozialwesen des Bezirksamtes in einer Großstadt</u>
(Anstellungsträger: Stadtverwaltung)

K/1 Ausgangslage
"Erschwerend war für mich der innerhalb des berufsbegleitenden Kontaktstudiums erfolgte Stellenwechsel. Somit war für mich neben der vollen Konzentration zur Einarbeitung in die neue berufliche Aufgabe das KSG eine enorme Belastung."
Mitarbeiter-Besetzung: 27 Mitarbeiter, davon 6 Sozialarbeiter-Stellen; 11 Altenpflegerinnen, 2 davon im offenen Bereich und 8, die Seniorenhäuser betreuen (1 Altenpflegekraft ist für die Seniorenclubarbeit zuständig); 4 Kräfte für

Beschäftigungstherapie.
Aufgabenbereich: Koordination für sämtliche Senioreneinrichtungen im Großstadtbezirk; Leitung der Sozialarbeit in der Abteilung Sozialwesen; Planung und Durchführung von Veranstaltungen einschl. kultureller Angebote.

K/2 Hinweise über Neuansätze
"Schon am Anfang dieses Berichtes möchte ich und muß ich festhalten, daß der Neuansatz in der eigenen Arbeit durch das KSG sich erst in der Anfangsphase befindet. Der Prozeß der Auswertung und Nutzbarmachung des Erlernten wird noch ca. 1 Jahr erfordern, d.h., daß das von den Dozenten vermittelte theoretische Wissen und das mit den Seminarkollegen erarbeitete Material erst nach Abschluß des KSG seine praktische Bewährungsprobe erfahren wird. Sicherlich habe auch ich einige neue Ansätze und Kenntnisse schon parallel zum KSG in die Arbeit einfließen lassen."

K/2.1 Mitarbeiter-Training
Weitergabe von theoretischen Kenntnissen aus dem medizinischen, psychisch- und sozialwissenschaftlichen (soziologisch und pädagogisch) Bereich.
Systematische Beratung der Fachkollegen im Amt i.S. einer Praxis-Anleitung.
In Konsequenz der eigenen Gruppenarbeit unter Supervision: Forderung nach Aufbau einer Gruppe durch jeden im Amt tätigen Sozialarbeiter (direkter Kontakt zu Älteren).

K/2.2 Kriterienorientierte Auswahl neuer Mitarbeiter
Entwicklung und Erprobung eines Kriterienkatalogs zur Auswahl neuer Mitarbeiter (Einfühlungsvermögen, Interesse an Aktivierung und Verselbständigung Älterer usw.).
Entsprechende Beratung von Institutionen.

K/2.3 Öffentlichkeitsarbeit
Entwicklung einer gezielten Öffentlichkeitsarbeit für und über Ältere im Stadtbezirk durch Vorträge, Presseinformationen, flankierende Maßnahmen zu regelmäßig erscheinenden Publikationen für Ältere.

K/3 Zusammenfassende Einschätzung des KSG

K/3.1 Kritische Bemerkungen zum Ablauf des KSG
Organisation: " Hier hat es Mängel gegeben, die wohl z.B. an der Unerfahrenheit des Evaluationsteams aber auch an der Gesamtleitung lagen (u.a. Pannen bei der Versendung von Arbeitsmaterialien, schlechte Unterkunft, zuviel Freiheit für die Teilnehmer)."
Auswahl der Teilnehmer: "Mir unverständlich, die Auswahl und Mischung von Berufsanfängern und langjährigen Praktikern. Ebenso die sehr gravierenden Unterschiede der einzelnen Arbeitsgebiete."
Inhalt: "Zu geringes Eingehen auf Einzelinteressen ... - jedoch nur in der Anfangsphase."
Zeitablauf: "Die Dauer von zwei Jahren sollte in Frage gestellt, mindestens überdacht werden. ... Exkursionen sollten nach Möglichkeit - so interessant sie auch sind - für einen ganzen Seminarzeitraum (8 Tage ständig neue Eindrücke) vermieden werden."
Unterbringung: "Internatsmäßige U. wünschenswert, da hilfreich für konzentrierte, ungestörte Arbeit."

K/3.2 Gesamtbewertung
"Zusammenfassend kann gesagt werden, daß die 2 Jahre KSG nicht nutzlos waren und noch lange Zeit danach Früchte tragen werden. Mein besonderes Ziel wird dabei sein: Die Weitergabe und Vermittlung meiner neuen Kenntnisse auf dem Gebiet der Alterswissenschaften, wie Gerontologie, Geriatrie und Gerontopsychiatrie. Ein

besonderer Schwerpunkt wird jedoch die Vorbereitung auf die 3. Lebensphase, die aktive Gestaltung der Freizeit und die Entwicklung eines seniorengerechten Bildungsangebotes sein ..."

Hilfreich für die Entwicklung von Neuansätzen erwiesen sich bei den KT:

H Überblick über die neuesten Erkenntnisse des Alterns/Einzelhilfe unter Supervision/Erfahrungen mit der Gruppenarbeit/Klientenstruktur-Analyse/Arbeitsgruppe: Erst- und Kurzkontakte.

I Arbeitsplatz-Analyse/Einzelhilfe, insbesondere psychosoziale Anamnese/Arbeitsgruppe: Erst- und Kurzkontakte/Gruppenarbeit/Problem Tod und Sterben, unter anderem Sterbehilfe.

K Theoretisches Wissen aus dem medizinischen, psychologischen und sozialwissenschaftlichen Bereich/Klientenstruktur-Analyse/Erfahrung in der Gruppensupervision und aus der eigenen Gruppenarbeit/Bildungsarbeit mit älteren und alten Menschen/Arbeitsgruppe: Bewerbungen und Einstellung von Mitarbeitern.

6.1.5 Darstellung von Arbeitsansätzen im Heimbereich

L Altenheim-Leitung und Mitarbeiter-Fortbildung (Anstellungsträger: Stiftung e.V., dem Caritasverband angegliedert)

L/1 Ausgangslage
ca. 70 Heimbewohnerinnen
Mitarbeiter:8 examinierte Altenpflegerinnen, 3 Pflegehelferinnen mit einjähriger Ausbildung, 1 Krankenschwester, 2 Pflegekräfte mit Kurzausbildung.
"Ich habe dieses Altenheim vor 3 Jahren über-

nommen. Ich hatte keine Möglichkeit, mich vorher gedanklich damit auseinanderzusetzen, was auf mich zukommt. Ich hatte auch keine Konzeption, kannte weder die Leute, noch die Mitarbeiter."
"Es gab keine Dienstbesprechungen, es gab auch keine Gruppenarbeit oder irgendwelche Aktivitäten, die kontinuierlich durchliefen. Es gab dafür aber große Weihnachtsfeiern mit Künstlerauftritten, aber untereinander wenig Interaktion."
"Jetzt kam ich plötzlich mit einer ganz anderen Arbeitsweise, ich war also den ganzen Tag verfügbar, hatte keine Sprechstunden, ich war keine Oberin, sondern hatte mich mit Namen vorgestellt. Das war also schon ziemlich schwierig. - Hatte meine Wohnung außerhalb: Eine Heimleiterin, die abends nach Hause fuhr, das war das erste Mal überhaupt in der Geschichte des Heimes. Vorher waren Ordensschwestern da und vor mir eine Krankenschwester."

L/2 Hinweise über Neuansätze
"Die Frage, was sich durch das KSG geändert hat, bzw. welche Neuansätze es in der eigenen Arbeit gibt, habe ich mir sehr kritisch gestellt."

L/2.1 Fortbildung ehren- und hauptamtlicher Mitarbeiter in der Altenhilfe
"Ich habe eine Fülle von neuen Erkenntnissen und Wissen erworben. Davon profitieren sicher die ... Mitarbeiter, mit denen ich künftig wieder bei Fortbildungsveranstaltungen zu tun haben werde."

L/2.2 Praxisberatung und Fortbildung für die Mitarbeiter im Heim
"Durch die unter Supervision begonnene Gruppenarbeit mit älteren Menschen habe ich neue Einsichten gewonnen, die mir den Umgang mit ande-

ren Gruppen - z.B. dem Heimbeirat, den Mitarbeitern - erleichtern. Aus dieser Erfahrung heraus gab ich in der Dienstbesprechung Anregung zu einer regelmäßig stattfindenden Zusammenkunft, bei der über Fragen und Probleme im Umgang miteinander und mit den Heimbewohnern gesprochen werden soll ... Später sollen dann Fachleute, wie z.B. unser Hausarzt, der Seelsorger, ein Soziologe hinzugebeten werden."
"Vor dem KSG sah ich in den Mitarbeitern mehr die 'Mitstreiter in der gemeinsamen Sache' und erwartete von ihnen etwa gleiches Interesse und gleichen Einsatz. Die Erfahrung, daß dies nur die Ausnahme ist, und die Diskussion mit den übrigen KT bewirkten eine Einstellungsänderung dahingehend, daß ich mir mehr Zeit nehme, auch mit Mitarbeitern über ihre Ängste, Schwierigkeiten und Probleme zu sprechen. Allerdings erlebe ich auch in stärkerem Maße den Rollenkonflikt, Sozialarbeiterin und Heimleiterin zu sein, da sich mir die Interessenkollision: Bedürfnis des einzelnen Mitarbeiters - Belange und Erfordernisse des Hauses deutlicher auftut."
Anregungen für gezielte Gruppenaktivitäten und zur umfassenden Kontaktförderung im Heim.

L/2.3 Gremienarbeit
"Durch mein fundierteres Wissen kann ich mich in der örtlichen Arbeitsgemeinschaft der Altenheime und im 'Fachausschuß Altenhilfe' unseres Verbandes mehr an der Diskussion beteiligen, Anregungen geben, Zusammenhänge erfassen und aufzeigen. Mein Auftreten in solchen Gremien ist sicherer geworden."

L/3 Offene Fragen und Gesamteinschätzung des KSG
"Für KT ist es frustrierend, Wünsche äußern zu dürfen, die dann nur 'aktenkundig' gemacht werden."

"Der äußere Rahmen trägt sehr viel zum Wohlbefinden der Teilnehmer und damit zum Gelingen des Projektes bei. Die Wochen in Hannover bzw. im Haus Sonnenberg werden mir in besonders guter Erinnerung bleiben."
"Bei der Auswahl der Teilnehmer sollte darauf geachtet werden, daß sich von der Interessenlage her gleichstarke Untergruppen bilden können. Vielleicht würde damit die praxisbezogene Gruppenarbeit eher möglich ... In den Arbeitsgruppen fühlten wir uns allein gelassen."
"Die Selbsterfahrungsgruppe hat mir persönlich nicht weitergeholfen. Die Ursache für die eher hemmende Atmosphäre ist mir noch nicht ganz klar geworden. Der persönliche Kontakt außerhalb dieser Gruppe war viel ungezwungener und offener."
"Das Gebiet Anleitung und Führung von Mitarbeitern wurde im KSG nur gestreift. Der Umgang mit Mitarbeitern ist nicht weniger problematisch als der mit alten Menschen."

M <u>Altenheim-Leitung und Bildungsarbeit mit älteren und alten Erwachsenen in einer Landgemeinde</u> (Anstellungsträger: Selbständiger e.V., dem Caritasverband angeschl.)

M/1 Ausgangslage
"Kurz zur Erinnerung: Wir arbeiten seit Juli 1973 in K. im Altenheim (30 Heimbewohner). Das Heim hatte vorher Schwestern, die die Station wegen Nachwuchsmangel aufgelöst haben."
"Wir sind in einer Landgemeinde (ca.1.800 Einwohner) und für uns, die wir alle vom Land kamen - also wenn ich jetzt von uns spreche, dann sind die 3 Personen im Leitungsteam gemeint - wir hatten Erfahrungen von der Landjugendarbeit und daher war uns die Problematik des Landes an sich sehr bekannt. Deshalb war für uns auch interessant, das Haus auf dem Lande zu überneh-

men und damit dem ländlichen Raum ein Altenheim zu erhalten, das sonst mit Sicherheit aufgelöst worden wäre."
"Hinzu gehört noch ..., daß wir keinen Arbeitgeber über uns haben außer dem Verein, so daß wir relativ selbständig sind und entscheiden können, was passiert. Andererseits muß man dazu sagen, daß nach unserem Verständnis die eigentlichen Arbeitgeber die Bewohner sind ..."

M/2 Hinweise über Neuansätze
"Für mich ist wichtig, daß wir nicht aktivieren oder aktiv sein können um jeden Preis, sondern wir gehen davon aus, daß sowohl das Personal als auch die Bewohner durch 'Aktiv-Sein-Können' mehr an 'Ich-Stärkung', mehr Selbst-Wertgefühl erfahren."
"Drei Bereiche (zwei habe ich schon genannt: Personal und Bewohner) sind wichtig. Der dritte Bereich sind die ökologischen Voraussetzungen für die Möglichkeiten der Aktivierung, des Aktivseins - Voraussetzungen, die die Umwelt bietet. Für mich ist ganz entscheidend, daß unser Haus einen sehr starken Bezug zur Gemeinde hat und auch zu den umliegenden Gemeinden. Wir pflegen das auch ein Stück weit dadurch, daß wir z.B. bewußt eine Altkleidersammlung machen für das Heim ... Dadurch wird entsprechend Öffentlichkeitsarbeit gemacht, so daß das Altenheim auch im Bewußtsein der Umgebung ist."

M/2.1 Aufnahme neuer Heimbewohner
"Wenn man davon ausgeht, daß die Bewohner sich ein Stück weit einschränken müssen - das ist uns vollkommen klar - wenn sie ins Haus kommen, aber auch ein Stück weit ihre Selbständigkeit behalten wollen und auch behalten sollen, dann fängt das für mich bereits an der Aufnahmepraxis an. Deswegen haben wir - das ist wohl auch die Auswirkung vom KSG - die Aufnahmepraxis so geändert, daß niemand mehr ins Haus

kommt, der nicht vorher das Haus gesehen hat, oder bei dem wir waren. Das hat einen Selbstschutzcharakter für uns, weil wir da also weniger oft reinfallen, aber außerdem glaube ich: für die Bewohner ist das ein wichtiger Faktor, daß sie sich selber ein Stück weit entscheiden können u.U. auch gegen die Angehörigen, ob sie jetzt in das Haus kommen oder nicht."

M/2.2 Einzelgespräche und Konflikt-Bearbeitung
"Einzelgespräche, die ich mit den Bewohnern führe, sind länger und gezielter geworden. Das bezieht sich vor allem auf Bewohner, bei denen Konflikte, Schwierigkeiten des Zusammenlebens oder der eigenen Person den Aufenthalt hier beeinträchtigen (dazu gehört auch die gemeinsame Bearbeitung von Konflikten, die zwischen Bewohnern und Mitarbeitern auftreten.)"

M/2.3 Mitarbeiterbesprechungen und Rolle des Sozialarbeiters
"In den jetzt regelmäßigen 14tägigen Mitarbeitergesprächen des Pflegedienstes kann ich besser Informationen und Anregungen über Bewohner und die Art, wie man mit ihnen umgehen kann, weitergeben. Es fallen mir solche Verhaltensweisen jetzt deutlicher auf, die die Bewohner 'mehr erniedrigen': z.B. über ihren Kopf hinweg einen Arztbesuch ausmachen."
"Ja, und wenn man sich jetzt noch zum Schluß fragt: Was macht der Sozialarbeiter eigentlich in dem ganzen Gefüge, so ist das für mich ein Stück weit schwierig zu trennen, was ich als Heimleiter mache - mit der Intention, daß der Betrieb laufen soll - und was als Sozialarbeiter. Ein Grundsatz ist für mich, daß ich möglichst nichts mache, was auch jemand anderer machen kann im Haus, daß alle - und das bezieht sich jetzt auf die anderen zwei genau so vom Leitungsteam - sowohl vom Personal als auch die Bewohner im Haus, die Sachen, die sie selber

machen können, auch selber machen."

M/2.4 Bildungsarbeit mit älteren und alten Erwachsenen

"Die Bildungsarbeit im Projekt mit 'bejahrten' Erwachsenen ist angelaufen: sowohl die Gruppe Heim/Dorfbewohner, als auch ein Vorbereitungsseminar auf das Alter für Jüngere ab ca. 40 J. (ländliche Bevölkerung!) und eine Seminarreihe zum Thema 'erfülltes Leben im Alter' im Zusammenhang mit dem katholischen Kreisbildungswerk; eine Fortbildung für Mitarbeiter in Altenclubs (kontinuierlich - auf Kreisebene) ist in Vorbereitung, ebenso eine Fortbildung für Mitarbeiter im Altenheim."

M/2.5 Weitere Projektideen

"Darüberhinaus gibt es Pläne/Ideen, die auf die Realisierung warten: z.B. Einrichten eines Werkraumes, eines Gymnastikraumes, einer Tagungsstätte für Ältere ..."

M/3 Offene Fragen und Gesamteinschätzung des KSG

Zu kurz gekommen: Bildungsarbeit mit Älteren / - es sind z.B. zu wenig praktische Hilfsmittel wie Filme, Bücher für die Arbeit besprochen oder wenigstens Listen ausgegeben worden.
Kritik: "Ein Handlungskonzept, das mit den Teilnehmern entwickelt und ausgewertet wird, wäre für mich interessanter gewesen als empirische Auswertung hinter 'fast verschlossenen Türen' / offenes Curriculum hat nicht nur eine erziehungswissenschaftliche, sondern kann auch eine emanzipatorische Dimension haben. / Hätten wir immer gemeinsam in einem Haus gewohnt und gearbeitet, glaube ich, wären wir schneller aufeinander zugewachsen, weil weniger Energie für die ganze Unruhe des Wanderns aufgewendet worden wäre. Lerneffekt und Kommunikation wären größer gewesen. / Nie haben wir genau erfahren,

wer warum ausgewählt wurde. Jedenfalls hätte ich mir noch jemand aus dem Heim und vor allem aus dem Bildungsbereich gewünscht."
Gesamteinschätzung - KSG weiterempfehlen?
"Vor zwei Jahren habe ich das KSG rundheraus empfohlen. Jetzt hätte ich mehr Vorbehalte - vielleicht aber auch die Veranstalter selbst. Dann, ja!!!!!"

N Beratung von Altenheimen im Umfeld einer Großstadt
(Anstellungsträger: Arbeiterwohlfahrt)

N/1 Ausgangslage
"Der Grund für die Schaffung der neuen Stelle, die ich seit Januar 1977 habe, waren also mehrere Dinge. Einmal, daß wir einfach weg müssen von den Verwahranstalten ... den letzten Anstoß hat dann das Heimgesetz gegeben ..."
"Es ist zur Zeit so, daß wir Träger von neuen Altenheimen sind. Die Heime sind sehr unterschiedlich, von 45-145 Plätzen. Das älteste ist seit ungef. 15 J. in Betrieb, das neueste erst 1 Jahr. Die Heimleiter sind ca. zwischen 33 und 60 Jahre alt, und sie haben sehr unterschiedliche, z.T. gar keine, Ausbildung - nur eine Nachqualifizierung."
"Die Heime liegen etwa in einem Umkreis von 100 km um D. und zwar überwiegend in Kleinstädten und ländlichen Gegenden."

N/2 Hinweise über Neuansätze
"Die im folgenden genannten Auswirkungen sind naturgemäß nicht nur auf das KSG zurückzuführen, weil die Umweltbedingungen des Arbeitsfeldes, die Auswirkungen anderer Schulungen u. des Erfahrungsaustausches sowie die persönliche Weiterentwicklung und wachsende Erfahrung in der Arbeit ebenfalls eine große Rolle spielen."

N/2.1 Einzelhilfe
"Mehr Sicherheit und klares Erkennen von Problemen und Ursachen - dies hat in der Praxis dazu geführt, daß ich nach einer Art Bestandsaufnahme (Einschätzung der Schwierigkeit und des Ausmaßes der Einzelhilfe) entscheide, wer sie durchführen kann: ein Mitarbeiter ohne Beratung oder unter Anleitung und Beratung; ein Sozialarbeiter, z.B. ich selbst; Weiterleitung, z.B. neurologisch-psychiatrischer Gesundheitsdienst."

N/2.2 Anleitung und Beratung von Mitarbeitern
Motivation anderer Mitarbeiter zur Gruppenarbeit und Anleitung bzw. Beratung parallel zur Durchführung eigener Gruppenarbeit.
Durchführung von Klientenstruktur- und Arbeitsplatzanalysen in anderen Arbeitsgebieten bzw. im Rahmen der Beratung von Mitarbeitern.

N/2.3 Einarbeitung in meine neue Stelle
"Die Einarbeitungszeit in meiner neuen Stelle ist m.E. erheblich verkürzt, weil mir dieses Arbeitsgebiet, obwohl es ein neues ist, im Grunde durch das KSG nicht neu ist."
"Bei den bisherigen Heimbesuchen hab' ich es dann so gemacht - was, glaube ich, auch eine Auswirkung des KSG ist - daß ich nachher für mich selbst einen Bericht geschrieben habe, und zwar nicht nur über die Fakten, sondern einfach auch meine Eindrücke von dem Erlebten,und wie das ganze auf mich gewirkt hat. Welche Themen, was für eine Atmosphäre ..., auf Mitarbeiter, wie man da wirkt. Und ich habe also vor, das regelmäßig weiterzumachen."

N/2.4 Gremien- und Schulungsarbeit
"Bei Sitzungen und Schulungen usw. kann ich nahezu zu allen Punkten mitreden."
"Für Schulungen, Mitarbeiterbesprechungen habe ich aus dem Repertoire und den Unterlagen des

KSG immer ein Thema parat bzw. kann es mit geringem Aufwand vorbereiten."
"Im Rahmen meiner VHS-Tätigkeit plane ich jetzt auch Seminare für Ältere und zur Information und Vorbereitung auf das Alter."

N/3 Bereiche, die im KSG zu wenig berücksichtigt wurden
"Die Zielsetzung, daß das KSG eine Qualifikation für Leitungsfunktionen in der Altenarbeit darstellen soll (Ausschreibung) wurde nur z.T. erfüllt. Inhaltlich wurde dies weitestgehend erreicht."
"Es fehlte jedoch der sehr wichtige Bereich: 'Finanzierung, wirtschaftliche Gesichtspunkte, Tarif- und Vergütungsfragen, Haushaltsplan, Etat usw.'; zum anderen fehlte als zweiter Schritt nach dem eigenen Kennenlernen der Inhalte die 'Befähigung zur Vermittlung an andere'; ein Hinzuziehen von Fachleuten aus der Praxis aus den o.g. Gebieten wäre unbedingt nötig."

<u>Hilfreich für die Entwicklung von Neuansätzen erwiesen sich bei den KT</u>:

L Wissensstoff, insbesondere: Medizin, Psychologie und Lebenszykluskonzept / Supervision des Einzelfalles und der Gruppenarbeit / Arbeitsfelder, insbesondere: Berichte der anderen KT und Kennenlernen ihrer Arbeitsgebiete - besonders gerontopsychiatrische Klinik.

M Geriatrie und gerontopsychiatrisches Wissen, insbesondere: Rehabilitation / Auseinandersetzung mit den Kollegen / Besichtigung von Einrichtungen und Besuch von Veranstaltungen, Exkursionen / Geragogik und Beratung.

N Arbeitsfelder, insbesondere:Erfahrungsaustausch mit den anderen KT und das Kennenlernen ihrer Arbeitsgebiete / Supervision des

Einzelfalles und der Gruppenarbeit / Klientenstruktur- und Arbeitsplatz-Analyse / Themen im Rahmen des Lebenszykluskonzeptes, insbesondere: Tod und Sterben, Rehabilitation v. Alterskrankheiten einschl. Besichtigung / sozialwissenschaftlicher Bereich / ehrenamtliche Helfer, Einstellungskriterien, Mitarbeiteranleitung.

6.1.6 Bilanz der Auswertung des KSG mit den KT

Die dargestellten innovatorischen Ansätze weisen nachdrücklich auf die teilw. großen Schwierigkeiten bei der Umsetzung psychosozialer und sozialgerontologischer Kenntnisse in die Praxis der heutigen Altenarbeit/Altenhilfe hin.

Weitgehend auf sich allein gestellt, ohne bisher ausreichende Kontaktmöglichkeiten zu fachkundigen Kollegen (bei eher ausgeprägter Konkurrenz- und Rivalitätssituation aufgrund der Teilnahme am KSG) arbeiten die KT unter wenig miteinander vergleichbaren und teilw. sehr einschränkenden institutionellen Bedingungen. Sprache und Darstellung der z.T. im Original text wiedergegebenen Referatausschnitte machen zudem die Probleme deutlich, denen langjährige Praktiker (vielfach Ausbildung noch an der Höheren Fachschule für Sozialwesen, s.4.2.2) bei einer Weiterbildung im Hochschulbereich begegnen. Hier ist vor allem eine weitaus stärkere Hilfestellung bezügl. des systematisch-wissenschaftlichen Arbeitens und dessen Nutzbarmachung für eine innovierte Praxis erforderlich.

Die Berichte aus den vier Arbeitsfeldern (offene Altenarbeit, Beratung und Therapie / Arbeit in Wohlfahrtsverbänden / Arbeit in der kommunalen Altenhilfe / Arbeit im Heimbereich) machen rückwirkend die Notwendigkeit sichtbar, im größeren Umfang in einem zukünftigen postgradualen Studiengang "Soziale Gerontologie" bestimmte Arbeitsschwerpunkte stärker zu berücksichtigen. Gleichzeitig weisen sie auf die Vielfalt von Möglichkeiten innerhalb eines Arbeitsfeldes hin, die jeweils einen anderen konzeptionellen Arbeitsansatz mit entsprechender Planung und Gewichtung bedingen.

Abgesehen davon erweist sich neben der theoretischen Wissensvermittlung das systematische Training von Interaktions- und Arbeitsformen (hier insbesondere: Einzelhilfe und Gruppenarbeit) unter Supervision als unabdingbare Voraussetzung zur Entwicklung derartiger eigenständiger Arbeitsansätze. In der Auseinandersetzung mit Kollegen und anderen Berufsgruppen wurden die KT zunehmend selbständiger. Dies zeigt sich u.a. auch in ihrer fachspezifischen Mitarbeit in Gremien, Ausschüssen, bei Fortbildungen und in der Öffentlichkeitsarbeit. In dieser Lernphase hätten die KT wohl eines noch umfassenderen Angebots an Medienpädagogik, Lehr- und Lernmaterialien, Methoden der Öffentlichkeitsarbeit usw. bedurft.

Zusammenfassend verdeutlicht nachfolgende Tabelle, welche Studieninhalte den KT für die Entwicklung von Neuansätzen in den 4 Arbeitsfeldern besonders bedeutsam erschienen sind.

Tabelle 14: Studieninhalte, die bei der Entwicklung von innovativen Arbeitsansätzen in der Altenarbeit/Altenhilfe von besonderem Nutzen waren

		Offene Altenarb. u.Therapie (4 KT)	Arbeit in Wohl-fahrtsverb. (3 KT)	Arbeit in der kommunalen Alten-hilfe (3 KT)	Arbeit im Heimbe-reich (3 KT)	Summe
1	Fachwissen und Themenbereiche					
1.1	Wissensstoff allg.	2	2	1	0	5
1.2	Medizin/Geriatrie	1	0	1	3	5
1.3	Psychologie u.Gerontopsychiatrie/Tiefenpsychologie u. Lebenszykluskonz.	2	0	1	3	6
1.4	Sozialwissensch. Information	0	1	1	1	3
1.5	Aufarb.d.Erfahrungswissens	1	0	0	0	1
1.6	Rehabilitation	0	0	0	2	2
1.7	Berentung/Pensionierung	1	0	0	0	1
1.8	Deviantes Verhalten	1	0	0	0	1
1.9	Sterben/Tod	1	0	1	1	3
	zusammen:	9	3	5	10	27
2	Methodentraining					
2.1	Gruppensupervision allgemein	2	1	1	0	4
2.2	Einzelhilfe	4	2	2	2	10
2.3	Gruppenarbeit	4	2	3	2	11
2.4	Bildungsarb.m.Ält.	0	1	1	1	3
2.5	Arbeitsplatzanalyse	0	0	1	1	2
2.6	Fortbild.u.Anleitg. ehrenamtl.Mitarb.	0	1	0	1	2
	zusammen:	10	7	8	7	32
3	Praxisorient. Forschung und Aspekte d. Studienorganisation					
3.1	Klientenstruktur-Analyse	2	0	2	1	5
3.2	AG:Erst-u.Kurzkontakte (insg.5 KT)	2	1	2	0	5
3.3	Selbsterfahrungsgruppe	2	3	0	0	5
3.4	Erfahrungsaustausch: Kollegen-Kontakte	2	2	0	3	7
3.5	Erfahrungsaustausch: Dozenten-Kontakte	1	1	0	0	2
3.6	Exkursionen:Besichtigungen u.Veranstaltungsbesuche	0	1	0	2	3
	zusammen:	9	8	4	6	27

Für die KT aus dem Bereich der OFFENEN ALTENARBEIT, BERATUNG und THERAPIE war offensichtlich das Methodentraining von ausschlaggebender Bedeutung für ihre Arbeit. Sowohl im Bereich Einzelhilfe (2.2) als auch im Bereich Gruppenarbeit (2.3) finden sich bei allen 4 KT entsprechende Hinweise. Das psychologische Wissen (1.3), die praxisorientierte Forschung (3.1 und 3.2), die Selbsterfahrungsgruppe (3.3) und der Erfahrungsaustausch mit Kollegen (3.4) waren weitere wichtige Themen- und Inhaltsbereiche:

Jene KT, deren Arbeit sich enger in einem spezifischen VERBANDSSTRUKTURELLEN BEZUGSRAHMEN abspielt, erwähnen die Selbsterfahrungsgruppe (3.3) als einen für sie wichtigen Studien- und Erfahrungsbereich.Weitere wichtige Themen- und Inhaltsbereiche waren der allgemeine Wissensstoff (1.1), die Einzelhilfe (2.2) und Gruppenarbeit (2.3) und ebenfalls der Erfahrungsaustausch mit Kollegen (3.4).

Für die KT, die in der KOMMUNALEN ALTENHILFE UND SOZIALADMINISTRATION tätig sind, war das Methodentraining auf dem Gebiet der Gruppenarbeit (2.3) von besonderer Bedeutung. Auch die Einzelhilfe (2.2) und die praxisorientierte Forschung (3.1 und 3.2) waren für die Entwicklung von Neuansätzen in ihrem Arbeitsbereich bedeutsam.

Der Entwicklung von Neuansätzen im HEIMBEREICH kam bei allen 3 KT die Wissensvermittlung aus dem medizinisch/geriatrischen (1.2) und dem psychologisch/psychiatrischen Bereich (1.3) zugute, aber ebenso auch der Erfahrungsaustausch mit Kollegen (3.3). Daneben waren die Angebote zum Themenbereich Rehabilitation (1.6), das Methodentraining in Einzelhilfe (2.2) und Gruppenarbeit (2.3) und schließlich die Exkursionen: Besichtigungen und Veranstaltungsbesuche (3.6) von besonderem Nutzen.

6.2 Curriculumentwurf "Soziale Gerontologie" (dargestellt für Sozialarbeit/Sozialpädagogik)

6.2.1 Vorbemerkungen

Der hiermit vorgelegte Curriculumentwurf "Soziale Gerontologie" orientiert sich an der jetzigen - noch weitgehend defizitären - Situation der Aus-, Weiter- und Fortbildung in Sozialer Gerontologie für Sozialarbeiter/Sozialpädagogen in der Bundesrepublik (s.3.4).
Er beruht auf den dargestellten Ergebnissen des Forschungsprojektes "Entwicklung eines Aufbau-/Kontaktstudiums in psychosozialer Gerontologie für Sozialarbeiter/Sozialpädagogen (1973-1977)" und den daraus mit Hilfe der Teilnehmer als "Praxisexperten" abgeleiteten Bedürfnissen und Erfordernissen der Praxis und berücksichtigt zusätzlich einerseits einschlägige internationale Erfahrungs- und Forschungsergebnisse (s. 3.3) und andererseits die durch die Arbeitsgruppe von Fachhochschul- und Hochschullehrern für den Bereich Sozialarbeit/Sozialpädagogik (24, 77,78) gewonnene Übersicht zur Ausbildungssituation und die dabei erarbeiteten curricularen Empfehlungen.

Wichtig ist, sich zu vergegenwärtigen, daß mehrere Zugangswege zu der Sozialen Arbeit mit Älteren und zur Sozialen Gerontologie für Sozialarbeiter/Sozialpädagogen bestehen:

a) Vermittlung von Basiskenntnissen an alle Studenten der Sozialarbeit/Sozialpädagogik (unter der Annahme, daß sie während ihres Berufslebens in zahlreichen Aufgabenbereichen und Arbeitsfeldern direkt oder indirekt mit älteren oder alten Menschen zu tun haben werden).

b) Vermittlung einer Basiskompetenz während des Hochschul-/Fachhochschulstudiums durch Projektstudium, Mitarbeit im Vertiefungs- resp. Schwerpunktsbereich.

c) Vertiefung und Erweiterung von Fachkenntnissen durch Fortbildungsmaßnahmen für bereits im Beruf stehende Sozialarbeiter/Sozialpädagogen (die sich mittel- oder langfristig für die Arbeit mit älteren und alten Menschen entschieden haben).

d) Vermittlung einer Handlungs- und Lehrkompetenz sowie einer Qualifikation zur Wahrnehmung praxisorientierter Forschungsaufgaben (s.3.2) durch entsprechende postgraduale Hochschulausbildungen.

Damit stellt sich die Frage (50,51,62), ob es sinnvoll und zumutbar ist, von jüngeren Menschen (d.h. Studenten im Alter zw.18 u.25 J.) eine frühzeitige Festlegung auf ein so schwieriges und u.U. belastendes Arbeitsgebiet wie Altenarbeit/-hilfe zu fordern, und ob nicht die Vermittlung von Basiskenntnissen an alle Studenten der Sozialarbeit/Sozialpädagogik ausreichen und damit geeigneter ist. Allgemein wird ein Lebensalter über 35/40 mit längeren eigenen Lebenserfahrungen in Partnerschaft, Familie und Beruf für die Arbeit mit älteren und alten Menschen als günstig angesehen (62). Demgegenüber steht der Bedarf der Praxis nach qualifizierten Fachkräften mit dem Wunsch nach Professionalisierung in den Aufgabenbereichen Altenarbeit/Altenhilfe und Bildungsarbeit mit älteren und alten Erwachsenen. Dieses Dilemma wird nur damit einigermaßen befriedigend zu lösen sein, daß der interessierte Student in einem Projekt/Vertiefungsgebiet/Schwerpunkt "Altenarbeit/Altenhilfe" gleichzeitig i.S. eines exemplarischen Lernens befähigt wird, sich weitere Bereiche der Sozialarbeit/Sozialpädagogik anzueignen.

Ebenso wird die Frage einer Professionalisierung resp. Spezialisierung für den Altersbereich unterschiedlich diskutiert. Einerseits befürchtet man eine zu starke Ausrichtung auf ein bestimmtes Arbeitsgebiet mit der Gefahr einer zu einseitigen Sicht des Arbeitsfeldes und auch damit der Segregation der Älteren von anderen Bevölkerungsgruppen und andererseits bedarf der Bereich Altenarbeit/Altenhilfe zur Wahrnehmung von Arbeits-, Leitungs- und Organisationsaufgaben eindeutig qualifizierter Fachleute.
Der vorgelegte Curriculumentwurf macht jedoch auch deutlich, daß es nicht so sehr um eine einseitige Spezialisierung auf Aspekte der Sozialarbeit/Sozialpädagogik im Altersbereich, sondern eher um eine Qualifikation i.S. einer Interprofessionalität für den Altersbereich geht auch unter Einbeziehung des Fachwissens und der Interventions- und Arbeitsformen anderer Berufsgruppen.

Um den verschiedenen Qualifikationsbedürfnissen gerecht zu werden, macht unser Entwurf einen Vorschlag für ein berufsqualifizierendes, abgestuftes und aufeinander aufbauendes Curriculum für "Soziale Gerontologie". Es umfaßt die Vermittlung von Grundwissen an alle Studenten der Sozialarbeit/Sozialpädagogik bis hin zum Erwerb einer Handlungs- und Lehr- sowie einer Qualifikation zur Wahrnehmung praxisorientierter

Forschungsaufgaben. Ausgehend von dem jetzigen Ist-Stand wird seine Umsetzung möglicherweise für lange Zeit nur in Teilbereichen und an unterschiedlichen Orten möglich sein. Einerseits wird die Einbindung der Bereiche Altern/Alter in die Curricula und der Aufbau von Projekten/ Vertiefungsbereichen "Arbeit mit Älteren" längerer Zeit bedürfen, und im postgradualen Bereich bestehen bis auf die Gesamthochschule Kassel kaum Aussichten auf weitere Realisierungsmöglichkeiten. Dazu muß aus Rücksicht auf die teilw. langfristige Berufstätigkeit von Interessenten an derartigen postgradualen Studiengängen überlegt werden, ob diese nicht weitgehend in Kontaktstudienform angeboten werden müssen. So wird vermutlich noch für längere Zeit der Schwerpunkt bei einer Nachqualifizierung durch entsprechende Fortbildungsveranstaltungen liegen. Für die Umsetzung des vorgelegten Curriculumentwurfes empfiehlt sich daher sinnvollerweise gleichzeitige Erprobung an mehreren Fachhochschulen/Hochschulen.

Bei der Einführung eines weiterführenden Hochschulabschlusses (z.B. postgradualer Studiengang "Soziale Gerontologie") muß berücksichtigt werden, daß die Interessenten für derartige Studiengänge in den nächsten 5-10 Jahren in der Regel noch über keine ausreichenden gerontologischen Vorkenntnisse verfügen werden. Dazu bedeutet für viele Interessenten, die heute im Alter von 30-45 Jahren stehen, die Teilnahme an einem derartigen Hochschulstudium den ersten Kontakt zur Hochschule (Einführung der FHS 1971). Die jetzigen Absolventen der FHS/Gesamthochschulen bringen als Bewerber zur Hochschulerfahrung aber ebenfalls noch keine spezifischen gerontologischen Vorkenntnisse mit. Andererseits wird die dargestellte Nutzung der Erfahrung der langjährigen Praktiker als "Praxisexperten" entscheidend zur inhaltlichen Ausfüllung und Weiterentwicklung des vorgelegten Curriculumentwurfes beitragen.

6.2.2 Zur Grundstruktur des Curriculumentwurfes

Der Entwurf stützt sich auf 3 globale Zielfelder (I-III), die jeweils in Lernzielbereichen (I/1-4; II/1-3; III/1-7) präzisiert werden. Die Zielgruppen (A-D) der Aus- und Weiterbildungsebenen des curricularen Gesamtmodells benötigen gemäß ihrer Studienziele eine spezifische Schwerpunktauswahl aus den gegebenen Lernzielbereichen. Diese werden in Themenschwerpunkten dargestellt (s.6.2.3-6.2.7).

ZIELFELDER

I. Der ältere und alte Mensch:
Altern; persönliche Situation und soziale Umwelt; Berücksichtigung der Auswirkungen der Sozialisation im Lebenslauf und der gesellschaftlichen, ökonomischen und ökologischen Bedingungen einerseits und der biologischen und medizinischen andererseits; Versorgung und soziale Sicherung.

II. Der Sozialarbeiter/Sozialpädagoge (SA/SP):
Bisherige Sozialisation und Professionalisierung; gegebene Bedingungen und Zielvorstellungen seiner Arbeit; Zugang zum Prozeß des Alterns und Alters; Interaktion mit älteren und alten Menschen.

III. Soziale Arbeit für und mit älteren und alten Menschen:
Erwerb einer Handlungskompetenz für die Interventions- und Arbeitsmöglichkeiten der Altenar-

beit/Altenhilfe und Bildungsarbeit mit älteren Erwachsenen; Erwerb einer Lehrkompetenz und einer praxisorientierten Forschungskompetenz im Bereich der "Sozialen Gerontologie".

LERNZIELBEREICHE DER ZIELFELDER

I. Der ältere und alte Mensch:

I/1 Altern als Entwicklungsprozeß in sozialer, psychischer und physischer Dimension.

I/2 Unmittelbare Lebenssituation und Umwelt der älteren und alten Menschen.

I/3 Weitere Rahmenbedingungen der Alterssituation, wie gesellschaftliche, sozialpolitische, ökonomische und ökologische Einflüsse u.a. Gegebenheiten während des Alterns und Alters.

I/4 Angebote und Systeme der sozialen Sicherung und Versorgung.

II. Der Sozialarbeiter/Sozialpädagoge (SA/SP):

II/1 Motivation des SA/SP und Bedingungen seiner Berufssituation für seine Arbeit allgemein und insbesondere für die "Soziale Arbeit mit älteren und alten Menschen".

II/2 Ansichten und Einstellungen des Lernenden gegenüber älteren und alten Menschen aufgrund seiner Sozialisation und Berufserfahrung.

II/3 Auseinandersetzung mit dem eigenen Älterwerden.

III. Soziale Arbeit für und mit älteren und alten Menschen:

III/1 Problem- und Bedürfnisanalyse, Ableitung sich daraus ergebender Aufgaben einer Sozialen Arbeit mit älteren und alten Menschen.

III/2 Entwicklung von Handlungsstrategien sowie

Planung und Organisation entsprechender Maßnahmen (einschl. Management und Administration derselben) und Öffentlichkeitsarbeit.

III/3 Interaktionsmöglichkeiten zwischen SA/SP und älteren und alten Menschen.

III/4 Anwendung eines differenzierten Spektrums von Interventions- und Arbeitsmöglichkeiten.

III/5 Interaktion und Kooperation in Handlungs- und Berufsfeldern der Altenarbeit/Altenhilfe und in der Bildungsarbeit mit älteren und alten Erwachsenen.

III/6 Umsetzung der erworbenen beruflichen Kenntnisse und Erfahrungen in der Aus- und Weiterbildung.

III/7 Wahrnehmung praxisorientierter Forschungsaufgaben.

ZIELGRUPPEN

Die Zielfelder und Lernzielbereiche bilden für die verschiedenen Zielgruppen des curricularen Gesamtmodells ein Orientierungsraster im Hinblick auf eine integrierte und konsekutive Vermittlung und Erarbeitung von Lerninhalten.

Zielgruppe A: Alle Studenten der Sozialarbeit/Sozialpädagogik mit der Zielsetzung des Erwerbs von Grundkenntnissen.
A 1) Während des 1./2. Semesters (Einführungsphase/Grundstudium u.ä.) mit der Zielsetzung der Einbeziehung der Bereiche Altern/Alter in die Einführungsphase des Studiums.
A 2) Zwischen dem 3. und 6. resp. 8. Semester (Haupt- bzw. Kernstudium u.ä.) mit dem Ziel der Vermittlung von Basiswissen möglichst unter Berücksichtigung praktischer Erfahrungen mit älteren/alten Menschen während der Fortsetzung des Studiums.

Diese Unterscheidung zwischen A 1) und A 2) trägt dem Umstand der in der Regel zweistufig stattfindenden Ausbildung an den FHS Rechnung und ermöglicht die Einbeziehung von praktischen Erfahrungen der Studenten.

Zielgruppe B: Studenten der Sozialarbeit/Sozialpädagogik im Projektstudium (bzw. im Vertiefungsgebiet oder Schwerpunktstudium) aufgrund einer entsprechenden Mitarbeit in Projekten der Altenarbeit/Altenhilfe o.ä.
Unter der Zielsetzung des Erwerbs einer Grundkompetenz[1] soll eine Erweiterung und Systematisierung der Grundkenntnisse im Vertiefungsgebiet "Arbeit mit Älteren"[2] unter dem Gesichtspunkt der Sammlung weiterer Erfahrungen und der Anwendung einschl. ihrer Aufarbeitung erfolgen.

Im Sinne des exemplarischen Lernens soll der Studierende während dieses Studienabschnittes gleichzeitig zu einem Transfer von Wissen und Fähigkeiten auch in andere Arbeitsbereiche der Sozialarbeit/Sozialpädagogik befähigt werden.

Zielgruppe C: Sozialarbeiter/Sozialpädagogen (u.U. auch andere Hochschulabsolventen) mit Interesse und/oder Erfahrung im Altersbereich, die für ihre weitere berufliche Tätigkeit eine wissenschaftlich fundierte weiterführende Gesamtkompetenz für den Bereich "Soziale Gerontologie" erwerben möchten.

---

1) Anmerk.: a.o. bezeichnet als "Basiskompetenz" od. entsprechend definiert als "Fachkompetenz"
2) a.o. bezeichnet als "Altenhilfe/Altenarbeit"

Unter der Zielsetzung des Erwerbs von Handlungs- und Lehrkompetenz sowie einer Qualifikation zur Wahrnehmung praxisorientierter Forschungsaufgaben[3] soll eine Vermittlung einer umfassenden Kompetenz für den Gesamtbereich "Soziale Gerontologie" und ihre Anwendung in den spezifischen Arbeitsbereichen durch ein systematisches Weiterbildungsangebot im Hochschulbereich mit einer Mindeststundenzahl entsprechend dem Umfang von 4 Vollzeitsemestern mit wissenschaftlichem Abschluß erfolgen.

Zielgruppe D: Sozialarbeiter/Sozialpädagogen (einschl. Absolventen anderer gleichwertiger Ausbildungwege), die ihre bisherigen Kenntnisse und Fertigkeiten vertiefen oder zusätzlich neue erwerben wollen.
Die Zielsetzung hebt ab auf Vermittlung einer beruflichen Teilkompetenz durch Fortbildung für bestimmte Arbeitsfelder, Aufgabenbereiche, Arbeitsformen in der Altenarbeit/Altenhilfe und Erwachsenenbildung mit älteren und alten Menschen.

---

3) a.o. bezeichnet als "Berufskompetenz für Altersfragen" bzw. "Spezifizierung"

Darstellung 10: Curriculumentwurf-Gesamtübersicht

<table>
<tr><th rowspan="2">Zielfelder/ Lernziel-bereiche
Ziel-gruppen</th><th colspan="4">I</th><th colspan="3">II</th><th colspan="7">III</th></tr>
<tr><th>1</th><th>2</th><th>3</th><th>4</th><th>1</th><th>2</th><th>3</th><th>1</th><th>2</th><th>3</th><th>4</th><th>5</th><th>6</th><th>7</th></tr>
<tr><td>A 1)</td><td colspan="14">EINBEZIEHUNG DER BEREICHE ALTERN/ALTER in die Einführungsphase des Studiums
(6.2.3 - S.)</td></tr>
<tr><td>2)</td><td colspan="14">VERMITTLUNG VON BASISWISSEN unter Berücksichtigung prakt. Erfahrungen mit älteren/alten Menschen
(6.2.4 - S.)</td></tr>
<tr><td>B</td><td colspan="14">ERWEITERUNG UND SYSTEMATISIERUNG der Grundkenntnisse im Vertiefungsgebiet "Arbeit mit Älteren"
(6.2.5 - S.)</td></tr>
<tr><td>C</td><td colspan="14">VERMITTLUNG EINER UMFASSENDEN KOMPETENZ für den Gesamtbereich "Soziale Gerontologie" einschl. der Qualifizierung zur Wahrnehmung praxisorientierter Forschungsaufgaben
(6.2.6 - S.)</td></tr>
<tr><td>D</td><td colspan="14">FORTBILDUNG für bestimmte Arbeitsfelder, Aufgabenbereiche u. Arbeitsformen
(6.2.7 - S.)</td></tr>
</table>

Zielgruppenspezifische
Themenschwerpunkte

6.2.3 Ausbildungsebene A 1: Alle Studenten der Sozialarbeit im 1. und 2. Semester

I/1 Altern als Entwicklungsprozeß in seiner sozialen, psychischen und physischen Dimension:
- Vermitteln von Kenntnissen über Bedingungen, Verlauf und Auswirkungen der primären und sekundären Sozialisation.
- Kennenlernen und Diskutieren der Grundzüge der Sozialisationsforschung und ihrer verschiedenen theoretischen Ansätze.

I/2 Unmittelbare Lebenssituation, Umwelt der älteren und alten Menschen:
- Kennenlernen der verschiedenen theoretischen Ansätze zur Beobachtung, Beschreibung und Ableitung ihrer Anwendungsbereiche und ihres Instrumentariums.
- Vermitteln von Grundkenntnissen zur Beobachtung und Beschreibung der unmittelbaren Lebenssituation und der Umwelt von Kindern, Jugendlichen und Erwachsenen.

I/3 Weitere Rahmenbedingungen der Alterssituation wie gesellschaftliche, sozialpolitische, ökonomische und ökologische Einflüsse ...:
- Vermitteln allgemeiner altersunabhängiger Grundlagenkenntnisse.
- Darstellen und Analysieren entsprechender Aus- und Wechselwirkungen.

I/4 Angebote und Systeme der sozialen Sicherung und Versorgung:
- Vermitteln allgemeiner Informationen über das Spektrum von Angeboten (Hilfestellung und Versorgung im Rahmen der Sozialarbeit/Sozialpädagogik).

II/1 Motivation des SA/SP und Bedingungen seiner Berufssituation ...:
- Ansprechen und Diskutieren der Motivation für

den gewählten sozialen Beruf zu Beginn des Studiums und bei der Wahl des Projektes (Vertiefungsgebietes o.ä.).
- Verdeutlichen eigener und fremder Vorstellungen über die zukünftige Berufstätigkeit (einschließlich Schwerpunkt- und Projektwahl).
- Kennenlernen und Diskutieren der Zielsetzungen, Möglichkeiten und Grenzen einer Sozialen Arbeit in den Aufgabenbereichen/Arbeitsfeldern der Sozialarbeit/Sozialpädagogik in Abhebung zu früheren Ansätzen, z.B. der Fürsorge, Betreuung, Verwahrung und Beaufsichtigung.
- Wahrnehmen und Benennen eigener Bedürfnisse, Probleme und Kommunikationsschwierigkeiten in der Hochschule.

II/2 Ansichten und Einstellungen des Lernenden gegenüber älteren und alten Menschen aufgrund seiner Sozialisation und Praxis-/Berufserfahrung:
- Kennenlernen verschiedener theoretischer Ansätze und entsprechender Forschungsergebnisse zur Analyse von Ansichten, Einstellungen und Vorurteilen.
- Auseinandersetzen damit bei einzelnen Bevölkerungs- und Altersgruppen bei bestimmten Verhaltensauffälligkeiten (Devianz), Störungen/Erkrankungen.
- Hinweisen auf ihren Einfluß bezügl. gesellschaftlicher Verhaltensweisen, sozialpolitischer und gesetzgeberischer Maßnahmen usw.
- Ansprechen derselben mit dem Ziel der Verdeutlichung und des Aufzeigens ihrer Auswirkungen bei den Studierenden.

II/3 Auseinandersetzung mit dem eigenen Älterwerden:
- Diskutieren eigener Vorstellungen und Erfahrungen über menschliche Entwicklung (Kindheitsgeschichte, Familienkenntnisse usw.), auch unter dem Aspekt der heutigen jugendlichkeits-

orientierten Leistungs- und Produktionsgesellschaft.

- Auseinandersetzung mit dem Phänomen der menschlichen Entwicklung anhand verschiedener theoretischer Ansätze und Kennenlernen von verursachenden und beeinflussenden Faktoren.
- Ansprechen der jetzigen Lebensphase und Lebenssituation des Studenten (z.B. ausklingende Adoleszenz, jugendliches oder mittleres Erwachsenenalter) und seines Erlebens desselben.

III/1 Problem- und Bedürfnisanalyse, Ableitung sich daraus ergebender Aufgaben einer Sozialen Arbeit mit älteren und alten Menschen:

- Vermitteln von Grundkenntnissen zur Beobachtung, Einordnung und Beschreibung einer Lebenssituation eines Klienten und seiner Umwelt.
- Vermitteln von Grundkenntnissen zur Erhebung einer biographischen Anamnese und psychosozialen Vorgeschichte.

III/2 Entwicklung von Handlungsstrategien sowie Planung und Organisation entsprechender Maßnahmen (einschl. Management und Administration derselben) und Öffentlichkeitsarbeit:

- Vermitteln entsprechender Grundkenntnisse aus den verschiedenen Wissensbereichen.
- Kennenlernen von Planungen für und von Projekten der Sozialen Arbeit in den verschiedenen Schwerpunkten (resp. Vertiefungsgebieten).

III/3 Interaktionsmöglichkeiten zwischen SA/SP und älteren und alten Menschen:

- Kennenlernen verschiedener Interaktionsformen, ihrer Wichtigkeit für Beziehungen zu Klienten und ihrer Bedeutung bei verschiedenen Berufsgruppen (besonders bei sozialen, helfenden, pädagogischen und pflegerischen Berufen).
- Vermitteln von Kenntnissen zur Interaktionsforschung (theoret.Ansätze / Praxisauswirkungen).

III/4 Anwendung eines differenzierten Spektrums

von Interventions- und Arbeitsmöglichkeiten:
- Kennenlernen der Interventionsformen der Sozialarbeit/Sozialpädagogik.

III/5 Interaktion und Kooperation in Handlungs- und Berufsfeldern der Altenarbeit, Altenhilfe und Bildungsarbeit mit älteren und alten Erwachsenen:
- Informieren über Aufgabenbereiche und Arbeitsfelder anderer Berufsgruppen im psychosozialen Feld.
- Kennenlernen von Interaktions- und Kooperationsmöglichkeiten, aber auch von Schwierigkeiten in der Gruppe der Lernenden.

III/6 Umsetzung der erworbenen beruflichen Kenntnisse und Erfahrungen in der Aus- und Weiterbildung:
- Teilnehmen an Vor- und Abschlußbesprechungen von Seminaren, Übungen, Vorlesungen usw. mit kritischer Diskussion desselben und Erarbeiten von Beurteilungskriterien.

III/7 Wahrnehmung praxisorientierter Forschungsaufgaben:
- Kennenlernen der Grundlagen wissenschaftlichen Arbeitens.
- Verbessern bestehender Fremdsprachenkenntnisse (besonders Englisch).

6.2.4 Ausbildungsebene A 2: Alle Studenten der Sozialarbeit zwischen dem 3. und 6. resp. 8. Semester

I/1 Altern als Entwicklungsprozeß in sozialer, psychischer und physischer Dimension:
- Vermitteln umfassender Kenntnisse über die menschliche Entwicklung einschl. der beeinflussenden und bedingenden Faktoren von Geburt über die frühe Kindheit bis hin zur Adoleszenz in sozialer, psychischer und physischer Dimension (unter Untersuchung der Begriffe Ge-

sundheit/Krankheit, Normalität, Störung usw.).
- Vermitteln weiterer Kenntnisse über die nachfolgende Entwicklung im Lebenszyklus einschl. der bedingenden und beeinflussenden Faktoren mit den entsprechenden Auswirkungen und Veränderungen im sozialen,psychischen und physischen Bereich.
- Begreifen des mittleren, höheren und hohen Lebensalters einschl. Sterben und Tod als Phasen eines Entwicklungsprozesses (Lebenszyklus).
- Vertiefen und kritisches Hinterfragen der erworbenen Kenntnisse im Bereich des gewählten Schwerpunktes mit Hilfe der Praxiserfahrung des Projektstudiums.

I/2 Unmittelbare Lebenssituation und Umwelt der älteren und alten Menschen:
- Kennenlernen der unmittelbaren Lebenssituation, der Lebensformen und Umwelt bestimmter Bevölkerungs- und Altersgruppen, von "Randgruppen" und Klienten mit bestimmten Störungen/Erkrankungen und auch von älteren und alten Menschen.
- Einschätzen und Beurteilen der einwirkenden sozialen, psychischen und physischen Bedingungen und ihrer gegenseitigen Beeinflussungen.

I/3 Weitere Rahmenbedingungen der Alterssituation ...:
- Darstellen von Grundzügen der gesellschaftlichen, sozialpolitischen, ökonomischen und ökologischen Lebensbedingungen und Gegebenheiten bei bestimmten Bevölkerungs- und Altersgruppen, bei "Randgruppen", bei Störungen/Erkrankungen, insbesondere auch bei älteren und alten Menschen.
- Analysieren und Diskutieren entsprechender Aus- und Wechselwirkungen (Problemkumulation).

I/4 Angebote und Systeme der sozialen Sicherung und Versorgung:

- Erwerben systematischer und umfassender Kenntnisse der Zielsetzungen, gesetzlichen Grundlagen, Institutionen und Maßnahmen der sozialen Sicherung und Versorgung innerhalb und außerhalb der Sozialarbeit/Sozialpädagogik.
- Vermitteln systematischer Kenntnisse über Zielsetzungen, gesetzliche Grundlagen, Institutionen und Maßnahmen der Prävention und Rehabilitation.
- Vermitteln differenzierter Kenntnisse der unterschiedlichen Angebote der sozialen Sicherung und Versorgung für bestimmte Bevölkerungs- und Altersgruppen und damit auch für ältere und alte Menschen gemäß gewähltem Schwerpunkt.
- Vertiefen dieser Kenntnisse unter Einbeziehung der Erfahrungen der Praxis (Projektstudium resp. Vertiefungsgebiet).

II/1 Motivation des SA/SP und Bedingungen seiner Berufssituation ...:
- Fortführung der Motivationsklärung unter Einschluß der zunehmenden Praxiserfahrung (insbes. Berücksichtigung des Engagements bzw. der Ablehnung bestimmter Arbeitsfelder, Arbeitsformen und Altersgruppen), damit auch für oder gegen die Arbeit mit älteren und alten Menschen.
- Erhalten bzw. Verstärken der Motivation durch fortlaufende Ansprache und Diskussion (insbes. der Enttäuschungen, Schwierigkeiten und Probleme in Konfrontation mit Studium und Praxis, aber ebenso Verdeutlichung der Erfolge).
- Fortführendes Überprüfen der eigenen Zielvorstellungen einer "Sozialen Arbeit" durch praktische Tätigkeit und Klärung bestehender Schwierigkeiten (eigene Situation, Verhalten des Klienten, Arbeitsplatz, institutionelle Gegebenheiten).

II/2 Ansichten und Einstellungen der Studierenden ...:
- Kennenlernen eigener Ansichten, Einstellungen

und Vorurteile gegenüber verschiedenen Bevölkerungs- und Altersgruppen, auch älteren und alten Menschen.
- Kennenlernen eigener Ansichten/Einstellungen und Vorurteile gegenüber bestimmten Klientengruppen (altersverschieden, schichtspezifisch, mit Devianzerscheinungen, mit bestimmten Störungen/Erkrankungen usw.).
- Berücksichtigen dieser Aspekte im Projektstudium, insbesondere bei Kontakten und Erfahrungen mit älteren und alten Menschen (auch außerhalb des Studiums) unter dem Gesichtspunkt der Verhaltenseinschätzung und -veränderung.
- Entwickeln von Handlungsstrategien (a) zum Umgang mit Ansichten/Einstellungen/Vorurteilen der Umwelt gegenüber bestimmten Klientengruppen (auch älteren und alten Menschen) und (b) zur Hilfestellung für die Klärung und Erarbeitung derselben bei der eigenen und bei anderen Berufsgruppen.

II/3 Auseinandersetzung mit dem eigenen Älterwerden:
- Begreifen, daß alle Lebensabschnitte einen Entwicklungsprozeß darstellen, also auch das mittlere, höhere und hohe Lebensalter.
Bestimmen und Einschätzen der eigenen jetzigen Lebensphase in der sozialen, physischen und psychischen Dimension einschl. Definition derselben aufgrund der verschiedenen theoretischen Ansätze.
- Ansprechen und Kennenlernen der anstehenden eigenen psychosozialen Aufgaben (u.U. auch Krisen).
- Ansprechen der Wahrnehmungen und Beobachtungen des eigenen Älterwerdens und der entsprechenden Reaktionen.
- Diskutieren der Vorstellungen und Planungen für den weiteren Lebensablauf in verschiedenen Bereichen (Partnerbeziehungen, Beruf,

Freizeitgestaltung usw.).
- Verdeutlichen der Notwendigkeit der Vorbereitung auf das Älterwerden und des diesbezüglichen lebenslangen Lernens.

III/1 Problem- und Bedürfnisanalyse, Ableitung sich daraus ergebender Aufgaben einer Sozialen Arbeit mit älteren und alten Menschen:
- Kennenlernen von Problemen und Bedürfnissen von Klienten verschiedener Altersgruppen, Schichtzugehörigkeit, mit verschiedenen Störungen/Erkrankungen (auch von älteren und alten Menschen) durch Beobachten, Einordnen und Beschreiben (unter Berücksichtigung einer eigenen Teilidentifizierung mit denselben).
- Analysieren der Lebenssituation dieser Klientengruppen unter Einbeziehung gesellschaftlicher, sozialer und ökologischer Gegebenheiten/ Bedingungen (Wohnverhältnisse, institutionelle Bedingungen usw.) und ihrer Stellung im Lebenszyklus.
- Definieren von Bedürfnis- und Problembereichen dieser Klientengruppen im sozialen, psychischen und physischen Bereich einschl. Berücksichtigung entsprechender Problemkumulationen.
- Einbeziehen von Befunden, Aussagen und Feststellungen anderer Berufsgruppen über diese Klienten.
- Ableiten der sich daraus ergebenden Aufgaben einer Sozialen Arbeit (sozialarbeiterische/sozialpädagogische Aufgaben).

III/2 Entwicklung von Handlungsstrategien sowie Planung und Organisation entsprechender Maßnahmen (einschl. Management und Administration derselben) und Öffentlichkeitsarbeit:
- Entwickeln von Konzepten für kurz-, mittel- und langfristige Handlungsstrategien gemäß der Definition Sozialer Arbeit für bestimmte Klientengruppen (nach Alter, Schichtzugehörigkeit, Störungen/Erkrankungen usw. verschieden) unter

Berücksichtigung der Umwelt, der gesellschaftlichen und institutionellen Bedingungen, der eigenen Arbeitsplatzsituation und der einsetzbaren Arbeitsformen.

- Kennenlernen erforderlicher Managements- und Administrationsaufgaben.
- Mitwirken bei der Planung, Durchführung und Auswertung entsprechender Handlungskonzepte, andauernde Überprüfung im Blick auf die Zielsetzungen Sozialer Arbeit (Zusammenarbeit mit dem resp. den Klienten unter dem Ziel der Erhaltung seiner Selbständigkeit bzw. Verselbständigung).
- Kennenlernen und Wahrnehmen entsprechender Öffentlichkeitsarbeit (über, für und gegebenenfalls mit der betreffenden Klientengruppe).

III/3 Interaktionsmöglichkeiten zwischen SA/SP und älteren und alten Menschen:

- Teilnehmendes Beobachten (Interaktionsformen zwischen Sozialarbeitern und ihren Klienten, zwischen anderen Berufsgruppen und deren Klienten/Patienten und bei Klienten untereinander).
- Kennenlernen, Untersuchen der Interaktionen von Sozialarbeiter/Klient unter psychologischen, psychodynamischen, sozialpsychologischen und soziologischen Aspekten (allgemein, bei bestimmten Klienten-und Altersgruppen, auch bei älteren und alten Menschen).
- Vergleichen der Interaktion Sozialarbeiter/Klient mit Interaktionsformen anderer Berufe im psychosozialen Bereich.
- Kennenlernen der Einsatzmöglichkeiten und der Auswirkung verschiedener Interaktionsformen bei verschiedenen Klientengruppen.
- Leisten von Hilfestellung zur Korrektur störender Verhaltensweisen und Reaktionen in der Interaktion, auch im Rahmen der Praxisanleitung.

III/4 Anwendung eines differenzierten Spektrums

von Interventions- und Arbeitsmöglichkeiten:
- Vermitteln umfassender Kenntnisse über Aufgabenbereiche und Arbeitsfelder der Sozialarbeit/Sozialpädagogik einschl. Altenarbeit, Altenhilfe und Bildungsarbeit mit älteren und alten Erwachsenen.
- Kennenlernen des Spektrums der Interventionsmöglichkeiten der Sozialarbeit/Sozialpädagogik nebst Ableiten ihrer theoretischen Ansätze (einschl. historischer Entwicklung).
- Abschätzen der Einsatzmöglichkeiten, Auswahlkriterien, Erfolgsaussichten, Rahmenbedingungen einschl. institutioneller Gegebenheiten gemäß gewähltem Schwerpunkt (für bestimmte Klientengruppen, auch für ältere und alte Menschen).
- Vermitteln praktischer Kenntnisse und Erfahrungen in der systematischen Anwendung dieser Interventions- und Arbeitsmöglichkeiten.

III/5 Interaktion und Kooperation in Handlungs- und Berufsfeldern der Altenarbeit, Altenhilfe und Bildungsarbeit mit älteren Erwachsenen:
- Kennenlernen anderer Berufsgruppen einschl. ehrenamtlicher Mitarbeiter im psychosozialen Bereich (Zielsetzungen, Ausbildungsgänge, Berufsbilder, Behandlungs- und Interventionsmöglichkeiten usw.).
- Kennenlernen und Analysieren der Interaktions- und Kooperationsformen anderer Berufsgruppen nebst Einschätzen diesbezügl. berufsspezifischer Schwierigkeiten.
- Sammeln von Erfahrung in der Kooperation mit anderen Berufsgruppen bei der Arbeit mit Klienten verschiedener Altersgruppen, Schichtzugehörigkeit, Störungen/Erkrankungen.
- Sammeln von Erfahrung in der Kooperation mit ehrenamtlichen Mitarbeitern in der Arbeit mit verschiedenen Klientengruppen.
- Informieren über Interaktions- und Kooperationsnotwendigkeiten bei der Sozialen Arbeit mit

älteren und alten Menschen, mit anderen Berufsgruppen und besonders mit ehrenamtlichen Mitarbeitern.

III/6 Umsetzung der erworbenen beruflichen Kenntnisse und Erfahrungen in der Aus- und Weiterbildung:
- Erarbeiten und Vortragen von Referaten innerhalb und außerhalb der Hochschule.
- Mitarbeiten als Tutor in längerfristigen Arbeitsgruppen und bei der Gestaltung und Durchführung von Kompaktseminaren.
- Sammeln von Selbsterfahrungen durch Einschätzung des eigenen Auftretens und Verhaltens bei der Gesprächsführung, beim Referieren usw. (Tonband- und Videoaufzeichnungen).
- Sammeln von Erfahrungen durch Mitarbeit bei Fortbildungsveranstaltungen für Mitarbeiter im psychosozialen Feld.

III/7 Wahrnehmung praxisorientierter Forschungsaufgaben
- Vermitteln von Kenntnissen über wichtige Forschungsansätze und Forschungsmethoden im psychosozialen Feld.
- Kennenlernen wichtiger statistischer Analyse-Verfahren.
- Vertiefen der Fremdsprachenkenntnisse, speziell der fachsprachlichen Ausdrucksformen (Englisch).
- Mitarbeiten bei der Anwendung von Forschungsmethoden, bei Forschungsprojekten im psychosozialen Bereich, als Vorbereitung auf die Diplomarbeit.
- Erstellen der Diplomarbeit.

6.2.5 Ausbildungsebene B: Studenten der Sozialarbeit/Sozialpädagogik im Projektstudium (bzw. im Vertiefungsgebiet oder Schwerpunktstudium) aufgrund einer entsprechenden Mitarbeit in Projekten der Altenarbeit/Altenhilfe u.ä.

I/1 Altern als Entwicklungsprozeß in seiner sozialen, psychischen und physischen Dimension:
- Aneignen systematischer Kenntnisse über die einzelnen Phasen des mittleren, höheren und hohen Lebensalters einschl. Sterben und Tod.
- Kennenlernen der Bedeutungen, Wechselwirkungen und Kumulationen möglicher Probleme und Krisen im sozialen, psychischen und physischen Bereich und bestehender Gesetzmäßigkeiten.

I/2 Unmittelbare Lebenssituation, Umwelt der älteren und alten Menschen:
- Vermitteln entsprechender wissenschaftlicher Erkenntnisse (wie z.B. über "Ausscheiden aus dem Arbeitsprozeß", "alternde und alte Ehe", "Kontakte und Nachbarschaftsbeziehungen", "Devianz", "Krankheitsformen und Verhalten", "Leben im Heim" usw.).
- Systematische Auswertung von entsprechenden Projekterfahrungen.

I/3 Weitere Rahmenbedingungen der Alterssituation ...:
- Vermitteln relevanter Kenntnisse über gesellschaftliche, sozialpolitische, ökonomische und ökologische Einflüsse und Gegebenheiten bei älteren und alten Menschen.
- Interpretieren und vergleichendes Analysieren vorliegender wissenschaftlicher Untersuchungen hierzu.
- Kritisches Aufarbeiten i.S. einer Verknüpfung und Integration von Kenntnissen zur Situation der älteren und alten Menschen.

I/4 Angebote und Systeme der sozialen Sicherung und Versorgung:
- Aneignen von Kenntnissen über Zielsetzungen, gesetzliche Grundlagen und Maßnahmen der sozialen Sicherung für ältere und alte Menschen (Rentengesetzgebung usw.).
- Aneignen von Kenntnissen über Zielsetzungen, gesetzliche Grundlagen, Institutionen und Maßnahmen der Vorsorge und Versorgung älterer und alter Menschen (Prävention und Rehabilitation: medizinisch/pflegerischer Bereich, Wohnformen und Heime, ambulante Versorgung usw.).

II/1 Motivation des SA/SP und Bedingungen seiner Berufssituation ...:
- Fortsetzen der allgemeinen Motivationsklärung aufgrund der Studien- und Projekterfahrungen.
- Ansprechen und Klären der Motivation sowie bestehender Interessen und möglicher Widerstände (bewußte und unbewußte Anteile) für eine gezielte methodische Soziale Arbeit mit älteren und alten Menschen einschl. Verstärkung der Motivation.
- Mit zunehmender Studien- und Praxiserfahrung sich verstärkt auseinandersetzen mit den Zielvorstellungen und Möglichkeiten der Sozialen Arbeit mit älteren und alten Menschen.
- Im Rahmen des Projektstudiums Mitarbeiter anderer Berufsgruppen und ehrenamtliche Helfer unterstützen bei der Klärung von Motivation, Interessen und Widerständen hinsichtlich der Arbeit mit älteren und alten Menschen.
- Entwickeln einer Berufsperspektive und Einschätzen der Berufsaussichten unter Berücksichtigung institutioneller, gesellschaftlicher, politischer und gesetzlicher Gegebenheiten.

II/2 Ansichten, Einstellungen des Lernenden gegenüber älteren und alten Menschen aufgrund

seiner Sozialisation und bisherigen Erfahrung (einschl. Berufserfahrungen):
- Reflektieren eigener und fremder Ansichten, Einstellungen und Vorurteile unter Einbeziehung von Ergebnissen der Vorurteilsforschung während des Beginns des Projektstudiums.
- Bearbeiten eigener Ansichten, Einstellungen und Vorurteile unter Einbeziehung der eigenen Sozialisation und bisheriger Erfahrung (auch frühere berufliche Erfahrung) im Verlauf des Projektstudiums.
- Bearbeiten eigener Ansichten, Einstellungen und Vorurteile im Rahmen der Praxisanleitung und Praxisberatung.

II/3 Auseinandersetzung mit dem eigenen Älterwerden:
- Wahrnehmen eigener und fremder Reaktionen auf das jetzige Älterwerden und Ansprechen zukünftiger Phantasien und Vorstellungen.
- Verdeutlichen eigener Reaktionen und Ängste bei spezifischen Problemstellungen, z.B. Krankheit, Partnerverlust, in der Sozialen Arbeit mit älteren und alten Menschen.
- Kennenlernen von Vorstellungen und Reaktionen anderer im Arbeitsfeld Tätiger auf ihr Altern und Alter nebst entsprechendem Einfluß auf die Arbeitsvollzüge.
- Kennenlernen der Vorstellungen und Reaktionen älterer und alter Menschen auf ihr Altern und Alter.
- Hilfestellung leisten (individuell und in der Gruppe) zum Einschätzen und Klären derartiger Reaktionen und Vorstellungen.

III/1 Problem- und Bedürfnisanalyse und Ableitung sich daraus ergebender Aufgaben einer Sozialen Arbeit mit älteren und alten Menschen:
- Kennenlernen der besonderen Bedürfnisse und Probleme älterer und alter Menschen beim Altern und im Alter durch teilnehmende Beobachtung,

Einordnung und Beschreibung mit Hilfe einer eigenen Teilidentifizierung und Mitarbeit in Einrichtungen und Institutionen der Altenarbeit/Altenhilfe.

- Analysieren der unmittelbaren Lebenssituation und der Umwelt älterer und alter Menschen (Berücksichtigung der Phase im Lebenszyklus, der biographischen Entwicklung, der gesellschaftlichen und historischen Bedingungen, der Schichtzugehörigkeit mit z.T. unterschiedlichen Störungen und Erkrankungen).
- Einbeziehen vorliegender Befunde, Aussagen und Erhebungen zur sozialen, psychischen und physischen Situation und auch von anderen Berufsgruppen.
- Definieren von Bedürfnis- und Problembereichen älterer und alter Menschen im sozialen, psychischen, physischen, ökonomischen und ökologischen Bereich unter entsprechender Berücksichtigung von Wechselwirkungen und Problemkumulationen.
- Ableiten der sich daraus ergebenden Aufgaben einer Sozialen Arbeit mit älteren und alten Menschen.

III/2 Entwicklung von Handlungsstrategien sowie Planung und Organisation entsprechender Maßnahmen (einschl. Management und Administration derselben) und Öffentlichkeitsarbeit:

- Entwickeln von Konzepten für kurz-, mittel- und langfristige Handlungsstrategien gemäß den definierten Aufgaben einer Sozialen Arbeit mit älteren und alten Menschen unter Berücksichtigung von deren physischem und psychischem Zustand, der Umwelt, der institutionellen Gegebenheiten usw., u.U. der begrenzten Verbesserungsmöglichkeiten und der verfügbaren Arbeitsformen.
- Mitarbeiten beim Planen, Durchführen und Auswerten entsprechender Handlungskonzepte in Ko-

operation mit anderen Berufsgruppen, Kennenlernen der Notwendigkeit einer gezielten Öffentlichkeitsarbeit über die Gruppe der älteren und alten Menschen für und gegebenenfalls mit älteren und alten Menschen.
- Durchführen dieser Arbeitsschritte in enger Zusammenarbeit mit dem älteren und alten Menschen mit dem Ziel der Erhaltung seiner Selbständigkeit bzw. erneuten Verselbständigung.
- Mitberücksichtigen zukünftiger für den Altersbereich relevanter sozialer und gesellschaftlicher Entwicklungen bei allen angestrebten Planungen und Konzeptentwicklungen.

III/3 Interaktionsmöglichkeiten zwischen SA/SP und älteren und alten Menschen:
- Teilnehmendes Beobachten (Interaktionsformen zwischen Sozialarbeitern und älteren und alten Menschen, zwischen dieser Altersgruppe und anderen Berufsgruppen und bei älteren und alten Menschen unter sich).
- Kennenlernen verschiedener Interaktionsformen mit älteren und alten Menschen in bestimmten Situationen (Krankheitsfall, Verlust usw.), unter bestimmten Rahmenbedingungen (Heimaufenthalt usw.), bei verschiedenen Arbeitsformen und in ihren bewußten und unbewußten Anteilen.
- Analysieren der Beziehungen von SA/SP mit älteren und alten Menschen bei Beratung, Einzel- und Gruppenarbeit.
- Kennenlernen von und Umgehen mit "Übertragung" und "Gegenübertragung" in der Sozialen Arbeit mit älteren und alten Menschen.
- Trainieren bestimmter Interaktionsformen in der praktischen Arbeit und unter Praxisanleitung.

III/4 Anwendung eines differenzierten Spektrums von Interventions- und Arbeitsmöglichkeiten.
- Umfassendes Kennenlernen der Aufgabenbereiche und Arbeitsfelder einer Sozialen Arbeit mit

älteren und alten Menschen.
- Vermitteln von Kenntnissen über das Gesamtspektrum von Interventionsmöglichkeiten für ältere und alte Menschen (theoretische Ableitung einschl. historischer Entwicklung, Abschätzung der Einsatzmöglichkeiten, Auswahlkriterien, Erfolgsaussichten u.a.).
- Kennenlernen von Konzepten und Modellen aus dem In- und Ausland zur Realisierung der Zielsetzung einer Sozialen Arbeit unter Anwendung entsprechender Interventionsformen.
- Unter Anleitung praktische Erfahrungen machen mit bestimmten Interventionsformen gemäß dem gewählten Schwerpunkt und Einblick gewinnen in die Interventionsformen anderer Schwerpunkte (Vertiefungsgebiete).

III/5 Interaktion und Kooperation in Handlungs- und Berufsfeldern der Altenarbeit/Altenhilfe und in der Bildungsarbeit mit älteren und alten Erwachsenen:
- Sich ausreichende Kenntnisse über Berufsbilder, Ausbildungsgänge, Tätigkeitsbereiche, Behandlungs- und Interventionsmöglichkeiten anderer Berufe und ehrenamtlicher Mitarbeiter in der Arbeit mit älteren/alten Menschen aneignen.
- Kennenlernen der Kooperationsmöglichkeiten mit anderen Berufsgruppen (nebst berufsspezifischer Schwierigkeiten unter Berücksichtigung von Hierarchisierung und Institutionalisierung).
- Kennenlernen der Kooperationsmöglichkeiten mit ehrenamtlichen Mitarbeitern.
- Erwerben ausreichender Kenntnisse über Kommunikations- und Interaktionsformen anderer Berufsgruppen und ehrenamtlicher Mitarbeiter.
- Kennenlernen von gruppendynamischen Verfahren besonders für Gesprächsführung, für Interaktion und Kooperation mit anderen Berufsgruppen und ehrenamtlichen Mitarbeitern.

III/6 Umsetzung der beruflichen Kenntnisse

und Erfahrungen in der Aus- und Weiterbildung:
- Erarbeiten und Vortragen von Referaten innerhalb und außerhalb der Hochschule über Altersthemen (auch vor älteren und alten Menschen).
- Mitarbeiten bei Planung, Organisation, Auswertung von Seminaren, Vortragsreihen speziell zu Altersfragen.
- Beobachtendes Teilnehmen (u.U. Planen, Durchführen und Auswerten) bei Veranstaltungs- und Vortragsreihen für ältere und alte Menschen.
- Beobachtendes Teilnehmen und Mitarbeiten bei Fortbildungsveranstaltungen im Altersbereich, besonders auch für ehrenamtliche Mitarbeiter.
- Kennenlernen der Basisinhalte und der didaktischen und pädagogischen Aspekte von Kursen in der Altenarbeit/Altenhilfe für ehrenamtliche Mitarbeiter und in der Bildungsarbeit mit älteren und alten Erwachsenen.
- Wissen um Lehrmaterial und einzusetzende Medien (Angebot, Bezugsquellen und Befähigung für den Einsatz) für Fortbildungsveranstaltungen.

III/7 Wahrnehmung praxisorientierter Forschungsaufgaben:
- Laufendes Informieren über bestehende Forschungsvorhaben der Sozialen Gerontologie in der betreffenden Fachhochschule/Hochschule (Zielsetzung, Konzeption, Ansätze und Durchführung).
- Teilnehmen am Literaturseminar über Fragen der Sozialen Gerontologie mit entsprechender Literaturdurchsicht.
- Mitarbeit als studentische Hilfskraft oder Tutor in einem Teilbereich eines Forschungsprojektes zur Sozialen Gerontologie mit Verfassen eines Abschlußberichtes und Kenntnis des gesamten Forschungsprojektes.
- Verfassen der Diplomarbeit im Bereich der Sozialen Gerontologie resp. Altenarbeit/Altenhilfe und Bildungsarbeit mit älteren und

alten Erwachsenen.

6.2.6 Ausbildungsebene C: Erwerb einer Handlungs- und Lehrkompetenz einschl. einer Qualifikation zur Wahrnehmung praxisorientierter Forschungsaufgaben (postgrad.Studium)

I/1 Altern als Entwicklungsprozeß in sozialer, psychischer und physischer Dimension:
- Aufarbeiten und Systematisieren der Kenntnisse und Erfahrungen zum Prozeß der menschlichen Entwicklung.
- Erwerben fundierten Wissens über die Entwicklungs- und Veränderungsprozesse der zweiten Lebenshälfte.
- Erarbeiten und Diskutieren der verschiedenen theoretischen Ansätze zum Begriff des Alterns und Alters (einschl. historischer Ableitung) und ihrer Auswirkung auf die heutige Praxis der Altenarbeit/Altenhilfe sowie Bildungsarbeit mit älteren und alten Erwachsenen.
- Einschätzen der altersverursachenden, -begleitenden und -unabhängigen sozialen, physischen, psychischen, ökonomischen Bedingungen und ihrer Wechselwirkungen für den Entwicklungsprozeß.

I/2 Unmittelbare Lebenssituation, Umwelt des älteren und alten Menschen:
- Erwerben umfassender Kenntnisse über unmittelbare Lebenssituationen, Lebensformen und Umwelt von älteren und alten Menschen (bestimmte Bevölkerungsgruppen, Schichtspezifität, Devianz und Randgruppen, bei bestimmten Störungen/ Erkrankungen usw.).
- Vermitteln umfassender Kenntnisse über psychosoziale Veränderungen (Ausscheiden aus dem Arbeitsprozeß, Erleben von Krankheit, Partnerverlust, Wohnungsveränderung usw.), u.U. Ent-

stehung von Krisen, institutionelle Einwirkungen (Altenwohnungen, Heime, Krankenhäuser) u.a.
- Einschätzen und Beurteilen der verursachenden und begleitenden Faktoren (altersabhängige und altersunabhängige).

I/3 Weitere Rahmenbedingungen der Alterssituation ...:
- Vermitteln umfassender Kenntnisse über gesellschaftliche, ökonomische, ökologische Bedingungen für ältere und alte Menschen und die Alterssituation insgesamt (einschl. historischer Entwicklung und Darstellung der verschiedenen theoretischen Ansätze).
- Aneignen umfassender Kenntnisse über gesetzgeberische, sozial- und parteipolitische Aussagen und Maßnahmen für ältere und alte Menschen und den Altersbereich insgesamt (einschl. historischer Entwicklung).
- Analysieren von Lebensformen, Rollen, Aufgaben älterer und alter Menschen in früheren und heutigen Gesellschaftssystemen.
- Analysieren der altersbeeinflussenden, -begleitenden und -unabhängigen Aus- und Wechselwirkungen der gesellschaftlichen, sozialpolitischen, ökonomischen, ökologischen Bedingungen.

I/4 Angebote und Systeme der sozialen Sicherung und Versorgung für ältere und alte Menschen:
- Erwerben fundierten Wissens über Zielsetzungen, gesetzliche Grundlagen, Institutionen und Maßnahmen der sozialen Sicherung und Versorgung.
- Einschätzen der Voraussetzungen und Auswirkungen des Angebots und der Nutzung entsprechender Maßnahmen (Berücksichtigung der gesetzlichen, gesellschaftlichen, institutionellen und beruflichen Bedingungen).
- Vermitteln und Ausschöpfen vorhandener Hilfsmöglichkeiten.
- Einschätzen der erwarteten Auswirkungen von geplanten Angeboten, Veränderungen und Versor-

gungssystemen in der Zukunft.

II/1 Motivation des SA/SP und Bedingungen seiner Berufssituation ...:
- Fortführendes Klären und langfristiges Bearbeiten der beruflichen Motivation für die zukünftige Arbeit mit älteren und alten Menschen (auch für die gewählten Schwerpunkte und Arbeitsformen) unter Berücksichtigung der Sozialisation und der bisherigen Praxis- und Berufserfahrungen.
- Fortlaufendes Diskutieren der Zielsetzungen einer Sozialen Arbeit mit älteren und alten Menschen und Überprüfen derselben bei der Umsetzung in die Praxis.
- Klären und Bearbeiten von auftretenden Problemen im Arbeitsbereich (Schwierigkeiten mit Klienten, in der Gruppe der Mitarbeiter, aufgrund institutioneller Gegebenheiten einschl. Personalführung).
- Klären und Verdeutlichen der Motivation zur Arbeit mit älteren und alten Menschen für Mitarbeiter aus der eigenen oder aus anderen Berufsgruppen, für Auszubildende, ehrenamtliche Mitarbeiter - gegebenenfalls Anbieten entsprechender Hilfeleistungen.

II/2 Ansichten und Einstellungen des Studierenden gegenüber älteren und alten Menschen aufgrund seiner Sozialisation und Praxis-/Berufserfahrung:
- Benennen und Klären der die Interaktion und die Soziale Arbeit mit älteren und alten Menschen beeinflussenden Ansichten, Einstellungen und Vorurteile.
- Umfassendes Bearbeiten störender Ansichten und Einstellungen nebst Vorurteilen unter Einbeziehung der eigenen Sozialisation und der bisherigen beruflichen Erfahrungen als Voraussetzung einer allmählichen Korrektur des eigenen Verhaltens gegenüber älteren und alten

Menschen.

II/3 Auseinandersetzung mit dem eigenen Älterwerden:
- Bestimmen und Klären der jetzigen Lebensphase als Teil einer Gesamtentwicklung unter Berücksichtigung des bisherigen Lebensablaufes.
- Umfassendes Kennenlernen eigener Vorstellungen, Ängste und Reaktionen auf das Älterwerden einschl. ihrer Auswirkungen im privaten und beruflichen Bereich und Abschätzen ihrer Einflüsse auf die Arbeit mit älteren und alten Menschen.
- Diskutieren der weiteren eigenen Lebensplanung einschl. der Vorbereitung auf das Älterwerden und damit u.U. Korrektur entsprechender Phantasien und Vorstellungen.
- Diskutieren und Hilfestellung leisten zum Erkennen und Klären eigener beunruhigender Erfahrungen mit älteren und alten Menschen, insbesondere Erleben von Altersveränderungen, Krankheiten, Verlusten, Veränderungen im sozialen Bereich und ihrer Verarbeitung.
- Kennenlernen der Vorstellungen und Reaktionen anderer, speziell auch älterer und alter Menschen auf ihr Altern und Alter einschl. entsprechender Auswirkungen in der Umwelt und ihrer innerpsychischen Verarbeitung.
- Hilfestellung leisten für das Wahrnehmen und Ansprechen derartiger Reaktionen bei anderen und Hilfestellung leisten beim Einschätzen und Klären derartiger Reaktionen.

III/1 Problem- und Bedürfnisanalyse, Ableitung sich daraus ergebender Aufgaben einer Sozialen Arbeit mit älteren und alten Menschen:
- Aneignen umfassender und differenzierter Kenntnisse über Bedürfnisse und Probleme älterer und alter Menschen; Trainieren im Wahrnehmen, Beschreiben, Einordnen und Beurteilen derselben.

- Umfassendes Analysieren der Lebenssituation und Umwelt älterer und alter Menschen mit Einschätzung der altersverursachenden, -begleitenden und -unabhängigen Faktoren.
- Berücksichtigen von Befunden, Aussagen und Feststellungen anderer Berufsgruppen zu den Bedürfnissen und Problembereichen älterer und alter Menschen.
- Ableiten und Definieren von Bedürfnis- und Problembereichen älterer und alter Menschen und ihrer Veränderungsmöglichkeiten im sozialen, psychischen, physischen, ökonomischen und ökologischen Bereich.

III/2 Entwicklung von Handlungsstrategien sowie Planung und Organisation entsprechender Maßnahmen (einschl. Management und Administration derselben) und Öffentlichkeitsarbeit:
- Entwickeln differenzierter Konzepte für kurz-, mittel- und langfristige Handlungsstrategien entsprechend den Zielsetzungen einer Sozialen Arbeit mit älteren und alten Menschen unter Abwägen der gegebenen sozialen, gesellschaftlichen, institutionellen Rahmenbedingungen und unter Berücksichtigung des Spektrums der verschiedenen Interventionsmöglichkeiten.
- Selbständiges Planen, Durchführen und Auswerten entsprechender Handlungskonzepte in Kooperation mit anderen Berufsgruppen im psychosozialen Feld (Trainieren von Management- und Administrationsaufgaben, Hilfestellung leisten und Anleiten der eigenen sowie anderer Berufsgruppen und ehrenamtlicher Mitarbeiter).
- Planen u. Wahrnehmen einer gezielten Öffentlichkeitsarbeit über die Gruppe der älteren und alten Menschen, für und gegebenenfalls mit ihnen zusammen.
- Vorgehen in enger Zusammenarbeit mit dem älteren Menschen unter der Zielsetzung der Erhaltung seiner Selbständigkeit resp. Verselb-

ständigung.
- Berücksichtigen der zukünftigen sozialen und gesellschaftlichen Entwicklungen im Altersbereich bei der Entwicklung von Planungen und Konzepten.

III/3 Interaktionsmöglichkeiten zwischen SA/SP und älteren und alten Menschen:
- Aneignen umfassender Kenntnisse aus dem Bereich der gerontologischen Interaktions- und Kommunikationsforschung (der einzelne ältere Mensch, Familie und Gruppe, Einflüsse institutioneller Rahmenbedingungen, Interaktion SA/SP und älterer Klient usw.).
- Sicheres Umgehen mit "Übertragung" und "Gegenübertragung" bei bestimmten Störungen/Erkrankungen, besonders auch in der therapeutisch orientierten Arbeit.
- Untersuchen und Beurteilen praktizierter Interaktionsformen in der eigenen Arbeit mit älteren und alten Menschen und bei anderen Berufsgruppen, bei ehrenamtlichen Mitarbeitern und bei älteren und alten Menschen, wenn sie unter sich sind.
- Selbst Hilfestellung erhalten zur Klärung und Bearbeitung störender eigener Interaktionsschwierigkeiten und Verhaltensweisen.
- Anderen Hilfestellung leisten zum Kennenlernen, Ansprechen und zur Korrektur störender Interaktionsformen und Verhaltensweisen.

III/4 Anwendung eines differenzierten Spektrums von Interventions- und Arbeitsmöglichkeiten:
- Erwerben umfassender Kenntnisse über Aufgabenbereiche, Einsatzgebiete, Arbeitsfelder der Sozialen Arbeit mit älteren und alten Menschen.
- Erwerben umfassender Kenntnisse über das Spektrum der Interventionsmöglichkeiten bei älteren und alten Menschen (theoretische Ableitung, historische Entwicklung, Einschätzung der Einsatzmöglichkeiten, Auswahlkriterien, Progno-

se und Erfolgskriterien usw.).
- Interventionsformen des gewählten Schwerpunktes beherrschen und jene der anderen Schwerpunkte in der Arbeit mit älteren und alten Menschen praktisch kennenlernen.
- Erwerben von Kenntnissen über Konzepte und Modelle der Sozialen Arbeit mit älteren und alten Menschen im In- und Ausland einschl. der dabei angewandten Interventionsformen.
- Aneignen praktischer Kenntnisse und Fähigkeiten in der Anwendung von Maßnahmen der Prävention sowie der aktivierenden Pflege und Rehabilitation.

III/5 Interaktion und Kooperation in Handlungs- und Berufsfeldern der Altenarbeit/Altenhilfe und in der Bildungsarbeit mit älteren und alten Erwachsenen:
- Kennenlernen der Berufsbilder, Ausbildungswege, Tätigkeitsbereiche, diagnostischen Verfahren, Behandlungs- und Interventionsmöglichkeiten anderer Berufe in der Altenarbeit/Altenhilfe, in der Bildungsarbeit mit älteren und alten Erwachsenen und in der Geriatrie.
- Kennenlernen (Beobachten, Wahrnehmen und Abschätzen) von Interaktions- und Kommunikationsformen der eigenen und auch anderer Berufsgruppen unter Berücksichtigung entsprechender Schwierigkeiten z.B. bei Hierarchisierung und Institutionalisierung.
- Kooperative Erfahrungen machen mit anderen Berufsgruppen und in Institutionen der Altenarbeit/Altenhilfe (Auswertung unter Praxisanleitung).
- Kennenlernen gruppendynamischer Verfahren und Aneignen entsprechender Kenntnisse über Gesprächsführung.
- Kennenlernen von Beurteilungsinstrumentarien zur Einschätzung von Gruppensituationen und institutionellen Gegebenheiten.

- Hilfestellung leisten zur Ansprache, Diskussion, Klärung (nebst Beratung bei entsprechenden Schwierigkeiten) von Interaktion und Kooperation in der eigenen, in anderen Berufsgruppen und bei ehrenamtlichen Mitarbeitern.
- Sammeln von Erfahrungen in der Leitung von Gruppen zur Verbesserung von Interaktion und Kooperation.
- Erwerben von Kenntnissen über Auswahlkriterien, Einstellungsvoraussetzungen und Praxisanleitung von haupt- und ehrenamtlichen Mitarbeitern.

III/6 Umsetzung der erworbenen beruflichen Kenntnisse und Erfahrungen in der Aus- und Weiterbildung:
- Erwerben von Kenntnissen über Konzepte, Inhalte, Verfahren und didaktische Ansätze in der Aus- und Fortbildung im Bereich der Altenarbeit, Altenhilfe und der Bildungsarbeit mit älteren und alten Erwachsenen.
- Beherrschen der formalen, inhaltlichen und pädagogischen Grundlagen, um zu Altersfragen vor Älteren und anderen Berufsgruppen bei Fortbildungsveranstaltungen (auch für andere Berufsgruppen) z.B. entsprechende Referate vortragen zu können.
- Sammeln von systematischer Erfahrung bei der Konzeptentwicklung, Planung, inhaltlichen Gestaltung und der Durchführung von Kursen für ehrenamtliche Mitarbeiter.
- Aneignen praktischer Kenntnisse und Fähigkeiten zur Praxisanleitung für Studierende der Sozialarbeit/Sozialpädagogik im Altersbereich und Sammeln von Erfahrungen für Praxisanleitung für Mitarbeiter.
- Sammeln praktischer Erfahrungen im Umgang mit Medien (Lehr- u. Lernmaterialien) im Bereich der Sozialen Arbeit mit älteren/alten Menschen und in der Praxisanleitung für Mitarbeiter.

III/7 Wahrnehmung praxisorientierter Forschungsaufgaben:
- Kennenlernen der wichtigsten Forschungsansätze und Forschungsmethoden (theoretische Fundierung, Einsatz- und Anwendungsbereiche statistischer Verfahren, Validität/Reliabilität usw.) im Bereich der Sozialen Gerontologie.
- Informieren über Forschungsansätze/Methoden anderer Berufsgruppen und Einschätzen ihrer Verwendungsmöglichkeiten in der SA/SP; längerfristiges Teilnehmen an einem Forschungsseminar zu Fragen der Sozialen Gerontologie; bei der Planung, Durchführung und Auswertung von Forschungsvorhaben in Teilprojekten mitarbeiten.
- Teilnehmen an Literaturseminaren mit Erarbeiten von Sammelreferaten, Literaturübersichten usw.
- Längerfristiges Mitarbeiten an einem praxisorientierten Forschungsprojekt unter Kenntnis anderer laufender Forschungsprojekte.
- Teilnehmen an wissenschaftlichen Kongressen aus dem Bereich der Gerontologie/Geriatrie.
- Verfassen der Diplomarbeit auf der Grundlage eigenständiger praxisorientierter Forschung im Bereich der Sozialen Gerontologie.

6.2.7 Ausbildungsebene D:
Sozialarbeiter/Sozialpädagogen (einschl. Absolventen anderer gleichwertiger Ausbildungswege), die ihre bisherigen Kenntnisse und Fertigkeiten im Bereich der Altenarbeit, Altenhilfe und der Bildungsarbeit mit älteren und alten Erwachsenen vertiefen oder zusätzlich neue erwerben wollen (Fortbildung)

Bei der Zielsetzung der Vermittlung einer beruflichen Teilkompetenz durch Fortbildung für bestimmte Arbeitsfelder, Aufgabenbereiche und Arbeitsformen sind neben Teilaspekten des Zielfeldes III besonders allgemeine Kenntnisse aus dem Zielfeld I und eine Klärung der eigenen Situation (Zielfeld II) bei langfristiger Hilfestellung unter Praxisanleitung/Supervision erforderlich.

7 Schlußbemerkung

Aus unserem Bericht ist deutlich geworden, wie sehr Sozialarbeiter/Sozialpädagogen für ihre Tätigkeit in der Altenarbeit, Altenhilfe und Bildungsarbeit mit älteren und alten Erwachsenen entsprechend den Zielsetzungen einer Sozialen Arbeit einer weiteren Professionalisierung bedürfen.

Wir wünschen uns, daß in Fortsetzung unserer Forschungsarbeit der unter 6.2 vorgelegte Curriculum-Entwurf möglichst bald in die Studiengangsplanung an Fachhochschulen und Hochschulen mit einbezogen und erprobt wird.

Wir hoffen, daß diese weiteren dringend erforderlichen Entwicklungs- und Forschungsarbeiten in enger Kooperation mit allen daran Interessierten und Beteiligten geschehen.

8 Literaturverzeichnis

1. Aldrigde, G.: Training for work with older people. Gerontologist 4(1964)78-79,103
2. Arbeitsgruppe Psychosoziale Gerontologie: Kontaktstudium Psychosoziale Gerontologie -Vorläufiges Programm - , Ulm 1974
3. Arbeitsgruppe Psychosoziale Gerontologie: Das Konzept der Curriculumentwicklung für das KSG. Unveröffentlichtes Manuskript 1975
4. Arbeitsgruppe Psychosoziale Gerontologie: Protokoll der Arbeitstagung vom 14./15.2.75 Unveröffentlichtes Manuskript 1975
5. Arbeitsgruppe Psychosoziale Gerontologie: Erarbeitung eines Konzepts zur Curriculumkonstruktion. Unveröffentlichtes Manuskript 1975
6. Arbeitsgruppe Psychosoziale Gerontologie: Dokumentation über den Verlauf des KSG bis zur 7. SW. Unveröffentlichtes Manuskript, März 1976
7. Arbeitsgruppe Psychosoziale Gerontologie: Das curriculare Forschungsprojekt "Aufbau- und Kontaktstudium Psychosoziale Gerontologie" als Grundlage für einen weiteren Zusatzstudiengang an der Organisationseinheit Sozialwesen. In: Prisma, Zeitschrift der GhK (Sonderheft 4) Februar 1977
8. Aregger, K.: Organisation der Curriculumentwicklung. Skizzen aus der Organisationsforschung. In: Isenegger, U.; Santini, B. (Hrsg.): Begriff und Funktion des Curriculums. Weinheim/Basel 1975
9. Aregger, K.: Planungs- und Entscheidungsverfahren im Curriculumprozeß. Relevante Vorentscheidungen der Projektplanung. In:Frey,K. (Hrsg.): Curriculum-Handbuch, 1975, Bd.II

10. Beattie, W.: Concepts, knowledge and commitment: the education of a practicing gerontologist. Gerontologist 10(1970)5-11
11. Beattie, W.: Gerontology curricula: multidisciplinary frameworks, interdisciplinary structures, and disciplinary depth. Gerontologist 14(1974)545-553
12. Bericht zur Lage der Psychiatrie in der Bundesrepublik Deutschland. Zur psychiatrischen und psychotherapeutisch-psychosomatischen Versorgung der Bevölkerung. (Deutscher Bundestag,7.Wahlperiode,Drucksache 7/4200,1975)
13. Bila v., H.: Gerontologie: Bestandaufnahme zur Situation der Alternsforschung in der Bundesrepublik Deutschland. Göttingen,1974
14. Blume, O: Möglichkeiten und Grenzen der Altenhilfe. Tübingen,1968
15. Böhmer, D.: Überlegungen zu Zielen und Organisation eines Kontaktstudiums. Arbeitskreis universitäre Erwachsenenbildung und wissenschaftliche Weiterbildung - Kontaktstudium, Konzepte und Versuche. Blickpunkt Hochschuldidaktik, Heft 26,1972
16. Breloer, G.: Zur Verbesserung von Lernprozessen oder wie man besser mit Erwachsenen lernen kann. Unveröffentlichtes Manuskript 1973
17. Brügelmann, H.: Offene Curricula. Der experimentell-pragmatische Ansatz in englischen Entwicklungsprojekten. In: Z.f.Päd., 18(1972)95-118
18. Cohen, R.: Graduate school work training in a multipurpose geriatric center. Gerontologist 11(1971)352-55
19. Deutscher Bildungsrat: Empfehlungen der Bildungskommission zur Förderung praxisnaher Curriculum-Entwicklung. Stuttgart,1974

20. Donahue, W.: Organization of training in social gerontology: an international survey In: Applied gerontology: Recruitment and training of personnel. IV Course ICSG,Oslo, 1973

21. Doorn, J. van: Probleme der Professionalisierung in der Sozialarbeit. In:J.Matthes (Hrsg.): Soziologie und Gesellschaft in den Niederlanden. Neuwied,1965

22. Education and training in gerontology-1970 Part I,II. Gerontologist 10(1970)53-72, 153-160

23. Eigenmann, J.: Sequenzen im Curriculum. Weinheim/Basel,1975

24. Einbeziehung der Problemkomplexe: Gerontologie, Altenarbeit/-hilfe in die Ausbildung von Sozialarbeitern/Sozialpädagogen an den Fachhochschulen. DZA,Berlin,1976

25. Eisdorfer, C.: On the issue of relevance in research.Gerontologist 10(1970)5-10

26. Engelmann, B.; Zametzer, H.: Kommunikation und Handeln. Versuch zur Aktualisierung der soziologisch-anthropologischen Dimension einer handlungs- und kommunikationsorientierten Mediendidaktik. In: Jugend,Film, Fernsehen 2,3,4/1974

27. Fortbildung in Sozialarbeit als Modell für die psychosozialen Studiengänge. Ulmer Forum, Heft 24(1972/73)59

28. French, W.L.; Bell, C.H.: Organization Development. Englewood Cliffs, New Jersey (Prentice Hall) 1973

29. Friedlander, F.; Brown, L.D.: Organization Development. In: Annual Review of Psychology,25(1974)313-341

30. Fülgraff, B.: Offene Hilfen für Alte und Pflegebedürftige. In: Blohmke, M. u.a. (Hrsg.): Handbuch der Sozialmedizin Bd.III, S.808-845. Stuttgart,1976

31. Fürsorgetag 1976: Eigenständiges Leben im Alter. Thesen und Ergebnisse AG VIIa/b. Nachrichtendienst 57(1977)27-31
32. Garms-Homolova, V.: Ziele, Methoden und Grenzen der aktivierenden Hilfen - ein Fortbildungsangebot des diesjährigen Kongresses der Deutschen Gesellschaft für Gerontologie. Soziale Arbeit(1976)444-48
33. Grossner, I.: Beratung alter Menschen in Hamburg. NDV 50(1970)208-211
34. Gruber, F.; Plocki, L.v.; Radebold, H.: Vermittlungsprobleme bei der Weiterbildung von Sozialarbeitern. akt.geront.8(1978) 219-22
te Menschen. In: Soziologie und Sozialpolitik (Sonderheft der KZfSS) Opladen,1977
36. Grunow, D.: Problemsyndrome älterer Menschen und die Selektivität organisierter Hilfe. Arch.soz.Arb.8(1977)166-194
37. Gstettner, P.: Aspekte curricularer Kompetenz in der Zusammenarbeit von Wissenschaftlern und Lehrern. In: Frey, K.(Hrsg.) Curriculum-Handbuch, München,1975,Bd.III
38. Haag, F; Krüger, H.; Schwärzel, J.W.; Wildt, J.(Hrsg.): Aktionsforschung. Forschungsstrategien, Forschungspläne. München,1972
39. Haag, G.: Zur Bedeutung ambulanter Dienste in der Altenhilfe. BdW 6(1972)132-38
40. Hartwieg, W.: Offene Altenhilfe als Teil moderner Sozialarbeit. NDV 52(1972)207-211
41. Heipcke, K.; Menner, R.: Ein Strukturschema für Prozesse der Curriculumentwicklung. Universität Konstanz, WS 1972/73. Unveröffentlichtes Manuskript

42. Herz, B.; Reif, K.-H.; Sader, M. (Hrsg.): Lernen in der Hochschule. Beiträge und Vorschläge aus motivationspsychologischer Sicht. Arbeitskreis universitäre Erwachsenenbildung und wissenschaftliche Weiterbildung, Blickpunkt Hochschuldidaktik, Heft 22 1972
43. Hodapp, A.: Die Vorbereitung auf das Alter - Eine neue Aufgabe der Sozialhilfe. Nachrichtendienst 55(1975)284-88
44. Krüger, H.; Klüver, J.; Haag, F.: Aktionsforschung in der Diskussion. In: Soziale Welt 1/75
45. Lansing, A.: General biology of senescence. In: J.E.Birren(Hrsg.): Handbook of aging and the individual. Chicago,1959
46. Die Lebenslage älterer Menschen in der Bundesrepublik Deutschland. WSI-Studie Nr. 31. Köln, 1975
47. Lehr, U.: Psycho-gerontologische Forschung in Deutschland - Rückblick und Ausblick. Z.Geront.1(1971)17-24
48. Lehr, U.: Psychologie des Alterns. Heidelberg,1972
49. Lehr, U.: Gerontologie - ein Modell interdisziplinärer Forschung und Lehre? akt.geront.3(1973)391-98
50. Lowy, L.: Notes on theory, research and practice. Gerontologist 9(1969)148-150
51. Lowy, L.; Miller, L.: Toward greater movement for gerontology in social work education. Gerontologist 14(1974)466-7
52. Mac Kenzie, N.; Eraut, M.; Jones, H.C.: Lehren und lernen, Einführung in neue Methoden und Mittel der Hochschuldidaktik. Eine UNESCO-JAU-Studie. Pullach (V.-Dokumentation)1973
53. Memorandum über Grundstudium in Sozialarbeit und Aufbau-/Kontaktstudiengänge im psychosozialen Bereich.

Subkommission für Studiengänge im psychosozialen Bereich der Universität Ulm (MNH) Ulmer Forum, Heft 24(1972/73)55-58

54. Messner, R.: Curriculumreform und Unterrichtspraxis. Anmerkungen zur Entwicklung der Curriculumtheorien aus schulpraktischer Sicht. In: Prisma, Zeitschrift der GhK, 10/1976
55. Naef, R.D.: Rationeller lernen. Weinheim/ Basel,1973
56. Narr, H.: Soziale Probleme des Alters. Stuttgart,1976
57. Neul, W.: Ein Curriculumentwicklungsprozeß Konsequenzen für die Evaluation. In: Frey, Karl (Hrsg.), Curriculum-Handbuch, München,1975,Bd.II
58. Oelschlägel, D.: Überlegungen zu einer pragmatischen Curriculumentwicklung im Modellversuch "Soziale Studiengänge" an der GhK. In: Prisma, Zeitschrift der GhK, Sonderheft 4/1977
59. Osgood, C.E.; Suci, G.J.; Tannenbaum,P.H.: The measurement of meaning. Urbana (Univ. of Illinois Press)1957
60. Otto, H.U.: Professionalisierung und gesellschaftliche Neuorientierung. Zur Transformation des beruflichen Handelns in der Sozialarbeit. In: Otto, H.U.; Schneider, Siegfr.: Gesellschaftliche Perspektiven der Sozialarbeit. Bd.2,S.247-261, Weinheim/ Basel,1973
61. Pfeiffer, E.: Ausbildungsprogramme in den Vereinigten Staaten für die gerontologische Psychiatrie und die Gerontologie im allgemeinen. In: Gerontopsychiatrie 4, Janssen Symposien, Düsseldorf,1976
62. Problems specific to the training of social workers. In: Applied gerontology: Recruitment and training of personnel. IV Course of ICSG,Oslo,1973

63. Radebold, H.: Aus- und Fortbildung in Geriatrie/Gerontologie. Zusammenfassende Betrachtungen und Schlussfolgerungen. akt.geront.3(1973)677-683
64. Radebold, H., Bechtler, H., Pina, I.: Psychosoziale Arbeit mit älteren Menschen. Freiburg,1973
65. Radebold, H., Gruber, F., Plocki, L.v.: Aufgaben, Lernziele, Bedarf und Ausbildungsprogramme für die gerontopsychiatrische (d.h.psychiatrische, psychosoziale u. psychohygienische) Versorgung der älteren und alten Menschen in der BRD - aus der Sicht der Sozialarbeit/Sozialpädagogik. In: Gerontopsychiatrie 4, Janssen,1975
66. Radebold, H.: Editorial. akt.geront.8 (1978)185-7
67. Radebold, H.: Soziale Arbeit mit Älteren. In: Eyferth, H. et.al.(Hrsg.), Handbuch der Sozialarbeit/Sozialpädagogik. Neuwied,1978 (in Druck)
68. Rosen, M.: Curriculum project in applied gerontology. Gerontologist 3(1963)166-7
69. Rosen, M.: Curriculum project in applied gerontology. Gerontologist 4(1964)51-2, 101-2,206-7
70. Rosen, M.: Curriculum project in applied gerontology. Gerontologist 5(1965)137-9
71. Schenda, R.: Das Elend der alten Leute. Düsseldorf,1972
72. Schott, E.; Schott, U.: Zur psychosozialen Struktur von Studienanfängern der Medizin. Sozialisationsstudie zur Frage von Auswirkungen des Auslesesystems. Hamburg, Arbeitsgemeinschaft für Hochschuldidaktik. Hochschuldidaktische Forschungsberichte, Bd.2,1975. Anlage 1: Eingangsfragebogen (EFB)

73. Senator für Arbeit und Soziales, Berlin (Hrsg.): Die Lebenssituation über 65jähriger Bürger in Berlin. Berlin, Sonderdruck, 1974
74. Silbermann, A.: Systematische Inhaltsanalyse. In: König, R.: Handbuch der empirischen Sozialforschung, Bd.4: Komplexe Forschungsansätze. Stuttgart,1974
75. Soziale Realität und die Antwort der Sozialarbeit: Die Rolle der Schulen der Sozialarbeit. Bericht zur europäischen Situation. ECSW Wien,1976
76. Stufflebeam, D.L.: Evaluation als Entscheidungshilfe. In: Wulff,Ch. (Hrsg.): Evaluation, Beschreibung und Bewertung von Unterricht, Curricula und Schulversuchen. München,1972
77. Tagungsbericht: Einbeziehung der Problemkomplexe: Gerontologie, Altenarbeit/-hilfe in die Ausbildung im Bereich "Sozialwesen". DZA, Berlin,1976
78. Tagungsbericht: Umsetzen der Erkenntnisse der Altenforschung in die Lehre in den Studienrichtungen des Sozialwesens. DZA, Berlin,1977
79. Tews, H.: Soziologie des Alterns. Heidelberg,1972
80. Tismer, K.-G. u.a.: Psychosoziale Aspekte der Situation älterer Menschen. Schriftenreihe des Bundesministers für Jugend, Familie und Gesundheit. Stuttgart, Kohlhammer,1975
81. Weber, G.: Sozialarbeit zwischen Arbeit und Profession. Ein berufssoziologischer Versuch. In: Soziale Welt 4/1972
82. Weg, R.: Concepts in education and training for gerontology: new career patterns. Gerontologist 13(1973)449-52

83. Wo bleiben die alten Menschen in der Leistungsgesellschaft - Interdisziplinäre Diskussion in der Gerontologie. Bergedorfer Gesprächskreis, Protokoll Nr.43, Hamburg, 1972
84. Wulff, Ch.: Das politisch-sozialwissenschaftliche Curriculum. Eine Analyse der Curriculumentwicklung in den USA. München,1973
85. Wissenschaftsrat: Empfehlungen zur Struktur und zum Ausbau des Bildungswesens im Hochschulbereich nach 1970. Bd.1 Empfehlungen, Bonn,1970

9 Anhang: Studiengangseminar - Fragebogen zur 6. SW

In diesem Fragebogen sind die für den weiteren Ablauf des KSG konstitutiven Curriculumelemente aufgeführt, die aus der "offenen" Curriculumentwicklung der ersten drei Seminarwochen hervorgingen. Geben Sie bitte Ihre Eindrücke <u>ausführlich</u> wieder im Sinne von:

Zu 1.1 ....
Zu 1.2 ....

I. Während der 6. SW hat mir besonders gefallen ...
(analog II.)

II. Während der 6. SW habe ich als schlecht und störend empfunden ...

1. <u>A r b e i t s f o r m e n</u>
   - 1.1 Vorlesung
   - 1.2 Plenumsdiskussion
   - 1.3 Kleingruppenarbeit in den Arbeitsgruppen I - III
   - 1.4 Gemeinsames Kolloquium (Interdisziplinäre Veranstaltung)
   - 1.5 Selbststudium
     - 1.5.1 in der Bibliothek u.a. Räumen der Universität
     - 1.5.2 im Wohnbereich während der Seminarwochen
     - 1.5.3 zwischen den Seminarwochen zu Hause und am Arbeitsplatz
   - 1.6 Großgruppe (Selbsterfahrungsgruppe)
2. <u>L e h r - u. L e r n s t o f f</u>
   (Curricula zum KSG)
   - 2.1 Lebenszykluskonzept (Medizin- u. Psychoblock)
   - 2.2 Arbeitsplatz-Analyse und Klientenstruktur-Analyse (Sozialwissenschaftlicher Block)
   - 2.3 Theorie des methodischen Arbeitens (Theorieblock SA/SP)
     - 2.3.1 Soziale Einzelhilfe
     - 2.3.2 Gruppenarbeit
     - 2.3.3 Gemeinwesenarbeit

2.4 Arbeitsfelder im Bereich der Psychosozialen Gerontologie (Medizin- u. Psychoblock, Sozialwissenschaftl. Bl., Theorieblock SA/SP)
2.5 Studium in den Arbeitsgruppen I - III
  2.5.1 Erst- u. Kurzkontakte
  2.5.2 Gruppenarbeit
  2.5.3 Personal- und Ausbildungsfragen
2.6 Methoden wissenschaftl. Arbeitens (Selbststudium, Arbeit in Gruppen)
2.7 Aufarbeitung von Fallberichten und Praxiserfahrung (Gruppensupervision)
  2.7.1 Einzelhilfe
  2.7.2 Gruppenarbeit
2.8 Darstellung und Weiterentwicklung der Konzeption des KSG (Studiengangseminar)

3. <u>A n g e n e h m   a u f g e f a l l e n / S c h w i e r i g k e i t e n   m i t</u>:
3.1 ... Unterkunft und Verpflegung
3.2 ... anderen KSG-Teilnehmern
3.3 ... Seminarleitung u.d. Dozenten
3.4 Problembereiche, die man noch hätte aufarbeiten müssen

III. Teilbereiche zu dem angebotenen Lehr- und Lernstoff, die unbedingt noch angeboten werden sollten ....

2. <u>L e h r -   u.   L e r n s t o f f</u>
(Curricula zum KSG)
2.1 Lebenszykluskonzept (Medizin- u. Psychoblock)
2.2 Arbeitsplatz-Analyse und Klientenstruktur-Analyse (Sozialwissenschaftlicher Block)
2.3 Theorie des methodischen Arbeitens (Theorieblock SA/SP)
  2.3.1 Soziale Einzelhilfe
  2.3.2 Gruppenarbeit
  2.3.3 Gemeinwesenarbeit

2.4 Arbeitsfelder im Bereich der Psychosozialen Gerontologie (Medizin- u. Psychoblock, Sozialwissenschaftl.Bl., Theorieblock SA/SP)
2.5 Studium in den Arbeitsgruppen I - III
    2.5.1 Erst- u. Kurzkontakte
    2.5.2 Gruppenarbeit
    2.5.3 Personal- und Ausbildungsfragen
2.6 Methoden wissenschaftl. Arbeitens (Selbststudium, Arbeit in Gruppen)
2.7 Aufarbeitung von Fallberichten und Praxiserfahrung (Gruppensupervision)
    2.7.1 Einzelhilfe
    2.7.2 Gruppenarbeit
2.8 Darstellung und Weiterentwicklung der Konzeption des KSG (Studiengangseminar)

IV. Gesamteinschätzung der 6. Seminarwoche

Beurteilen Sie bitte im folgenden, ob Ihre Erfahrungen während der 6. SW in der theorie-praxisorientierten Phase zum KSG eher durch den linken oder den rechten Begriff beschrieben werden. Die Kreise unter den Zahlen 1-2 dienen zur Abstufung Ihres Urteils:

2 bedeutet, daß der Begriff ausgesprochen gut/ziemlich gut,

1 daß er sich nur wenig/gerade noch mit Ihrer Studienerfahrung deckt, die Sie im Verlauf der 6. SW des KSG gemacht haben.

Sollten Sie bei einem Wortpaar überhaupt keine Beziehung zu Ihren Erfahrungen finden können, dann kreuzen Sie einen der beiden "o-Kreise" an, für dessen Richtung Sie am ehesten noch eine Tendenz bei sich bemerken.

Beurteilen Sie bitte jedes Wortpaar für sich. Bearbeiten Sie die Liste zügig, halten Sie sich nicht bei einem Paar zu lange auf. Lassen Sie sich von Ihrem ersten Eindruck, dem

"SPONTANEN GEFÜHL"

bei der Beurteilung der Wortpaare leiten. Vergleichen Sie nicht mit Ihren bisherigen Einstufungen.

Wichtig:
- Kreuzen Sie bei jedem Wortpaar nur e i n e n Kreis an;
- Bearbeiten Sie jedes Wortpaar;
- Ihre eigenen Studienerfahrungen sind wichtig.

Für mich war die 6. SW in der theorie-praxisorientierten Phase:

	2 1 0 1 2	
angenehm	o---o---o-o---o---o	unangenehm
befriedigend	o---o---o-o---o---o	unbefriedigend
oberflächlich	o---o---o-o---o---o	gründlich
klar	o---o---o-o---o---o	verschwommen
dogmatisch	o---o---o-o---o---o	aufgeschlossen
abstoßend	o---o---o-o---o---o	anziehend
repressiv	o---o---o-o---o---o	tolerant
stabil	o---o---o-o---o---o	labil
progressiv	o---o---o-o---o---o	stagnierend
starr	o---o---o-o---o---o	beweglich
unsicher	o---o---o-o---o---o	sicher
fördernd	o---o---o-o---o---o	hemmend
ungesteuert	o---o---o-o---o---o	gesteuert
einseitig	o---o---o-o---o---o	vielseitig
lähmend	o---o---o-o---o---o	aktivierend
koordiniert	o---o---o-o---o---o	unkoordiniert
bequem	o---o---o-o---o---o	unbequem
dynamisch	o---o---o-o---o---o	statisch
einfach	o---o---o-o---o---o	kompliziert
liberal	o---o---o-o---o---o	konservativ
gespannt	o---o---o-o---o---o	gelöst
rivalisierend	o---o---o-o---o---o	kooperativ
freundlich	o---o---o-o---o---o	feindlich
verschult	o---o---o-o---o---o	frei
uninteressant	o---o---o-o---o---o	interessant
demokratisch	o---o---o-o---o---o	autoritär
modern	o---o---o-o---o---o	althergebracht
verschlossen	o---o---o-o---o---o	offen

Ergänzender Hinweis:

Weitere Unterlagen wie z.B. das "Vorläufige Programm des KSG", Eingangs- und Dozentenfragebogen, KSG-Arbeitspapiere (s.Literaturverzeichnis) konnten aufgrund ihres Umfanges nicht wie ursprünglich beabsichtigt in den Anhang aufgenommen werden. Sie stehen Interessenten auf Anfrage zur Verfügung.

Über die Autoren

Prof. Dr. med. Hartmut Radebold,
Professor für Klinische Psychologie an der Organisationseinheit Sozialwesen der Gesamthochschule Kassel, Sprecher der "Interdisziplinären Arbeitsgruppe für angewandte Soziale Gerontologie".

Franz Gruber M.A.,
1974-1977 Mitglied des Begleitforschungsteams Universität Ulm/Gesamthochschule Kassel;
ab Herbst 1978 Wissenschaftlicher Mitarbeiter in der "Interdisziplinären Arbeitsgruppe für angewandte Soziale Gerontologie" der Gesamthochschule Kassel.

unter Mitarbeit von:
Hans-Lutz von Plocki, Sozialarbeiter, grad.,
1974-1977 Mitglied des Begleitforschungsteams Universität Ulm/Gesamthochschule Kassel;
ab Sept. 1977 Abteilungsleiter im Behindertenzentrum Ulm-Wiblingen.

Hildegard Bechtler, Sozialarbeiter, grad./
Praxisberaterin,
1969-1978 Mitarbeiterin in der Abt. Psychotherapie der Universität Ulm;
ab Okt. 1978 Professor für Sozialarbeit an der Evangelischen Fachhochschule Berlin.

Anneliese Diery, Sozialarbeiter, grad./
Dipl. Soziologin,
1973-1975 Wissenschaftliche Mitarbeiterin in der Planungsgruppe "Psychosoziale Studiengänge" der Universität Ulm;
ab 1976 Professor für Soziologie an der Stiftungsfachhochschule München.

In der Arbeit mit älteren Menschen bewährt:

Jerry D. Cardwell	**Sozialpsychologie** Ein Studienbuch zur Sozialisation durch symbolische Interaktion 160 Seiten, Alcor, DM 19,80
Robert W. Roberts Robert H. Nee (Hrsg.)	**Konzepte der Sozialen Einzelhilfe** Stand der Entwicklung – Neue Anwendungsformen, 2. Auflage, 424 Seiten, Alcor, DM 39,50
Louis Lowy u. a.	**Der ältere Mensch in der Gruppe** Lebenshilfe durch Soziale Gruppenarbeit 2. Auflage, 96 Seiten, kart. lam. DM 11,80
Michael S. Olmsted	**Die Kleingruppe** Soziologische und sozialpsychologische Aspekte, 2. Auflage, 160 Seiten, Alcor, DM 15,–
James E. Birren	**Altern als psychologischer Prozeß** 336 Seiten, Alcor, DM 34,–
Martin Eisenbach	**Psychologie in der Altenarbeit** Ein Textbuch zur Einführung 2. Auflage, 160 Seiten, Alcor, DM 19,50
Tim F. van der Laan	**Gymnastik im Alter** 3. Auflage, 80 Seiten, illustriert, kart. lam. DM 10,80

Preise nach dem Stand vom 1. 10. 1978

Verlangen Sie das neue Gesamtverzeichnis.

Lambertus-Verlag, Postf. 1026, 7800 Freiburg

In der Arbeit mit älteren Menschen bewährt:

A. M. A. Houtman
Machtaspekte in der helfenden Beziehung
76 Seiten, kart. lam. DM 10,80

Anne-Marie Rocheblave-Spenlé
Psychologie des Konflikts
148 Seiten, Alcor, DM 12,80

Heinz B. Gallée, Ursula Kuypers
Förderung der Kreativität
Neue Ansätze in der Therapie Suchtkranker
104 Seiten, kart. lam. DM 11,80

Norbert Huber, Michael Striebel (Hrsg.)
Aggression und Hyperaktivität bei geistig Behinderten
216 Seiten, Alcor, DM 22,–

D. C. Aguilera, J. M. Messick
Grundlagen der Krisenintervention
Einführung und Anleitung für helfende Berufe.
248 Seiten, Alcor, DM 24,–

Margret Mehs, Johann Glatzel (Hrsg.)
Sozialdienst im Krankenhaus
Basisinformationen für Sozialarbeiter
104 Seiten, kart. lam. DM 9,80

Winfried Schuschke
Rechtsfragen in Beratungsdiensten
88 Seiten, kart. lam. DM 11,80

Preise nach dem Stand vom 1. 10. 1978

Verlangen Sie das neue Gesamtverzeichnis.

Lambertus-Verlag, Postf. 1026, 7800 Freiburg